Diálogos Interdisciplinares em Música

SONIA R. ALBANO DE LIMA
MARCIO GUEDES CORREA
SHIRLEI ESCOBAR TUDISSAKI

(ORGS.)

2022

EDITORA

Comissão Organizadora do Evento e Moderadores das Palestras
Sonia Regina Albano de Lima
Shirlei E. Tudissaki
Marcio Guedes Correa
Valdemir Aparecido da Silva
Cícero R. Mião

Palestrantes
Favio Shifres
Sonia Ray
Miguel Martinho
Lourenço César Finatti
Marisa Trench Fonterrada
Vicente Della Tonia
Cesar Traldi
Marcos Câmara de Castro
Raul Costa d'Avila

Instrumentistas e cantores
Allan Marques- trompete
Marcio Guedes Correa – violão
Clarissa Costa Cabral – mezzo-soprano
Eliana Monteiro da Silva – pianista

Transcrição das perguntas e respostas dos palestrantes
Ana Clara Silva Moreira
Anderson Flavio Cordeiro de Souza.

Programação visual e capa
Aline Cardoso

Formatação dos exemplos musicais
Valdemir Aparecido da Silva

Projeto Gráfico, Editoração e Montagem da Capa: Schaffer Editorial

Os textos editados seguiram de forma a respeitar integralmente a redação, as citações e referências indicadas pelos palestrantes e instrumentistas. Mantidos os idiomas originais dos palestrantes

Dados Internacionais de Catalogação na Publicação (CIP)
Bibliotecária Juliana Farias Motta CRB7/5880

D579

    Diálogos interdisciplinares em música / Organização Sonia R. Albano de Lima, Marcio Guerra Correa, Shirlei Escobar Tudissaki. -- São Paulo: Musa Editora, 2022.
    278 p. ilustrado. ; 16x23cm.

    ISBN: 978-65-86629-09-5

    Partituras
    1. Música – Instrução e estudo. 2. Música na educação. 3. Ensino – Metodologia.4. Abordagem interdisciplinar do conhecimento na educação. I. Albano de Lima, Sonia Regina II. Correa, Marcio Guerra. III. Tudissaki, Shirlei Escobar. IV. Título

                                                                                          CDD 780.70981

Índice para catálogo sistemático:

1. Música – Instrução e estudo
2. Música na educação
3. Ensino – Metodologia
4. Abordagem interdisciplinar do conhecimento na educação

Todos os direitos reservados.
Impresso no Brasil, 1ª edição, 2021.

Musa Editora Ltda.
Telefones: (11) 3862-6435   (35) 99892-6114
musaeditora@uol.com.br | musacomercial@uol.com.br
www.twitter.com/MusaEditora
www.facebook.com/MusaEditora
@MusaEditora MusaEditora (@Instagram)

[...] o trabalho para um artista é um processo altamente consciente e racional, um processo ao fim do qual resulta a obra de arte como uma realidade dominada e não – de modo algum – um estado de inspiração embriagante.

Para conseguir ser um artista, é necessário dominar, controlar e transformar a experiência em memória, a memória em expressão, a matéria em forma. A emoção para um artista não é tudo; ele precisa também saber tratá-la, transmiti-la, precisa conhecer todas as regras, técnicas, recursos, formas e convenções com que a natureza – esta provocadora – pode ser dominada e superada à concentração da arte (FISCHER, 1971, p. 14)

SUMÁRIO

Apresentação 9
Comissão Organizadora

Resumo curricular dos Palestrantes e Intérpretes 11

Resumo das palestras conforme relato dos palestrantes 23

Palestras e transcrição das perguntas e respostas formuladas. 27

¿Qué esperamos de la Psicología de la Música?
El aporte de los estudios cognitivos al debate por la
validación del conocimiento musical 29
Prof. Dr. Favio Shifres

Performance Musical e Interdisciplinaridade:
questões artísticas, de gênero, de raça, de formação
e ideomatismos 49
Prof. Dr. Sonia Ray

Autodidatismo e trajetos de vida – aprendendo sem ir à escola. 63
Prof. Dr. Miguel Henriques Martinho

Música como Discurso Sonoro no Repertório Pianístico 95
Prof. Lourenço Cesar Finatti

O Teatro de Confluência: Expressão e Reflexo de
posicionamentos de Murray Schafer perante à vida 115
Prof. Dr. Marisa Trench, de Oliveira Fonterrada

O Estudo do instrumento sob uma perspectiva reflexiva 141
Prof. Dr. Vicente Della Tonia Junior

Recital-Palestra
Explorando aspectos visuais da performance
no processo composicional. 153
Prof. Dr. Cesar Traldi

Recital-Palestra
"La más dócil de las formas del tiempo":
A música nos versos de Jorge Luís Borges 171
Prof. Dr. Marcos Câmara de Castro

Recital-Palestra
Poemas sonoros para flauta solo – narrativa sobre o
processo criativo composicional de um flautista 195
Prof. Dr. Raul Costa d'Avila

Apresentações musicais e textos dos instrumentistas e cantores 227

    Recital de trompete 229
Allan Marques

    Recital de violão 249
Marcio Guedes Correa

    Recital do Duo Ouvir Estrelas 261
Clarissa da Costa Cabral – mezzo soprano
Eliana Monteiro da Silva – piano

    Recital de piano 262
Eliana Monteiro da Silva

Apresentação

Os Diálogos Interndisciplinares em Música foram realizados com a proposta de cumprir mais intensamente os objetivos que deram origem a criação do site *www.sabermusical.com.br*, oferecendo a comunidade interessada conhecimentos musicais focados em uma perspectiva interdisciplinar, capazes de interligar práxis, teoria, pesquisa e ensino musical.

Questões envolvendo aspectos sociais, culturais, estéticos, epistemológicos, a educação e as demais linguagens artísticas foram abordadas, trazendo para a comunidade interessada maior compreensão, representatividade e disseminação da produção musical, fazendo da música uma arte capaz de auxiliar os indivíduos no seu desenvolvimento e formação integral.

Os encontros ocorreram nos meses de agosto, setembro e outubro de 2021, contemplando palestrantes do cenário musical nacional e internacional, instrumentistas e cantores brasileiros.

De certa maneira essa ação deu continuidade às atividades desenvolvidas no Iº Encontro Científico de Música e Interdisciplinaridade, realizado no Instituto de Artes da UNESP, no ano de 2015.

Foram destinados 15 minutos para as apresentações musicais seguidos de palestras com uma duração aproximada de 40 minutos, além dos 20 minutos para discussão da temática entre o palestrante e ouvintes participantes.

Os temas abordados foram escolhidos pelos próprios palestrantes, cabendo-lhes apenas interligar a música com outras áreas de conhecimento ou

trabalhar questões socioculturais, estéticas, epistemológicas e aspectos técnicos e analíticos referentes às obras interpretadas.

A média de participantes em cada um dos ciclos foi de aproximadamente 31 ouvintes. Foram fornecidos certificados de participação e o sorteio de publicações elencadas no site, de autoria dos membros fundadores.

A equipe de organização deste evento não poderia realizar essa tarefa não fosse a colaboração, disponibilidade e parceria dos palestrantes, instrumentistas, cantores e ouvintes.

Com esta iniciativa a música e o ensino musical adquirem proporções multidisciplinares e maior representatividade sociocultural.

Os recitais-palestras realizados no Terceiro Ciclo dos Diálogos trouxeram a certeza de que, cada vez mais, as subáreas da música estão se interligando e se mesclando e que o repertório musical composto pelos instrumentistas tem disseminado uma produção que trabalha tanto o repertório da música popular quanto o da música erudita e, muitas vezes, têm um cunho mais pedagógico.

Comissão Organizadora

Resumo curricular dos palestrantes e intérpretes

Allan Marques é Mestrando do Programa de Pós-Graduação em Música do IA-U-NESP sob orientação da Prof. Dr. Sonia Ray e aluno da Academia de Música da OSESP sob a orientação dos Prof. Fernando Dissenha e Prof. Gilberto Siqueira, atuando com frequência na programação musical desse organismo institucional. Foi vencedor do Prêmio Jovem Solista Eleazar de Carvalho, em 2017, promovido pela Faculdade FMU FIAM-FAAM, segundo colocado no Concurso de Trompetes da Academia de Trompetes SP, em 2018. Atua como 1º Trompete na Banda Sinfônica do Exército Brasileiro desde 2015; integra o grupo de metais ABC Brass desde 2021. Teve como professores, os trompetistas Wagner Felix, Marcelo Lopes e Flavio Gabriel. Tem participado de diversas edições dos Festivais Internacionais de Campos de Jordão, Pelotas, Jaraguá do Sul, Poços de Caldas, Jazz Trumpet Festival, Associação Brasileira de Trompetese e da Academia de Trompetes de SP. Como músico convidado, atuou em concertos da Orquestra Filarmônica de Minas Gerias, Filarmônica de São Caetano do Sul e Banda Sinfônica do Estado de São Paulo.

Cesar Traldi – Percussionista e compositor. Bacharel em percussão pela Universidade Estadual de Campinas onde estudou com o Prof. Dr. Fernando Hashimoto. Posteriormente, sob a orientação do Prof. Dr. Jônatas Manzolli, realizou, na mesma instituição, sua pesquisa de mestrado focada no estudo do processo interacional do intérprete com meios tecnológicos e sua pesquisa de doutorado sobre a linguagem contemporânea para percussão e dispositivos eletrônicos em tempo real. Como solista tem se destacado nacionalmente por suas atuações frente a algumas das principais orquestras do país, além de apresentações e recitais solo em diversos estados brasileiros. Internacionalmente realizou apresentações na Croácia, Eslovênia, Dinamarca, Estados Unidos, México, Portugal, Espanha e Cuba. Foi premiado em importantes concursos, como Furnas Geração Musical, V Concurso Petrobras Pró Música para Jovens Solistas, CCLA de Música Instrumental para Jovens. Foi finalista do programa Prelúdio (TV Cultura) e escolhido como destaque no I Festival Internacional de Música da Unicamp. Já participou como palestrante e debatedor em mesas redondas de alguns dos principais encontros científicos no Brasil. Entre suas publicações encontram-se trabalhos sobre novas posturas interpretativas na performance de obras para instrumentos de percussão com a interação de dispositivos tecnológicos em tempo real, trabalhos esses já apresentados e publicados na França, Espanha, Portugal, além de inúmeros eventos nacionais. Atualmente, forma com o percussionista Cleber Campos, o Duo Paticumpá. É professor do Curso de Música, pesquisador do Núcleo de Música e Tecnologia e orientador no Programa de Pós-graduação (Mestrado) da Universidade Federal de Uberlândia. Atua também como colaborador do Programa de Doutorado em Música da Universidade de Aveiro – Portugal.

Clarissa Cabral é Mestre em música e Bacharel em Piano pela Universidade de São Paulo, sob a orientação do Prof. Dr. Amilcar Zani Neto. Iniciou seus estudos de música e artes na Escola Municipal de Iniciação Artística. Na Escola Municipal de Música estudou piano com Sonia Albano de Lima, flauta com Wilson Rezende e cravo com Terezinha Saghaard. Iniciou seu trabalho de técnica vocal em 2003 com o  tenor Marcos Thadeu. Participou da Oficina de Música de Curitiba, I Festival de Interpretação da Escola Municipal de Música, 28º Festival de Música de Prados e X Festival de Ourinhos e das masterclasses com Ian Storey (Reino Unido), Heidi Grant Murphy (EUA), Peter Dauelsberg (Brasil), Lucia Duchonová (Eslovênia), Felicity Lott (Inglaterra), Nathalie Stutzmann (França), Nicolau de Figueiredo (Brasil), Ricardo kanji (Brasil) e Rosana Lamosa. Desenvolveu trabalho técnico vocal com Rosa Dominguez e Ulrich Messthaler (Basel – Suíça) e atualmente, com Francisco Campos Neto (Brasil). Desde 2007 é integrante do Coral Audi Coelum, regido por Roberto Rodrigues, e do Coral da OSESP. Atuou como solista à frente da Camerata Antiqua de Curitiba, Camerata Fukuda, Orquestra Sinfônica do Estado de São Paulo e Orquestra Sinfônica da USP, sob regência de Naomi Munakata, Celso Antunes, Yan Pascal Tortelier e Ricardo Bologna. Participou da coletânea *Da ópera ao lied: uma evocação à palavra cantada*, organizado por Sonia Ray e Sonia Albano de Lima. Em 2012 lançou o CD *Clara Schumann – Lieder e Piano Solo* em parceria com a pianista Eliana Monteiro da Silva. De 2016 a 2017 atuou como preparadora vocal do Coral Juvenil da OSESP e desde 2017 é professora de Teoria Musical da Escola Municipal de Música.

Eliana Monteiro da Silva tem o seu doutorado e pós-doutorado em Música pela ECA-USP, sob orientação do Prof. Dr. Amilcar Zani e o bacharelado em piano pela Faculdade de Música Carlos Gomes. É professora e pesquisadora-colaboradora na ECA-USP, lecionando as disciplinas *Música Erudita do Século XX na América Latina: aspectos históricos e analíticos* e *Mulheres compositoras na música erudita: aspectos históricos e analíticos*.  Suas pesquisas estão focadas na atuação da mulher na música clássica ou erudita, entre elas, Beatriz Balzi e as compositoras latino-americanas, cuja antologia foi publicada em e-book pela Editora Ficções. É de sua autoria o livro *Clara Schumann: compositora x mulher de compositor*. Ministrou os cursos *Sons e Imagens da América Latina*, no Instituto Cervantes com o pintor Juan José Balzi. Participou como organizadora e palestrante do projeto *MusiMAC: arte contemporânea para ver e ouvir"*. Em 2017 foi indicada pela FUNARTE para representar o Brasil no III Coloquio de Investigación Musical Ibermúsicas no Chile, com a temática *Música y mujer en Iberoamérica: haciendo música desde la condición de género*. Em 2019 participou das XIV Jornadas Nacionales de História de las Mujeres & IX Congreso Iberoamericano de Estudios de Género, em Mar del Plata, Argentina. Estudou piano com Walkyria Passos Claro, Roberto Sabbag, Beatriz Balzi, Gilberto Tinetti e Heloísa Zani. É membro fundadora da rede *Sonora – músicas e feminismos* (www.sonora.me), do grupo *Polymnia* (www.polymnia.webnode.com) e do *Músicas y Género: Grupo de Estudios Latinoamericanos* (mygla). O duo Ouvir Estrelas, com a mezzo-soprano Clarissa Cabral é especializado no repertório composto por mulheres.

Favio Shifres é graduado na Facultad de Bellas Artes de la Universidad Nacional de La Plata (UNLP) com o título de professor de conjuntos instrumentais e de câmara, na especialidade de piano e licenciado em Direção Orquestral. Doutor (PHD) pela Universidade de Roehampton (Reino Unido) na especialidade de Psicologia da Música. É professor titular ordinário da cátedra de Educação Auditiva da Faculdade de Artes  da UNLP e professor titular interino de Educação Musical Comparada e desenvolvimento de projetos na mesma instituição. Na pós-graduação é professor estável na Facultad Latinoamericana de Ciencias Sociales (FLACSO) e na Universidad Nacional de las Artes (UNA). Tem sido convidado a ministrar cursos de pós-graduação em diversas universidades da Argentina, Brasil, Chile, Colômbia, Cuba, Espanha, Reino Unido. É docente investigador, categoria I no Programa de Incentivos da Secretaria de Políticas Universitárias do Ministério de Educação da Nação. É diretor do Projeto *I+D Chaves de uma Epistemologia Alternativa para o Desenvolvimento Formal de Habilidades Medulares dos Músicos Profissionais* (11/B352). Está atuando como investigador responsável em vários projetos PICT (Agência Nacional de Promoção da Ciência e Tecnologia). É editor chefe da *Epistemus, Revista de estudios en música, cognición y cultura* (*https://revistas.unlp.edu.ar/Epistemus*). Tem sido editor associado da Revista Orpheotron, Estudio e Investigación desde de sua criação. É editor convidado da Revista *Estudios de Psicología* e da Revista Internacional de Educación Musical. É membro dos comitês científicos de várias revistas e coleções acadêmicas internacionais. Tem publicado vários livros como editor, capítulos de livros e artigos em revistas especializadas de música. É membro fundador e presidente da Sociedade Argentina para as ciências cognitivas da música. Também tem realizado numerosas apresentações em Congressos e outros tipos de reuniões científicas e foi convidado a proferir conferências em vários países da Europa e países latino-americanos. No âmbito artístico desempenha a função de diretor de orquestra e coros, pianista solista e de conjuntos camerísticos, em gravações para CD e Rádios e apresentações musicais em diversas salas em todo o país.

Lourenço César Finatti foi aluno de piano da Escola Municipal de Música de São Paulo, na classe da Prof. Dr. Sonia Albano de Lima. Estudou órgão com os organistas Ângelo Camin e Dorotéa Kerr. Concluiu sua formação musical com menção honrosa em Piano e Pedagogia, na *Universität für Musik und darstellende Kunst* (Universidade de Música e Artes Cênicas), em Viena e órgão na *Norddeutschen Orgelakademie*  (Academia de Órgão do Norte da Alemanha) em Ostfriesland e na *Akademie für Alte Musik Bremen* (Academia de Música Antiga da Universidade de Música em Bremen) sob a orientação de Harald Vogel. Atuou como pianista, organista, professor de piano e músico de igreja (*Kantor*) em Viena e na Baixa Saxônia, no norte da Alemanha. Foi docente de piano e pedagogia pianística no *Johannes Brahms Konservatorium*, em Hamburgo. Foi responsável pela formação de organistas na Igreja Evangélica Luterana de Hannover. Em Viena, onde reside desde 2001, além de piano e órgão, leciona teoria musical. Tem realizado master classes no Brasil, Alemanha, Áustria e Coréia do Sul e se apresentado em concertos de piano e órgão. Sua atividade musical e de pesquisa concentra-se particularmente na música de Frescobaldi, Buxtehude e Bach, na música pianística dos períodos Clássico e Romântico, bem como na investigação da pedagogia musical do século XVIII. No Brasil ele também cursou Administração de Empresas na Fundação Getúlio Vargas.

Marcos Câmara de Castro é professor do Departamento de Música da Faculdade de Filosofia, Ciências e Letras de Ribeirão Preto da Universidade de São Paulo. É autor dos livros: Fructuoso Vianna, orquestrador do piano (Rio de Janeiro: ABM Editorial, 2003); Os lugares e as cores do tempo: música, sociedade e educação (São Paulo: Editora Pharos, 2015); Poesia da Terra (São Paulo: Ed. Patuá, 2018), além de capítu-  los de livros, prefácios, artigos acadêmicos e artigos de divulgação em jornais como a Folha de São Paulo, Correio Popular, Revista Concerto, Jornal da USP, entre outros. Obteve o Primeiro Prêmio da Academia Brasileira de Música, de Monografia, 2001, por seu livro sobre Fructuoso Vianna, orquestrador do piano. Prêmio APCA, 1986, de "Melhor Obra Experimental", por seu ciclo de canções *O rei menos o reino*, sobre poemas de Augusto de Campos. Obteve o segundo Prêmio de Composição do Florilège Vocal de Tours, 1986, por seus Três Sonetos, sobre poemas de Vinicius de Moraes e I Lugar na categoria, no Concurso de Poesia Falada-1998 promovido pelo Departamento de Bibliotecas Públicas da Secretaria Municipal de Cultura da Prefeitura de São Paulo.

Marisa Trench de Oliveira Fonterrada é livre docente em Técnicas de Musicalização (UNESP), Doutora em Antropologia e Mestre em Psicologia da Educação (PUCSP), Bacharel em Música (Instituto Musical São Paulo). É docente do Instituto de Artes da UNESP e foi sua Diretora (2000/2004). Foi Diretora da Escola Municipal de Música de São Paulo (1977/1985); criadora da EMIA – Escola Municipal de Iniciação Artística (1980/81) e da ETEC  de Artes, do Centro Paula Souza, em São Paulo (2008/2009). Autora de livros e artigos sobre música, educação musical e ecologia acústica; tradutora da produção de Murray Schafer desde 1991. Últimas traduções: OuvirCantar (2018) e Vozes da tirania, templos do silêncio (2019), ambas pela Ed. Unesp. É Membro Honorário do FLADEM – Fórum Latino-americano de Educação Musical e do Fladem Brasil. Membro de várias entidades, como: WFAE – The World Forum for Acoustic Ecology; ABEM – Associação Brasileira de Educação Musical e de The Wolf Project, no Canadá. Participou do Projeto "Caminhos sonoros", em Mairiporã, SP, (2007 a 2014), Coordenadora do Coral da Unesp (2000-2004) e do Projeto Educação Musical pela Voz (UNESP – 1989/2013). É Coordenadora do G-PEM – Grupo de Pesquisa em Educação Musical IA/ Unesp, certificado pelo CNPq, desde 1997.

Miguel Henriques Martinho é doutor em Ciências da Educação pela Universidade de Aveiro (Portugal). Diplomado em *Estudios Avanzados* (DEA) em *Didáctica y Organización de Instituciones Educativas*, concluído na *Universidad de Sevilla* (Espanha). É licenciado em Ensino, na área da Educação Musical. Ao longo da sua formação estudou Piano, Contrabaixo e outros instrumentos musicais. Concluiu o curso *Musical Performance* do *Musicians Institute of Technology* (M.I.T.), em Londres e frequentou, no *Goldsmiths' College*, da Universidade de Londres, o curso de *Songwriting & Composition*. Ainda em Portugal, realizou o curso de Especialização Tecnológica / Artística de Composição Musical por Computador, na Academia de Artes & Tecnologias. Publicou artigos em revistas ligadas a questões educativas e em ATAS de encontros científicos, tendo apresentado comunicações no Japão, México, Brasil, Marrocos, Espanha, França, Argélia, Irã e Portugal. É Professor do Quadro de Zona Pedagógica da região de Lisboa, trabalhando atualmente para o Ministério da Educação em uma escola da "rede" pública. Foi professor no Instituto Piaget, tendo orientado diversos trabalhos acadêmicos e lecionado diversas disciplinas em cursos de Mestrado e de Licenciatura em Educação Musical, entre elas, a disciplina de Didática da Música. Em 2012 foi Professor Visitante da Universidade do Estado do Rio de Janeiro (UERJ), trabalhando na Faculdade de Educação da Baixada Fluminense. Entre outras atividades, participou de seminários abertos e grupos de discussão sobre Educação e lecionou nos cursos de Graduação/Licenciatura em Pedagogia e de Mestrado em Educação, Cultura e Comunicação em Periferias Urbanas (disciplina *Seminário de Pesquisa I*). Entre 1998 e 2004, trabalhou como Professor no Projeto "Sensibilização à Música", projeto desenvolvido na Câmara Municipal de Lisboa, com a pretensão de estimular e desenvolver a aprendizagem da Música e as diferentes formas de expressão proporcionadas por esta arte, a saber: Dança, Movimento, Execução Instrumental, Expressão Corporal, etc. Na Câmara Municipal de Lisboa foi convidado a assumir a Direção Musical da apresentação do Hino Nacional, em "versão Orff", na Cerimônia Oficial Comemorativa da Implantação da República, no dia 5 de Outubro de 2003, com a presença do Presidente da República Jorge Sampaio.

Raul Costa d'Avila – Flautista, professor do Centro de Artes (CA) da Universidade Federal de Pelotas (UFPel), Coordenador do Laboratório de Pedagogia e Performance da Flauta Transversal (LaPPerF) e Vice coordenador do Projeto "Avendano Júnior: a tradição do choro em Pelotas – a construção de um arquivo colaborativo da música e memória de Pelotas e região". Doutor em Música pelo Programa de Pós-Graduação  em Música da Escola de Música da Universidade Federal da Bahia, Mestre em Música pela Faculdade Carlos Gomes (São Paulo) e Bacharel em Música pela Escola de Música da UFMG. Vem participando de Festivais da Associação Brasileira de Flautistas (2019, 2018, 2015), 5º Encontro Carioca de Flautistas (2020), IV Convention Française de la Fûte (Paris / 2012), Cycle de Musique Contemporaine du Brésil (Paris / 2010), Encontros de Flautistas / RS (2018, 2016, 2015), entre outros. Autor da tese "Odette Ernest Dias: discursos sobre uma perspectiva pedagógica da flauta", defendida no PPGMUS/UFBA (2009), publicada nas revistas da *Association Française de La Flûte, Traversières Magazine*, edições nº 102, 103 e 104, e do livro "A Articulação na Flauta Transversal Moderna: uma abordagem histórica, suas transformações, técnicas e utilização" (Editora da UFPel / 2004). Suas apresentações atuais têm focado a literatura para flauta solo, contemplando música barroca, moderna e contemporânea, música brasileira, além de composições autorais. Como camerista coordena o CATAVENTO, Grupo de Flautas Transversais da UFPel. Foi Secretário da Associação Brasileira de Flautistas / ABRAF (2002/2005), (2011/2014) e (2015/2018) e atualmente integra a comissão para realização dos Eventos Científicos desta Associação.

Sonia Ray é professora titular da Universidade Federal de Goiás, em Goiânia, onde leciona Contrabaixo, Música de Câmara e Metodologia de Pesquisa. Bacharel em Música pelo IA-Unesp (1993); Mestre (1996) e Doutora (1998) em Performance e Pedagogia do Contrabaixo, ambos na University of Iowa, EUA. Apresenta-se regularmente em performances ao contrabaixo, priorizando o repertório contemporâneo para o

instrumento. É artista convidada da International Society of Bassists desde 1993. Concluiu 2 estágios de Pós-doutoramento sendo um na University of North Texas (2008) e outro na Universitè Paris VIII / CNSMDP, França (2016-2017). É colaboradora no PPG Música do IA-UNESP onde orienta o Mestrado e Doutorado em performance musical. Foi Presidente da Associação Nacional de Pesquisa e Pós-Graduação em Música (Gestão 2007-2011). É sócia-fundadora da Associação Brasileira de Cognição e Artes Musicais e da Associação Brasileira de Contrabaixistas. É criadora da Revista Música Hodie (Qualis A1) da qual editou e presidiu o Conselho Editorial (2001-2016). Atualmente preside a ABRAPEM – Associação Brasileira de Performance Musical. Atua no DUO CONTRA (com o contrabaixista Bruno Rejan) e no QUALEA TRIO (com Ricardo Freire, clarineta e Werner Aguiar, violão).

Vicente Della Tonia é detentor do prêmio "Steinway & Sons Top Music Teacher Award of the Year" (2017 e 2020), (Pedagogia/Performance) pela University of South Carolina; Mestre em Piano Performance pela Georgia State University e Bacharel em Instrumento – Piano pela Universidade do Sagrado Coração. Como pesquisador e palestrante, tem desenvolvido pesquisas sobre Literatura e Pedagogia do Piano com ênfase  no primeiro ano de estudos, música de câmara, instrução em grupo e improvisação sobre a obra de compositores Americanos e Latino-Americanos, em especial de Heitor Villa-Lobos. Recentemente foi convidado, apresentando recitais, palestras e workshops, nas conferências nacionais e estaduais americanas da *Music Teachers National Association* (MTNA) em Colorado, Minnesota, Texas, Washington, Georgia, Nevada, Illinois, Virginia e Carolina do Sul. Apresentou-se também no *VII Coloquio do Seminario Permanente de História y Música* (Mexico City) e no *V Simpósio Villa-Lobos* (USP, São Paulo, Brasil). Foi professor de Piano na *Allen University, Claflin University, University of South Carolina's CMS* (EUA); e no Seminário Santo Antonio e Conservatório Musical de Lençóis Paulista (Brasil). Atualmente é professor e coordenador dos cursos de piano e piano em grupo na *Georgia State University/Perimeter em Clarkston, EUA*.

Resumos das palestras conforme relato dos palestrantes

Iª Série de Diálogos

Iº Diálogo – Las preguntas de incumbencia psicológica están en el corazón de todas las disciplinas y las prácticas musicales. Sin embargo, el campo de los estudios en cognición musical no está muy difundido – ni en la población en general, ni entre los músicos, en particular. Me propongo aportar aquí algunas claves para pensar esta actitud de indiferencia. Para eso repaso algunos principios del paradigma cognitivista clásico que podrían estar generando tensiones al interior de los diversos campos de acción y teorización musical. Sostengo que el modo en el que dicho paradigma construye sus hipótesis y los principios de su método operan en ese sentido. Presento algunos ejemplos de estudios que señalan aspectos de la experiencia musical que el paradigma clásico parece no tener en cuenta. Como contrapartida una perspectiva cultural de la psicología, que pueda entrelazarse con paradigmas postcognitivistas (como el paradigma de las 4E y la perspectiva de segunda persona, entre otros), podría brindarnos una psicología de la música epistemológicamente más justa y educacionalmente más útil **(Favio Schifres)**.

IIº Diálogo – Olhar para o potencial interdisciplinar da Performance musical tem sido o foco de muitos pesquisadores nos últimos 20 anos, sobretudo na área de cognição e performance. Contudo, a situação pandêmica trouxe à tona questões antigas ainda insuficientemente abordadas no cenário artístico-musical. São reflexões sobre questões que ligam a disciplina música

(particularmente a performance) com disciplinas da história, sociologia, biologia, neurociência e educação. A proposta que apresento tem por objetivo colocar tais questões na realidade atual do músico de palco e traçar perspectivas para o avanço das ações em andamento, além de propor novas ações ao lançar uma lente de aumento sobre recentes relatos de artistas atuantes desde o início do confinamento no Brasil em função da COVID **(Sonia Ray)**.

IIIº Diálogo – Novos desafios têm sido colocados a quem trabalha na área da Educação, a proliferação de novas tecnologias tem condicionado práticas e espaços de aprendizagem. Fora das instituições de ensino outras possibilidades de construção de conhecimento têm surgido. Embora as escolas tenham tido alguma dominância, em parte devido ao seu propósito de certificar, é possível demonstrar que em determinadas áreas esse propósito é pouco relevante e que a autoaprendizagem, mais do que um percurso individualista e alternativo, é de fato um caminho viável para a realização pessoal e pode contribuir significativamente para o sucesso profissional. Graças ao trabalho de pesquisa já efetuado, foram analisados vários documentos e percursos biográficos que nos ilustram diversas possibilidades de aprendizagem fora da escola, utilizando não só meios tecnológicos, quais sejam o caso da Internet ou produtos em vídeo (e em áudio), mas também "redes" de aprendizagem proporcionadas por meio de contatos pessoais. Com estas narrativas biográficas compreenderemos melhor o que é o "autodidatismo" **(Miguel Martinho)**.

IIª Série dos Diálogos

Iº Diálogo – Focalizando as tradições de articulação e acentuação na música dos séculos XVII e XVIII descritas em várias obras teóricas e prefácios da época, podemos observar como compositores e intérpretes deste período entenderam as necessidades de fraseado e articulação. Na semelhança da acentuação rítmica tanto da música vocal como da instrumental, podemos deduzir uma lógica baseada nas regras da acentuação tônica e rítmica utilizadas na poesia e retórica, desde os tempos da Antiguidade. Com isso em mente, podemos observar suas consequências na interpretação e execução musicais **(Lourenço César Finatti)**.

IIº Diálogo – Teatro de Confluência. Nele, Schafer trabalha com artes integradas, que organiza por meio de roteiros inspirados em mitos e rituais da

Antiguidade e de culturas orais, sem perder o foco, porém, na modernidade. Schafer escreveu alguns artigos a respeito desse gênero, mostrando aproximação e afastamento de alguns compositores e artistas e explicando com riqueza de pormenores o que entende por Teatro de Confluência. Torna-se simples, então, beber dessa fonte. No entanto, não é possível deixar de refletir a respeito de seu pensamento e de seus posicionamentos ecológicos, educacionais e artísticos. Diante de sua obra e do que se aprende a partir dela, pode-se afirmar que a confluência das artes que ele propõe não vem desacompanhada, pois reflete sua visão de mundo, que não hierarquisa as relações, integra o ambiente a suas propostas, abre espaço para a invenção, a improvisação e a autonomia de quem, de algum modo, esteja envolvido com a produção dessas obras. Além do exposto, tenho, sobretudo, a intenção de mostrar que essa maneira de ver, ouvir, sentir, pensar e operar de forma integrada, interdisciplinar, se aproxima do modo pelo qual a própria experiência de vida se dá – pela conjunção dos sentidos, dos afetos, pela comunicação e pela expressão artística **(Marisa T. Fonterrada)**.

IIIº Diálogo – Com o intuito de estimular o estudo consciente do instrumento, abordaremos sobre um olhar reflexivo, fatores internos e externos relacionados à prática, propostas de planejamento, suas metas e objetivos. O estudo do instrumento é um ato prazeroso e necessário que exige reflexão e auto avaliação, pelo que apresentaremos um guia na busca de resultados eficazes e duradouros **(Vicente Della Tonia)**.

IIIª Série de Diálogos

Iº Diálogo – Apesar de tradicionalmente definirmos música como a Arte dos sons, na prática, a visualidade da performance sempre esteve presente. Foi só no século XX, com o advento de dispositivos de gravação e reprodução sonora, que realmente surgiu a possibilidade de ouvir música sem a presença física do intérprete. Hoje podemos ouvir gravações de grandes intérpretes com alta qualidade sonora em nossas casas, carros e celulares, entretanto, ainda saímos para assistir performances ao vivo em teatros, shows, etc. A presença física do(s) intérprete(s) e a visualidade da performance possibilitam uma apreciação musical diferenciada que ainda nos atrai. Valorizar esses aspectos tem sido uma estratégia de muitos músicos e produtores para atrair o público para as performances

ao vivo. Cientes deste potencial, compositores do século XX e XXI têm incorporado elementos visuais como parte intrínseca de suas obras. Assim, a partir do repertório apresentado, o compositor irá refletir sobre diferentes estratégias que tem utilizado para explorar aspectos visuais da performance em suas composições como: efeitos de luz; valorização dos gestos interpretativos residuais da performance; acréscimo de elementos e gestos cênicos; instrumentos e/ou objetos lúdicos; correlação entre gestos, sons e imagens; sincronia de gestos com sons eletroacústicos, entre outros (**Cesar Traldi**).

IIº Diálogo – No ano de 1986, ano da morte do escritor, poeta, contista, crítico e ensaísta argentino *Jorge Luis Borges (*1899-1986), o compositor e musicólogo Prof. Dr. Marcos Câmara de Castro escreveu *Otro Poema De Los Dones*, para coro (satb), metais (2 trompetes e 2 trombones) xilofone (posteriormente suprimido) e tímpanos sobre o poema homônimo do poeta, apresentado em duas récitas (11/10 e 27/11 de 1986) sob sua direção, com destaque em artigo do *Jornal da Tarde* no dia de sua estreia. A música também foi executada no centenário de nascimento do poeta (1999). Para ilustrar essa apresentação musical o compositor Marcos Câmara, na ocasião, preparou um texto introdutório apontando passagens da obra de Borges onde há citações musicais. Essa interligação de linguagens é tema deste novo Diálogo Interdisciplinar (**Marcos Câmara de Castro**).

IIIº Diálogo – Estruturadas a partir de improvisos, as composições de Raul d'Avila são reflexos de seu percurso como flautista e professor no Centro de Artes da Universidade Federal de Pelotas, transitando de forma direta pelas linguagens da música popular e de concerto, e de forma indireta pela linguagem das artes visuais.

Apaixonado pelo repertório solo para flauta transversal, Raul explora possibilidades inerentes à produção do som que seu instrumento possibilita, conduzindo seu processo criativo respaldado pela experiência, intuição, emoção e razão.

Nesse processo, ele dá vazão aos sentimentos que, moldados pelo sopro, recebem contornos, gerando e instigando além das articulações que delineiam seus gestos musicais, articulações físicas e psíquicas. Dessa forma, integra uma visão humana e artística aos seus "poemas sonoros", conforme o flautista gosta de denominá-los (**Raul Costa d'Avila**)

PALESTRAS

¿Qué esperamos de la psicología de la música? Una contribución de los estudios cognitivos para el debate sobre la validación del conocimiento musical

Prof. Dr. Favio Shifres

Introducción: ¿por qué la psicología de la música no le interesa a los músicos?

La psicología de la música es un campo de conocimiento que se encuentra en el cruce de la Psicología y la Musicología. Se la define como la disciplina que estudia tanto los comportamientos que pueden entenderse como musicales, como la experiencia musical. Desde la antigüedad ambas vertientes han sido objeto de considerable reflexión por parte de educadores, filósofos y pensadores en general. Esta preocupación *académica* por los aspectos psicológicos involucrados en *hacer música* se extiende a performers, compositores y oyentes, quienes desde sus propios intereses se preguntan sobre los orígenes y las consecuencias psicológicas de esta actividad que realizan cotidianamente. Sin embargo, a pesar de ese interés, es muy poco lo que estos *hacedores* musicales conocen realmente de los estudios en Psicología de la Música. Como evidencia de este desinterés, basta ver, por ejemplo, como en la mayoría de los

cursos básicos o superiores de música, en conservatorios y universidades, no existe una asignatura que aborde este campo de estudio.

Mi experiencia como músico intérprete, investigador y docente me muestra que los músicos en general tienen cierta recelo respecto de lo que investiga la Psicología de la música. Por un lado reconocen su importancia, pero por otro, parecería que aquello que confirman sus investigaciones estuviera lejos de las prácticas que realizan como músicos. A menudo parecería que los músicos y oyentes hablan en un idioma, y los investigadores en otro.

Quisiera en esta charla compartir con ustedes algunas reflexiones sobre algunos de los posibles motivos de este divorcio. Mi hipótesis sobre él es que hay una divergencia notable entre lo que es la experiencia cotidiana de la música, cómo ésta es vivida por las personas y cómo es pensada en los ámbitos académicos. Esta separación que a priori parecería no ofrecer problemas para la mayoría de las actividades humanas vinculadas con la música (su producción, su consumo, su intercambio), genera conflictos en el corazón mismo de la investigación académica sobre ella. Como ya he propuesto en otros sitios, el problema parte del punto desde el que la Psicología de la Música piensa la Música.

La Psicología de la Música y el conocimiento moderno

La psicología de la música es una disciplina moderna. Entendida de este modo, es posible apreciar que sus bases epistemológicas (esto es, los criterios de validez del conocimiento, y de formulación de los problemas y sus abordajes) son fundamentalmente aquellas que sostienen el desarrollo del saber formal desde los siglos XVII y XVIII. Esos criterios de validez obedecen a lo que Santiago CASTRO GÓMEZ (2005) denominó el "proyecto *Cosmópolis* de la modernidad". El filósofo colombiano propuso que los pensadores modernos entendieron que el modo de conocer la naturaleza debía ser replicado en el estudio del mundo social, ya que éste debe de estar configurado de acuerdo con leyes y principios que replican los del mundo natural. De esta manera, *cosmos* y *polis* serían simplemente dos formas de manifestación de los mismos principios organizadores. Así fue cómo la idea de ciencia consolidó principios epistemológicos sobre dos vertientes diferentes. Por un lado, con Newton, Kepler y Galileo, entre otros, la ciencia fue el modelo para pensar

los criterios de validez para el conocimiento del ser humano en su entramado social, inter e intrasubjetivo. Así, entre otras cuestiones, la idea de que los problemas formulados pueden ser primero representados, y luego resueltos, a través de expresiones matemáticas determinó el campo de conocimiento y las estrategias para abordarlo. Por el otro lado, con Carl von Linneo se establecieron los criterios para clasificar la diversidad natural (animales, vegetales y minerales) en un sistema que asocia la variedad de manifestaciones naturales conocidas con su desarrollo histórico (filogenético). A partir de esta idea, el mundo social también debería obedecer a la misma lógica categorial, y por lo tanto todo tipo de actividad humana es susceptible de clasificarse en un sistema lógico que puede dar cuenta del desarrollo histórico de sus componentes. Así fue como las formas verídicas de comprender el mundo natural, que establecieron el campo de la ciencia, pasaron a demarcar también cuál es el conocimiento válido relativo al ser humano, su historia, su subjetividad y sus vínculos sociales. Lo que no era posible de expresar en esos términos no entró en los campos de conocimiento que constituyeron, por entonces, las ciencias sociales emergentes.

No es casual, por lo tanto, que los primeros laboratorios de psicología de la música, en la segunda mitad del siglo XIX, se hayan concentrado en responder preguntas que la teoría musical occidental desde Pitágoras hasta Rameau, había podido expresar en aquellos términos y encuadrar en la lógica formal: la noción de consonancia, la construcción de escalas paramétricas para atributos del sonido, la medición de actitudes hacia la música y de aptitudes relativas a su realización, la capacidad de clasificación de componente musicales, entre otros. Todo lo que no pudiera ser formulado así, no podría entrar en esta *nueva* ciencia y debería permanecer como tratamiento de la filosofía, la historia, y otras humanidades.

Pero las humanidades también sufrieron la influencia del proyecto *Cosmópolis*. El campo de la racionalidad expresiva comenzó a ser visto, a partir del siglo XVII, completamente bajo el paraguas conceptual de las *Bellas Artes*. Esta noción está asociada a la producción de objetos diseñados exclusivamente para ser contemplados y promover una modalidad de regocijo de los sentidos en particular: la æsthesis. Esto tiene algunas consecuencias importantes para establecer el campo de conocimiento que entendemos como *música*. Por

un lado la separación clara de los ámbitos expresivos de acuerdo con la primacía de uno de los sentidos (arte visual, arte sonoro, arte visuoespacial, arte viso-kinético, etc.). Corolario de esto es la determinación de las restricciones temporales de la actitud contemplativa (artes temporales, artes proyectuales), y la escisión de los *soportes significantes* (el lenguaje, el plano, el espacio, el movimiento, el sonido, etc.). La música quedó, en este contexto, confinada al campo sonoro abarcando la elaboración del sonido en el tiempo. Todo lo que excede este ámbito pasó a ser considerado como *extra-musical*. Así, si un significado es lingüístico o cinético, por ejemplo, no es musical.

Esta noción de *Arte* trae aparejada la noción de obra. La música pasa a ser considerada de acuerdo con esta unidad de análisis: *la obra musical*. Ésta se convierte en el tópico central tanto de la musicología como de la pedagogía musical. Esta ontología surge a partir de una serie de condiciones que se fueron dando sólidamente a lo largo de los siglos. De este modo, la composición como diseño, la representación en la partitura como dispositivo, y la configuración del sujeto *oyente/contemplador* dan forma a la noción de *obra* y con ella la idea de *autor* y *destinatario*.

Estos son los rasgos principales de la concepción de música y de conocimiento musical sobre los que la psicología de la música, finalmente, formuló sus preguntas.

La experiencia musical en la vida humana

Sin embargo en tanto *rasgo humano* la música es mucho más que todo eso. Es un comportamiento individual y social complejo cuyos procesos mentales subyacentes se han desarrollado de manera situada (en cada contexto cultural) distanciadamente de aquellos principios planteados por las dicotomías creador/oyente, sonido/movimiento, emoción/cognición, entre otras. De acuerdo con Ian CROSS (2016) tratar la música con ese sesgo etnocéntrico "anula efectivamente el valor de su discusión sobre (la) relación (de la música) con los procesos evolutivos" (p. 9) y, yo agrego, psicológicos. Es decir que reduce los procesos psicológicos implicados en la experiencia musical a aquellos que resultan compatibles con la teoría que conformó la noción moderna de música. Básicamente, el problema surge a partir de que:

> [...]la teoría popular occidental de la música [concibe a ésta] como un conjunto mercantilizado de patrones de sonido complejos producidos por unos pocos y consumidos por muchos simplemente por placer, más que como el medio interactivo complejo y socialmente significativo que es y ha sido tanto en Occidente como en otras culturas, lugares y épocas (CROSS 2019, p. 9)

Esto implica que la mirada *moderna* de la música es suficientemente estrecha como para no incluir las experiencias diversas no solamente de las *culturas remotas* sino también aquellas experiencias musicales que conviven con nosotros en nuestras ciudades tan diversas y socialmente estratificadas.

Basándose en esa perspectiva, el desarrollo de la disciplina psicológica condujo a una agenda en la que una serie de *temas de prestigio* fueron tomados del acervo teórico de occidente y llevado a los laboratorios de investigación. Fue así que esta visión estrecha y eurocéntrica de la psicología de la música se ocupó de tópicos tales como (i) la percepción musical de atributos del sonido (la altura, la duración, el timbre), de la tonalidad, del tiempo musical; (ii) las *respuestas* a la música (respuesta emocional, estética, preferencias, etc.); (iii) el desarrollo y aprendizaje de habilidades de ejecución musical; (iv) los procesos involucrados en la composición musical (y la improvisación); (v) los usos terapéuticos de la música, entre outros (véase por ejemplo, DEUTSCH, 2012; HALLAM, CROSS & THAUT, 2016; THOMPSON, 2009). A partir de esto, existe una psicología de la música *mainstream* que, como veremos, de manera avasallante ha buscado tanto explícitamente como de forma encubierta *universales de procesamiento*, es decir principios universales que caracterizan la cognición musical (STEVEN & BYRON, 2016).

Por el contrario, una psicología de la música que considere ampliamente la experiencia musical, debería proponer un programa alternativo centrado, entre otras cosas, en (1) por qué la gente se "suma" a un grupo a través de la música; (2) los mecanismos y causas de la música como ecualizador grupal de los estados internos; (3) los modos en que la musicalidad de los comportamientos permite comprender los estados internos de los otros; (4) Los modos en los que los comportamientos musicales favorecen el apego.

Las críticas a la perspectiva eurocentrada de la psicología de la música proceden principalmente desde dos ámbitos.

Por un lado, los aportes provienen desde un enfoque evolucionista. Este enfoque (*EVO-DESA*) incluye los estudios en desarrollo ontogenético y en evolución (filogénesis). Estas perspectivas afirman que dado que los comportamientos musicales están en la base de la habilidad humana para la expresión y la comunicación, el estudio de la psicología de la música debería atender más a los tópicos que caracterizan la evolución y el desarrollo musical (ver, por ejemplo, ESPAÑOL, 2014). Esta perspectiva es claramente *funcionalista* en el sentido de que apunta a comprender las funciones de la música en el desarrollo humano, lo que implica examinar sus aspectos más vinculados a la vida de la especie en general, y la conformación de las sociedades.

Por otro lado desde la etnomusicología y los estudios culturales se afirma que los tópicos que conforman la música en la diversidad de culturas humanas merecen ser estudiados de manera situada. Del mismo modo, sostienen la importancia de la investigación transcultural para llegar a comprender las bases generales de la música entendida como capacidad humana (CLAYTON, 2016; CROSS, 2016; TROPEA, SHIFRES & MASSARINI, 2014).

Concientes de las limitaciones que la psicología de la música *mainstream* tiene para hacer frente a estas críticas, algunos investigadores han comenzado a realizar propuestas que tiendan sacar a la disciplina de su eurocentrismo. Por ejemplo, Catherine STEVENS y Tim BYRON sostienen que el hallazgo de tales universales no depende de la simplificación de los estímulos que conforman las indagaciones en psicología de la música, sino en la consideración de cómo esos estímulos se articulan al interior de una determinada cultura. Sostienen que es posible encontrar pistas de esta articulación en los diferentes modos en los que las personas de diferentes culturas responden a esos estímulos. Así, la crítica de estos autores se centra en *el muestreo* de los estudios, es decir, en las poblaciones que son estudiadas. Proponen extender, de este modo, los estudios transculturales para conocer la diversidad de las respuestas, asumiendo que son esas respuestas las que pueden arrojar la caracterización de la diversidad de las experiencias.

Racismo en la investigación psicológica

Sugiero que tales propuestas, a pesar de sus buenas intenciones, son afines a la idea de *multiculturalismo* como una forma más o menos encubierta de *neorracismo*. Esta propuesta sigue la idea de LUJÁN VILLAR & LUJÁN VILLAR (2009) en cuanto a que las expresiones neo racistas pueden encontrarse en el rastreo de las acciones más que en el análisis de los discursos disciplinares.

El concepto de *neorracismo* alude a "aquellas formas de discriminación, ideas, hechos y actos que se sustentan en acciones y actitudes prejuiciosas – conscientes e inconscientes – y críticas de tipo nacionalista a los modelos políticos y cultes de distintos grupos étnicos que operan, por lo general, a nivel simbólico" (LUJÁN VILLAR & LUJÁN VILLAR, 2019, p. 31)

Las estrategias multiculturales se centran en encontrar las diferencias en los comportamientos de las personas ante determinados "estímulos" cuando en realidad lo que están haciendo es considerar la universalidad de los estímulos. El racismo emerge cuando la psicología cognitiva toma como verdad no cuestionada el hecho de que un estímulo es una realidad objetiva que no está supeditada al sujeto que lo considera como tal. Esto se deriva de lo que Santiago CASTRO GÓMEZ (2005) denominó la *hybris del punto cero*.

Veámoslo en un ejemplo. Supongamos que queremos saber si la valencia emocional asociada al modo (mayor/menor) en los estudios en emocionalidad inferida en poblaciones occidentales puede extenderse a poblaciones no familiarizadas con este sistema musical. ¿Cómo aborda en general la psicología cognitiva de la música un estudio así?

En primer lugar identifica una población *musicalmente no occidental*. Esto implica, por ejemplo, atender a las condiciones de aislamiento geográfico, vinculaciones interculturales y accesibilidad a tecnologías de comunicación e información (internet, radio, tv, etc.). Además las características de la música de esa comunidad debería ser notablemente diferente de las occidentales.

A partir de esto, diseñamos un procedimiento, garantizando que las diferencias culturales y lingüísticas no impidan que los participantes com-

prendan cabalmente qué es lo que tienen que realizar. Obtenemos los datos y los analizamos.

Como vemos aquí, el énfasis está puesto en la *población* que estamos estudiando. El carácter multicultural se expresa en lo *diverso* de la cultura observada. Esto implica dos cosas importantes. En primer lugar los miembros de esa cultura observada, el *sujeto* observado, es puesto en el lugar de *objeto epistémico*. Se niega su propia capacidad epistémica. Es el investigador quien se ve en el deber de pensarlo, el que está en condiciones de conocerlo, ya que él no puede pensarse a sí mismo. En segundo lugar, en ningún momento el problema de la diferencia cultural está puesto en la propia mirada del investigador. Esto quiere decir que el investigador omite considerar la diversidad en la observación misma (más allá de aquello que observa). Esto se debe a que, básicamente, esta mirada no es *vista*. La observación no tiene localización: se realiza desde un *no-lugar*. Este *no-lugar* ha sido denominado por CASTRO GÓMEZ (2005) como *el punto cero* de la observación. CASTRO GÓMEZ asegura que el cientista social, al ponerse en el *no-lugar*, está cometiendo aquello que los griegos denominaban *hybris,* o pecado de desmesura, según el cual realizaban acciones que se consideraban propias de los dioses.

El modo en el que como investigadores sostenemos la *hybris del punto cero* al plantear este estudio se puede ver en una cantidad de elementos del mismo. Analicemos algunos de ellos.

El experimento se centra en la audición, porque la audición está en el corazón de la idea de adquisición del lenguaje musical. La psicología cognitiva de la música asume que la adquisición de un determinado lenguaje musical es el resultado de la *mera exposición* a la música en la vida cotidiana (STEVENS, TARDIEU, DUNBAR.HALL, BEST & TILLMANN, 2013). Esta idea de *mera exposición* encierra el prejuicio del investigador configurado de acuerdo con su propia noción de música, según la cual la música, básicamente, *se escucha*. Así, el experimento procura traer la vía principal del sentido de la música (la audición). No obstante, en muchas culturas la música es *musicadanza* (solamente por poner un ejemplo). En estas culturas, la mera exposición implica siempre un involucramiento corporal, y por lo tanto la vía principal del sentido de la música no podrá reducirse a la audición.

En esa dirección, la perspectiva *evo-desa* de la psicología de la música pone el énfasis en la interacción. Es el vínculo entre el adulto y el bebé durante los primeros meses de vida (o incluso desde el término de la vida intrauterina (PARNCUTT, 2016) que el bebé adquiere las experiencias que conforman los marcos para experimentar la música de su cultura. Los estudios vinculados a esta perspectiva, además, ponen el énfasis en los procesos multimodales involucrados en la interacción (PHILLIPS-SILVER & TRAINOR 2008) y en la incumbencia cultural de dichos procesos (ARANGO MELO, 2014; OSPINA TASCÓN & ESPAÑOL, 2014). Esto quiere decir que con relación a muchas ontologías de música en múltiples culturas, no es posible hablar de *mera exposición* ya que la adquisición tiene lugar en contextos interactivos, en los que intervienen no solamente los sonidos sino todo aquello que en la cultura en particular configura la música (cuerpos en movimiento, naturaleza, etc.).

De esta manera el método del experimento es sesgado. Podemos apreciar que el investigador examina la experiencia del participante desde lo que él mismo, de acuerdo con su experiencia propia (basada principalmente en el acto de escuchar), considera que es *La* experiencia de la música. Para el participante, contrariamente, la experiencia musical puede basarse principalmente en el acto de moverse (ver, por ejemplo GLENNIE, 2003), o en la naturaleza del vínculo con el otro (MORAN, 2011), y por lo tanto esta idea de *meramente escuchar* puede resultar absolutamente ajena. Es interesante pensar aquí que el investigador, no se cuestiona su propia experiencia. Su propia experiencia le resulta absolutamente transparente.

Debido a que nuestro experimento asume que la emocionalidad en la música es algo que se escucha, estamos pensando en un sujeto que *es* oyente. Para que se entienda lo que quiero decir: el experimento pone al participante a escuchar, pero para la psicología ese participante, por el hecho de estar escuchando, *es* oyente, se define como tal. La psicología cognitiva tiende a asumir esas ontologías a partir de las tareas realizadas. Sin embargo, esas ontologías pueden ser muy lejanas de la experiencia del participante. Es sabido que en muchas culturas no es posible hablar de oyente, porque la música no es un hecho sonoro que está en el mundo para ser percibido sino que es un fenómeno social en el que se participa (TURINO, 2008). El investigador, de ese modo, está estudiando a un sujeto fingiendo de oyente, y no a un oyente.

Más aún, el sujeto psicológico es para el psicólogo cognitivista siempre un sujeto individual. La etnomusicología nos enseña, por el contrario, que muchas veces no es posible pensar a un sujeto musical por fuera del entramado social característico de su cultura (CLAYTON, 2016). Las zampoñas andinas (sikus), por ejemplo, muestran una experiencia que es siempre colectiva por lo que ese vínculo está en el centro de lo que la música para el sikuri.

Así, el participante se piensa a sí mismo de un modo explícitamente diferente a cómo el investigador lo está pensando. El investigador *desarraiga* al sujeto de su propia experiencia, para observarlo, lo aliena. Resulta muy interesante apreciar que el investigador no es conciente de esta sustitución, porque para él es totalmente lógico ver en una persona que está escuchando a un oyente.

Finalmente el experimento asume que la experiencia de la persona no tiene ninguna incidencia en cómo el propio dispositivo experimental es llevado a cabo por ella y, de allí, en cómo son las respuestas que brinda. El investigador asume que el dispositivo experimental tiene un impacto universalmente homogéneo e inocuo. El procedimiento experimental es transparente, no se ve. Pensemos, por ejemplo, el efecto que le produce a un estudiante de psicología de una universidad europea o norteamericana colocarse unos auriculares, escuchar una serie de fragmentos musicales y responder unas preguntas a partir de lo que escucha. ¿Podemos realmente pensar que es el mismo que le produce a una persona que, como los sujetos de nuestro experimento, no tienen acceso a tecnologías de comunicación e información y no se vinculan con otros a través de este tipo de tareas? Nuevamente, el investigador parece no ser conciente de esto. El procedimiento no se ve afectado localmente por la naturaleza del dispositivo.

Vemos en estos tres puntos a un investigador que no es conciente, del lugar desde el que está mirando el problema, o lo oculta. Como resultado de esto, tenemos una ciencia que deliberadamente distorsiona lo que pretende explicar. Pero lo verdaderamente grave, y en donde vemos con claridad cómo la investigación multicultural se convierte en un ejercicio de poder, es que esta ciencia privilegia un canon de pensamiento que se erige diciéndole al sujeto, que no es sujeto, sino objeto. Esta ciencia supone, desde su lugar, el sujeto está

imposibilitado de producir conocimiento porque ni siquiera puede conocerse a sí mismo.

La respuesta que la ciencia da, entonces, no resulta significativa. Pero no solamente porque es impotente para responder a las preguntas acerca de la propia experiencia musical, sino porque, además, resulta epistemológicamente violenta en tanto niega la agencia epistémica del sujeto musical al tiempo que explota sus propios recursos epistémicos (PÉREZ, 2019). Como señala Moira PÉREZ (2019), es un tipo de "violencia gradual, acumulativa, difícil de atribuir a un agente en particular, e imperceptible para muchos – incluyendo, con frecuencia, a sus propias víctimas-." (p.87). Cómo señala esta filósofa, esto conduce a un "empobrecimiento del sistema epistémico, que pierde conocimientos y capacidad de autocrítica" (p. 88).

Reflexiones finales para reparar los daños

Resulta urgente, entonces, que como académicos situados en el sur global, podamos hacer algo para revertir estas injusticias epistémicas. Es necesario desandar el ejercicio de la violencia epistémica que tiene lugar cuando investigamos en psicología de la música. Voy a proponer rápidamente un par de acciones (inspiradas en la noción de *ecología de saberes* de Boaventura DE SOUSA SANTOS, 2010). Ambas están basadas en una revisión ética del rol del investigador.

La primera consiste en poner la disciplina al servicio de las personas. Esto implica escuchar a todas las personas que en nuestras comunidades se hallan involucradas en la música y que necesitan saber algo vinculado a ese involucramiento, o resolver problemas concretos con relación a él. Así, como sugiere Rita SEGATO (2015), la disciplina académica es una "caja de herramientas" utilizable en la resolución de esos problemas.

En mi propia experiencia, los problemas más frecuentes que aparecen se vinculan con el aprendizaje musical. El trabajo debería partir, entonces, de visualizar aquellas cuestiones del aprendizaje que en el contexto particular que requiere de nuestra ayuda tienen una incumbencia psicológica y a partir de ello establecer el diálogo con otras disciplinas que puedan aportar otras

miradas allí donde la psicología no llegue, como por ejemplo la pedagogía, la política educativa y la educación comparada.

El segundo punto consiste en centrar los métodos en la persona, no como objeto de conocimiento, sino empoderándolo como sujeto con capacidad epistemológica, para que podamos encontrar juntos las explicaciones que buscamos. En ese sentido, en el contexto educativo a menudo es el estudiante el que es subalternizado, tomado como objeto y silenciado. En la música, en particular, el estudiante llega a las aulas con un bagaje de conocimiento notable, producto de años de experiencia musical social. Este conocimiento, a menudo es invisibilizado y el estudiante introyecta la noción de que "no sabe nada y tiene que empezar desde cero". En ese punto, comenzamos sin querer a ejercer violencia epistémica.

Repensar qué queremos de la psicología de la música, antes de adoptar las agendas disciplinares *mainstream*, nos ayudará a promover una disciplina epistemológicamente más justa y útil para nuestra comunidad.

Referencias

ARANGO MELO, A. M. (2014). **Velo que bonito. Prácticas y saberes sonoro-corporales de la primera infancia en la población afrochocoana.** Bogotá: Ministerio de Cultura.

CASTRO GÓMEZ, S. (2005). **La Hybris del punto cero. Ciencia, raza e ilustración en la Nueva Granada (1750-1816).** Pontificia Universidad Javeriana. Bogotá: Pontificia Universidad Javeriana. https://doi.org/10.1017/CBO9781107415324.004

CLAYTON, M. (2016). The social and personal functions of music in cross-cultural perspective. In S. Hallam, I. Cross, & M. Thaut (Eds.). **The Oxford Handbook of Music Psychology.** Second edition, (pp. 33-59). Oxford: Oxford University Press.

CROSS, I. (2016). The nature of music and its evolution. In S. Hallam, I. Cross, & M. Thaut (Eds.). **The Oxford Handbook of Music Psychology.** Second edition, (pp.1-17). Oxford: Oxford University Press.GLENNIE, E. (2003). *Evelyn Glennie muestra cómo escuchar.* TED Talk, disponible en ht-

tps://www.ted.com/talks/evelyn_glennie_how_to_truly_listen?language=es (último acceso 26 de Julio, 2021)

DE SOUSA SANTOS, B. (2010). **Descolonizar el saber, reinventar el poder. Development and Change** (Vol. 44). Montevideo: Trilce. https://doi.org/10.1111/dech.12026

DEUTSCH, D. (2012). **The psychology of music.** (D. Deutsch, Ed.) (Third). San Diego: Elsevier. Retrieved from http://www.elsevierdirect.com/rights

ESPAÑOL, S. (Ed.) (2014), **Psicología de la música y del desarrollo. Una exploración interdisciplinaria sobre la musicalidad humana.** Buenos Aires: Paidós.

HALLAM, S., CROSS, I., & THAUT, M. (Eds.) (2016). **The Oxford Handbook of Music Psychology.** (Second). Oxford: Oxford University Press.

LUJÁN VILLAR, J. D., & LUJÁN VILLAR, R. C. (2019). Neorracismos, multiculturalismo y pigmentocracia: consideraciones conceptuales e implicaciones para su abordaje. **Tla-Melaua,** *13*(46), 26–49. https://doi.org/10.32399/rtla.0.46.222

MORAN, N. (2011). Music, bodies and relationships: An ethnographic contribution to embodied cognition studies. **Psychology of Music,** *41*(1), 5–17. https://doi.org/10.1177/0305735611400174

OSPINA TASCÓN, V., & ESPAÑOL, S. A. (2014). El movimiento y el sí mismo. In S. A. Español (Ed.), **Psicología de la música y del desarrollo. Una exploración interdisciplinaria sobre la musicalidad humana** (pp. 111–155). Buenos Aires: Paidós.

PARNCUTT, R. (2016). Prenatal development and the phylogeny and ontogeny of musical behavior. In S. Hallam, I. Cross, & M. Thaut (Eds.). **The Oxford Handbook of Music Psychology.** Second edition, (pp. 371-386). Oxford: Oxford University Press.

PÉREZ, M. (2019). Violencia epistémica: reflexiones entre lo invisible y lo ignorado. *El lugar sin Límites. Revista de Estudios y Políticas de Género*, 1, 81-98.

PHILLIPS-SILVER, J., & TRAINOR, L. J. (2008). Vestibular influence on auditory metrical interpretation. **Brain and Cognition,** *67*(1), 94–102. https://doi.org/10.1016/j.bandc.2007.11.007

SEGATO, R. (2015). **La crítica de la colonialidad en ocho ensayos. Y una antropología por demanda.** Buenos Aires: Prometeo Libros.

STEVENS, C. J. & BYRON, T. (2016). Universals in music processing. Entrainment, acquiring, expectations, and Learning. In S. Hallam, I. Cross, & M. Thaut (Eds.). **The Oxford Handbook of Music Psychology.** Second edition, (pp. 19-31). Oxford: Oxford University Press.

STEVENS, C. J., TARDIEU, J., DUNBAR-HALL, P., BEST, C. T., & TILLMANN, B. (2013). Expectations in culturally unfamiliar music: Influences of proximal and distal cues and timbral characteristics. **Frontiers in Psychology,** *4*(NOV). https://doi.org/10.3389/fpsyg.2013.00789

THOMPSON, W. F. (2009). **Music, thought, and feeling. Unidestanding the Psychology of Music.** Oxford University Press.

TROPEA, A. L., SHIFRES, F., & MASSARINI, A. (2014). El origen de la musicalidad humana. Alcances y limitaciones de las explicaciones evolutivas. In S. Español (Ed.), **Psicología de la música y del desarrollo. Una exploración interdisciplinaria sobre la musicalidad humana** (pp. 217–260). Buenos Aires: Paidós.

TURINO, T. (2008). *Music as Social Life.* **The politics of participation.** Chicago: University of Chicago Press.

Transcrição das perguntas e respostas formuladas

Ana Clara Silva Moreira
Anderson Flavio Cordeiro de Souza

Professor Favio, quando você conversa sobre multiculturalidade eu me peguei pensando sobre uma coisa que nós não temos o hábito de fazer aqui no Ocidente. Nas nossas fundamentações não prestamos atenção na literatura oriental – eu dificilmente peguei livros, textos, artigos em que havia um oriental sendo citado. Você tem algum conhecimento sobre como os orientais mencionam a Psicologia da Música? Como eles podem ser introduzidos na Psicologia da Música?

Favio Shifres: Não, não conheço essas fundamentações. Agora, o que me parece muito importante é que possamos pensar, abrir nossos ouvidos para ouvir o que o outro tem a nos dizer. Isso é importante, por isso eu digo que os estudos multiculturais caem em atitudes neorracistas, porque impedem que o outro fale por si mesmo e explique. Por exemplo, eu não conheço os fundamentos teóricos que poderiam nos proporcionar determinadas culturas (como as culturas orientais) para pensar aspectos da Psicologia da Música. Seria um erro da minha parte observar as pessoas como se fossem objetos e tentar explicá-las a partir das minhas observações, e não a partir da própria experiência, da própria reflexão que isto pode me transmitir, me ensinar. Isso é o que eu quero saber, não os objetos do mundo, mas os sujeitos epistêmicos que tem o mesmo *status* epistemológico que o meu, e então podem pensar

como eu penso. Portanto, eu não tenho que entender o outro, eu tenho que dialogar com o outro para trocar saberes.

Porém, estamos longe, na Psicologia da Música, de entender isto. Quando eu estava preparando esta palestra, recorri a uma quantidade enorme de estudos multiculturais de Psicologia da Música dos últimos anos e todos partem da mesma lógica. Tomam um experimento e o levam às diversas culturas – sempre o mesmo experimento – como se o experimento fosse uma vacina que terá o mesmo efeito em todos; como se a música não tivesse efeitos diferentes de acordo com cada cultura.

E isto é um dos aspectos mais importantes pelo qual as pessoas não prestam atenção aos estudos de Psicologia da Música, porque estes estudos consideram que as pessoas são um objeto de estudo e não um sujeito psicoa lógico.

Perfeito! Eu tenho muita curiosidade em saber também sobre a literatura que nos fundamenta na Psicologia da Música no Oriente, mas a visão do sujeito epistêmico e da educação sistêmica já chegou na música. Você acha que ela chegou para todos os músicos na performance ou falta muito para nós absorvermos esse pensamento sistêmico?

Favio Shifres: Não sei. Os músicos acadêmicos, os músicos de conservatórios, nas universidades, são formados como sujeitos individuais. Esse sujeito individual está formado para ser uma engrenagem, um pedacinho em um corpo maior que é, por exemplo, a orquestra. Cada músico está formado para ser um pedacinho da orquestra, não para formar o todo. Toda a formação tradicional da música, o «modelo de conservatório» está desenhado desta maneira, desenhado para que o sujeito individual seja colocado a serviço de um maquinário que é a orquestra e, nas experiências comunitárias a música se constrói de outra maneira, se constrói na troca, se constrói na compreensão do outro e de fazer com o outro; o resultado sonoro é o resultado de estar com o outro, de ir com o outro, de ver o outro, de sentir o outro.

Os músicos da orquestra, em geral, nem sequer se veem – eles veem um regente. Então, isto é um problema da formação dos músicos, que desde que começam a estudar no Conservatório vão sendo condicionados a uma atitude

individualista e se convertem cada vez mais em sujeitos individualistas que fazem parte de um todo, mas não plenamente, dependendo sempre do regente e obedecendo ao regente.

Aí está um problema com a formação do "modelo de conservatório". Acredito que isso forma a mentalidade do músico de performance moderno e essa é uma maneira de pensar música muito diferente dos músicos de outras vivências, experiências coletivas; por exemplo: o músico de um terreiro de candomblé, da escola de samba, da banda, dos músicos que entendem a música somente se eles estão com o outro. Nós estudamos música no conservatório e estudamos horas a fio, sozinhos, sem compartilhar o som; quando temos as habilidades mais desenvolvidas nos juntamos com o outro e fazemos música juntos. Esse experimento de levar o modelo final para a experiência comunitária não é a mesma que se tem nessas outras situações mais coletivas.

Mas voltando à sua pergunta: não creio que os músicos formados no Conservatório possam visualizar uma configuração sistêmica do que é a experiência musical.

Boa Noite, Professor! Preocupa-me muitíssimo quando nós, da música, falamos de música e artes, como se música não fosse arte, e a vemos como de um outro lugar. Eu tenho pensado muito sobre a área de arte como uma área única que historicamente foi sendo fragmentada e dicotomizada e agora temos o pensamento sistêmico e este olhar holístico que nos leva a pensar o ser humano como um ser transdisciplinar e com sua fala de hoje eu estava pensando sobre a arte ritual e como nós hoje temos que olhar para outras culturas para entender o que é essa arte transdisciplinar, destas outras culturas que têm esse tipo de arte viva presente. Não tenho uma pergunta só peço que você fale um pouco sobre isto.

Favio Shifres: Sim, é muito interessante este ponto, pois nós pensamos na interdisciplinaridade, na transdisciplinaridade, na arte transdisciplinar, que foram previamente divididas em disciplinas, mas as disciplinas não são naturalmente divididas. O que significa isto? Que nossa noção de arte, de separar a arte em visuais, sonoras, do movimento é um fenômeno relativamente recente na história da humanidade, não tem mais que três séculos e é um esforço de pensamento enorme poder estabelecer essas divisões, quando na realidade,

na natureza humana uma coisa está altamente associada com a outra. Por exemplo: nós cantamos e ao cantar nos movemos, então o canto é indivisível do movimento, não posso separar o canto do movimento. Recentemente, na arte moderna, final do século XVII e XVIII isso se separa e estabelece cantos disciplinares diferentes. Claro, um século mais tarde os próprios artistas se dão conta de que não se pode separar o movimento do som e voltam a integrá-los e no século XIX, ou seja, voltamos a integrar as artes que haviam sido desintegradas um século e meio antes. É muito interessante o que você diz sobre observar rituais, observar outras culturas que não tenham sido atravessadas por esse fenômeno de separação, produto deste pensamento racionalista e empirista da modernidade e por isso concebem o campo expressivo de outro lugar que não este da separação. Me parece que para nós, como artistas, é muito importante refletir sobre isso. Romper um pouco com esta lógica de pensar primeiro na divisão e depois fazer o esforço de unir tudo, quando na realidade, na experiência humana primitiva nós vemos as crianças, que quando escutam música se movem, quando cantam, se movem, quando pintam, se movem e cantam. Quer dizer, a expressão é uma única coisa e está tudo bem pensar nessa unidade e partir, sobretudo quando falamos em educação, de pensar essa unidade na educação antes de produzir essas divisões.

Eu me lembro de quando eu estudava piano no Conservatório, a regra técnica era não se mover, então devia-se tocar com o mínimo de movimentos possíveis. Eu me movia porque a expressão se excedia, porque necessitava fazer isso para pensar a música. Não posso pensar sem me mover. Então essa separação vai nos transformando em sujeitos divididos e depois nos custa muito trabalho unir tudo isso.

Professor, considero que é muito importante quando você coloca que nós estamos em uma sociedade euro centrada, apesar de estarmos no hemisfério sul do planeta e o quanto esta música é centrada na escuta e, apesar de ser centrada na escuta, nós temos tanta dificuldade para escutar as outras pessoas. Quando você traz esse multiculturalismo e esse neorracismo, me fez lembrar do Bauman quando ele coloca que o multiculturalismo é também uma estratégia para que cada povo seja colocado no seu devido lugar no sentido de que são sociedades que não podemos mexer, portanto se uma sociedade é muito pobre, está excluída do bem-estar material;

isto é natural, isso é assim mesmo é a beleza dessa sociedade. Então parece para Bauman uma estratégia de colocar cada povo em seu devido lugar e também uma estratégia para silenciar as suas vozes. Neste sentido, eu gostaria de perguntar se você percebe também nesse multiculturalismo e nesse neorracismo uma influência de uma lógica que é iminentemente capitalista e quanto essa lógica acaba por reger parte das nossas lógicas musicais a partir do momento em que estamos lidando com a música que é profissionalizada.

Favio Shifres: Sim, absolutamente. O euro centrismo é a condição de possibilidade do desenvolvimento do capitalismo, e por sua vez, o desenvolvimento do capitalismo vem das mãos do euro centrismo, do sexismo, e de todos os "ismos" com os quais estamos tão incomodados hoje em dia. Por exemplo: a divisão que nós traçamos entre ouvintes e músicos, a ideia da sociedade moderna que há músicos e "não músicos" (os músicos são os que produzem a música, e os "não músicos" são os que a consomem). Esta é justamente uma estratégia capitalista, pois tem a ver com introduzir a música na forma de produção capitalista, onde há alguns que produzem e muitos que consomem. Quando pensamos na maioria das culturas, a música é uma atividade de todos, vários que a fazem e outros que a compram. Nós pensamos que para ser músico tem que saber fazer um monte de coisas que nem todos podem saber. Essa noção de profissionalização transforma a música em mercadoria, e quando a música se transforma em mercadoria, torna-se um objeto que não pode ser fabricado por todos, precisa ser fabricada com condições particularmente fixas de produção e esse é um processo que vem acontecendo no Ocidente desde o começo do capitalismo e que tem a ver com a evolução do capitalismo. Pensem, a primeira grande revolução na produção musical coincide com a revolução industrial e tem a ver com a criação do concerto como instituição, onde o concerto é um tipo de mercado onde se compra e se vende o produto musical e coincide com a criação da orquestra como o âmbito de fabricação dos produtos deste mercado. A orquestra é a expressão musical da Revolução Industrial. Isso se acentua depois, ao final do século XIX com o surgimento das indústrias musicais. Primeiro a indústria das partituras musicais (a indústria editorial), e logo com a indústria da gravação (os discos), aí já aparece muito claramente a música como mercadoria. Este é o mesmo processo que sofrem todos os produtos humanos, e isso tem a ver com a lógica capitalista e com a expansão do capitalismo, e todos os produtos

passam pelas mesmas etapas. Nós poderíamos falar hoje em dia em uma etapa de especulação financeira a nível musical, onde os produtos musicais também são parte da especulação financeira, mas não reparamos tanto isto na música como em outras artes, onde o valor de uma obra de arte é colocado em um mercado, uma casa de leilões onde se leiloam as obras de arte e são valores absolutamente especulativos, que tem a ver com a especulação financeira. Uma obra de arte que se vende a cem milhões de euros, é especulação financeira – está muito distante de ser uma expressão dessa necessidade artística humana. Tudo isto em prol do desenvolvimento do capitalismo, sem dúvida.

Performance Musical e Interdisciplinaridade: questões artísticas, de gênero, de raça, de formação e ideomatismos.

Prof. Dr. Sonia Ray
(UFG, ABRAPEM, UNESP)
sonia_ray@ufg.br

Introdução

Olhar para o potencial interdisciplinar da Performance musical tem sido o foco de muitos pesquisadores nos últimos 20 anos, sobretudo na área de cognição e performance. Contudo, a situação pandêmica trouxe à tona questões antigas ainda insuficientemente abordadas no cenário artístico-musical. São reflexões sobre questões que ligam a disciplina música (particularmente a performance) com disciplinas da história, sociologia, biologia, neurociência e educação. O objetivo aqui é colocar tais questões na realidade atual do músico de palco e traçar perspectivas para o avanço das ações em andamento, além de lançar uma lente de aumento sobre recentes relatos de artistas atuantes desde o início do confinamento no Brasil em função da COVID. Para tal, apresento uma reflexão organizada em quatro momentos inter-relacionados.

MOMENTO 1: Conceito e retrospectiva histórica da interdisciplinaridade na Performance musical

> A **primeira** prioriza os aspectos epistemológicos da questão, visa a construção de uma teoria interdisciplinar. Busca uma síntese conceitual, a unificação do saber científico, a super-ciência e promove uma reflexão cognitiva dos saberes disciplinares em interação. É chamada de interdisciplinaridade acadêmica, localizada mais intensamente na França e presente nas propostas científicas de Y. Lenoir e G. Fourez, entre outros. A **segunda** vertente americana, identificada no pensamento de J. Klein, busca respostas operacionais para as questões sociais ou tecnológicas sob a perspectiva das proximidades instrumentais, requer um [sic] saber imediatamente útil, promove uma pesquisa funcional. Se a primeira vertente está pautada em um princípio teórico... A **terceira** posição, a brasileira, dirige-se para o professor introjetado na sua pessoa e no seu agir... Ela visa construir uma metodologia de trabalho educacional que se apoia na análise introspectiva da própria docência e das práticas de ensino, de maneira a permitir o ressurgimento de aspectos do ensino e da docência que ainda são desconhecidos (LIMA, 2007. p.54-55)

O contexto multidisciplinar acima descrito não apenas cabe em todo fazer criativo, sobretudo na performance musical, pois esta tem potencial para se promover uma reflexão cognitiva dos saberes disciplinares em interação, sobretudo no tocante a seus próprios elementos constituintes. Ela também requer um 'saber imediatamente útil' que leva à promoção de 'uma pesquisa funcional' formal ou não-formal daquele que a pratica, e finalmente, a performance musical pode estar a serviço da construção de uma metodologia de trabalho educacional seja pela docência, seja por práticas de seu ensino, seja por seu potencial artístico de atingir a sociedade.

Em função deste caráter interdisciplinar nato é que, somente através do domínio do conteúdo da performance musical é que se pode conceber ensiná-la, e não no domínio de uma única disciplina que a constitui, sendo a música a mais relevante de todas (Ray, 2019). Os múltiplos olhares sob os quais a performance musical pode ser estudada, pesquisada e ensinada, abrem fronteiras para a criação também em procedimentos didáticos. A ilustração n.1 abaixo é uma das muitas possibilidades.

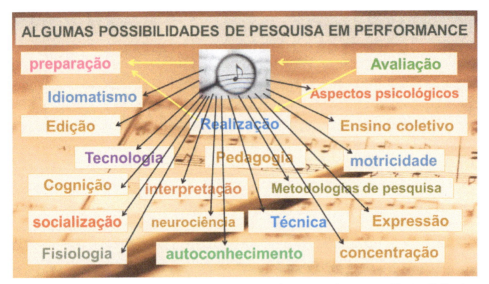

Ilustração n.1: Algumas possibilidades de pesquisa em performance (Fonte: S. Ray)

O ciclo 'preparação-realização-avaliação' é hoje um consenso entre pesquisadores (Williamonn, 2004; Gabrielssohn, 1993; Ray, 2015 e 2019; Rink, 2002, entre outros). O estudo de quaisquer destes três momentos pode ser realizado em associação com quaisquer das áreas apontadas pelas setas na imagem e ainda permite a associação de mais que uma área do conhecimento. Ao estudar/pesquisar afinação, o músico pode associar cognição (percepção do som), motricidade (conhecimento dos movimentos do corpo), psicologia (aspectos da concentração) a um texto musical que se justifique ser estudado em detalhes.

Importante é não querer olhar todas as possibilidades de associações ao mesmo tempo, pois, ainda que todos os aspectos aconteçam ao mesmo tempo em uma performance musical, é importante que se concentre em etapas selecionadas para que haja aprofundamento nas questões. Considera-se que os aspectos da performance sejam indissociáveis, porém, seu estudo pode ser organizado por um olhar sistêmico (que considera a coexistência de elementos) mas consegue se concentrar no estudo de partes, desde que contextualizadas, afim de não permitir um olhar cartesiano (Ray, 2015).

MOMENTO 2: Um breve olhar para a Performance Musical e outras disciplinas do conhecimento

As associações apresentadas no momento acima encontram fundamentos sólidos em teorias de áreas distintas do conhecimento as quais podem contribuir significativamente para o desenvolvimento de estudos conceituais e aplicativos em performance musical. As pesquisas conceituais têm aqui um destaque maior pela crescente necessidade que a área apresenta de "embasar artistas-professores, dentro e fora da academia, na tarefa de formar pedagogos da performance musical" (Ray, 2019), bem como o grande desafio de fundamentar a ação criadora mesclando conhecimento tácito com conhecimento científico. A seguir, quatro áreas do conhecimento são utilizadas para ilustrar esta afirmação.

Sociologia: a sociedade, bem como sua estrutura, formação, organização e comportamento dos indivíduos, é objeto de estudo da sociologia. Qualquer estudo sobre formação do indivíduo "deve considerar os sistemas educativos que existem ou já existiram, compará-los e identificar os aspectos em comum" (DURKHEIM, 2011, p. 43). Da mesma forma, na formação do *performer* musical cabe considerar o que já existiu, porém, sem deixar de lado o presente. Só assim será possível vislumbrar um futuro.

Neurociência: o cérebro, em particular os processos cognitivos (percepção do aprendizado, da memória, do corpo...) são objeto de pesquisa de um ramo da área chamado neurociência cognitiva. Pesquisadores de destaque mundial dedicaram grande parte de seus estudos nesta área e desenvolveram estudos que nos auxiliam a compreender melhor como a música é processada no cérebro e como se pode otimizar os vários recursos que a cognição nos oferece para aprender e ensinar o processo criativo, sobretudo, a performance musical. Destaca-se aqui os trabalhos de Suzana Herculano-Houzel, Daniel Levitin, Roberto Lent e Carlos Galvão, entre outros.

Educação: Quando se pensa na formação do professor de performance musical não há como não pensar na importância de que este adquira conhecimentos para saber como fazê-lo, contudo, este saber nasce do conhecimento e vivência da própria atuação como músico para então se beneficiar de outros processos, a exemplo daqueles advindos da área de educação, como uma fonte

adicional necessária para o pedagogo da performance musical. Nas palavras de LIBÂNEO (2002).

> [...] com a 'intelectualização' do processo produtivo, o trabalhador não pode ser mais improvisado. São requeridas novas habilidades, mais capacidade de abstração, de atenção, um comportamento profissional mais flexível. Para tanto, repõe-se a necessidade de formação geral, implicando reavaliação dos processos de aprendizagem, familiarização com os meios de comunicação e com a informática, desenvolvimento de competências comunicativas, de capacidades criativas para análise de situações novas e modificáveis, capacidade de pensar e agir com horizontes mais amplos... é notório que nos encontramos diante de novas realidades em relação ao conhecimento e à formação (LIBÂNEO, 2002, p. 28).

Biologia: Conhecer como se concebe a vida e como o ser humano se desenvolveu até hoje no universo pode ser de grande valia para se compreender certas visões desenvolvimentistas que já levaram o homem às guerras e outras rupturas radicais de convivência, até mesmo no mundo artístico. Se a importância da arte para a sobrevivência do homem estiver sempre no horizonte do músico, talvez possamos, em um futuro próximo, explicar a cada dona de casa porque a música não pode deixar de ser fomentada pelo Estado e pela sociedade (assim como o agronegócio as convence da importância do algodão no seu dia-a-dia). Nas palavras de Vieira (2009),

> Eu acho que a arte é um tipo de conhecimento e todas as formas de conhecimento têm como direção a sobrevivência da espécie humana. Ou seja, nós precisamos conhecer para sobreviver. Ninguém conhece por luxo, esporte ou por distração. As pessoas conhecem porque necessitam. Neste sentido, a arte é necessária e não pode ser encarada como luxo ou algo supérfluo (Vieira, 2009, p.12).

MOMENTO 3: Exposição de fatores evidenciados pela pandemia

A situação de pandemia causada pela COVID-19 trouxe à tona questões artísticas, de gênero, de raça, de formação e idiomatismos com os quais se convivia, mas estavam limitados a círculos específicos. Em poucos meses a

inadequação de editais de financiamento da Cultura/Artes foram ampliados e passaram a exigir readequação imediata. Neste processo, questões de gênero e raça/etnia, foram abertamente expostos por artistas proeminentes, sobretudo o racismo. A situação pandêmica trouxe à tona questões antigas ainda insuficientemente abordadas no cenário artístico-musical.

A sociedade brasileira, acostumada com o racismo (entre outras formas de descriminação) foi obrigada a voltar o olhar para "comportamentos individuais e processos institucionais [sic] derivados de uma sociedade cujo racismo é regra e não exceção" (ALMEIDA, 2019, p.33). Neste processo, a estrutura social, definida por um pensamento majoritariamente "BEMB" (branca, europeia, masculina e binária) que dominou esses séculos, ficou igualmente escancarada e foi associada a outros fatores que, segundo a historiadora Elaine Brum (2020), "é o que nos trouxe até o risco da emergência climática, é o que nos trouxe até o tempo das pandemias" (BRUM, 2020, 6min12seg).

Se a situação pandêmica afastou os artistas do palco e de suas fontes de renda, por outro lado, a formação do músico foi transformada e beneficiada pela conexão virtual. As possibilidades de conexão antes precárias foram ampliadas com uma enorme quantidade e variedade de ferramentas gratuitas na internet que permitiram a resistência da produção artística, sobretudo da performance musical ao longo dos últimos dois anos.

A questão idiomática se tornou protagonista não apenas do fazer musical, mas também da produção e transmissão dos produtos artísticos. As empresas de entretenimento, assim como as de produção de equipamentos e aplicativos foram obrigadas a buscar soluções mais amigáveis para o músico (profissional e estudante) que se viu obrigado a produzir e se reinventar em parcerias coletivas e virtuais.

MOMENTO 4: Possibilidades de exploração de questões artísticas, de gênero, de raça e de formação

Após a observação do conceito de interdisciplinaridade na Performance musical, olhar para algumas possibilidades de envolvimento com outras disciplinas do conhecimento e trazer o contexto para fatores evidenciados pela

pandemia, é pertinente considerar perspectivas para a nova realidade que se instaurou no cenário mundial do fazer musical. Aspectos como a variedade de espaços onde a performance musical acontece (físico e virtual), os fatores sociais que definem quem tem acesso a recursos (classes emergentes e consolidadas), a qualidade dos recursos disponíveis (instrumentos, aplicativos, material didático) e a gestão cultural (políticas das instituições que abrigam cursos e seus mantenedores) contextualizam esta nova realidade.

Publicações específicas sobre a performance musical na quarentena foram estimulantes para o engajamento dos artistas no desafio da produção em confinamento, entre eles: O Dossiê da Revista Música – USP (Tarso, 2020) e o Livro Performance Musical na Pandemia: relatos de experiência – LPCM-UFG (RAY, et all, 2021).

Iniciativas impulsionadas pela situação pandêmica ajudaram a comunidade musical brasileira, sobretudo músicos da área prática, a refletirem sobre a sua atuação e a vislumbrarem novas possibilidades. Perspectivas para a performance musical no confinamento foi alvo de quatro eventos online ao longo de 2020:

4.1 Lives Sons, Notas e Identidade (CARVALHO, 2020): Na série de Lives Sons, Notas e Identidade, Iberê Carvalho entrevista músicos negros do Brasil e do mundo falando sobre suas experiências artísticas e de vida. A iniciativa se tornou um registro inédito de relatos de experiência sobre a inclusão do negro na música de concerto, sobretudo no Brasil.

4.2 Lives Performance na Quarentena (RAY, 2020): A série de *Lives* aconteceu ao longo de 200 dias consecutivos com sessões que duraram em média 35 minutos cada. Concentrados na discussão da situação pandêmica no Brasil e no mundo, 150 convidados abordaram temas de performance musical envolvendo relações da pandemia com o trabalho, o estudo, condição psicológica do artista, racismo estrutural e as repercussões deste cenário no momento.

Ilustração n.2: Logomarca da série criada por Sonia Ray (2020).

4.3 FIMUCA – Festival Música em Casa (GABRIEL, 2020): O FIMUCA reuniu 20 mil inscritos para as dezenas de cursos oferecidos no período. Entre as atividades, mesas redondas discutiram o fazer musical 'em casa' sob vários aspectos. Como mostra a ilustração acima, foram convidados, o professor Zulu Araújo (ex-presidente da diretoria da Fundação Pedro Calmon, BA), o músico e pesquisador Tiganá Santana (com produção associada a cultura africana), o professor e pesquisador José Vicente (Reitor da Faculdade Zumbi dos Palmares) e o violista e produtor de eventos Iberê Carvalho.

Ilustração n.3: Cartaz de divulgação da Mesa no FIMUCA (2020).

4.4 Osusp Debates (CURY, 2020): A mesa redonda *Presença negra na música sinfônica* promovida na série *Osusp Debates* pela Orquestra Sinfônica da USP (OSUSP) foi composta por outros três instrumentistas negros (Teresa Cristina Rodrigues, violoncelo; Darrin Milling, trombone baixo e pela estudante Gabriela Evaristo, violoncelo) e mediada pelo professor Dennis de Oliveira (USP). A discussão trouxe à tona as experiências dos participantes com racismo estrutural na performance musical e nas decisões profissionais tomadas ao longo das carreiras.

As perspectivas que estas séries inspiraram através dos debates, compreendem sobretudo a necessidade de se mesclar o fazer artístico com a nova realidade social e cultural que se apresenta. Não se pode mais ignorar questões como meio ambiente, racismo ou qualquer outro tipo de discriminação que cerceie oportunidades. No momento pandêmico ficou evidente que a criação musical se sobrepõe às dificuldades e cria uma forma de se manter viva na união dos artistas, como o que foi feito nos quatro eventos mencionados.

Considerações Finais

As perspectivas para a performance musical estão cada vez mais associadas ao mundo digital, porém, não limitadas ao mesmo. Os estudos interdisciplinares têm o potencial duplo de inspirar iniciativas e de gerar fundamentação para as mesmas, de forma que artistas-pesquisadores formais e artistas essencialmente práticos encontram, em outras áreas, subsídios para criar ainda mais na música.

Parafraseando Vieira (2009. p.12), "ninguém atua em performance musical por luxo, esporte ou por distração. As pessoas se envolvem com performance porque necessitam" e fazem desta arte sua necessária contribuição para os novos desafios que se apresentam para si e para os que os ouvem. Cientistas afirmam que, assim como outras pandemias já devastaram o mundo no passado, outras virão. Cabe aos artistas do momento atual deixar o legado de ter vivido e sobrevivido a passagem COVID-19 criando e aprendendo.

Referências

ALMEIDA, S. L. de. **Racismo estrutural**. São Paulo: Pólen, 2019.

BRUM, E. **Entrevista ao programa Reporter Eco**: TV Cultura. 30 ago. 2020 Disponível em: <https://youtu.be/fEew0ikPJH8>

CARVALHO, I. **Série Sons, Notas e Identidade**. 2020. Disponível em: <www.instagram.com/ib.violista>

Cury, F. **Presença negra na música sinfônica**. Mediação de Sonia Ray. Disponível em: <https://youtube.com/osusp>. [Debate OSUSP. Mesa realizada em 17 julho 2020].

DURKHEIM, É. *Educação e Sociologia*. São Paulo: Vozes, 2011.

GABRIEL, F. (Org). **Festival Internacional de Música em Casa (FIMUCA)**. Natal: UFRN, 2020. Disponível em <fimuca.musica.ufrn.br>.

GABRIELSON, A. The Performance of Music. In: **The Psychology of Music**. Diana Deutsch (Ed.) San Diego: Academic Press. 2a Ed., 1999. p. 501-623.

Herculano-Houzel, S. **O cérebro nosso de cada dia**: *descobertas da neurociência sobre a vida cotidiana*. Editora: Vieira e lent casa editorial. Rio de Janeiro, 2002.

LIBÂNEO, J. C. **Pedagogia e Pedagogos, Para Quê?**. 6ª edição. São Paulo: Cortez, 2002.

Lima, S. R. A. de. Interdisciplinaridade: uma prioridade para o ensino musical. In: **Musica Hodie**. Volume 7,n1, 2007. p.51-65.

Ray, S. Os conceitos EPM, Potencial e Interferência inseridos numa proposta de mapeamento de Estudos sobre Performance Musical. In: S. Ray (Org.). **Performance musical e suas interfaces.** Goiânia: Vieira/Irokun, 2015.

Ray, S. Prática e didática da música de câmara. **Orfeu**, v. 4, n. 1. (2019). p. 151-165

RAY, S. **Série Performance Musical na Quarentena**. 2020. Disponível em: <www.facebook.com/soniaraybrasil>

RAY, S., ZANINI, C.; AGUIAR, W. (Orgs.) **Concentração na performance musical**: conceitos e Aplicações. Goiânia: Abrapem, 2020.

RINK, J. (Org). **Musical Performance**: a guide to understanding. Cambridge: Cambridge University Press, 2002.

WILLIAMON, A. **Musical Excellence**: strategies and techniques to enhance performances. New York: Oxford University Press, 2004.

Transcrição das perguntas e respostas formuladas

Ana Clara Silva Moreira
Anderson Flavio Cordeiro de Souza

Como é discutir a descentralização das artes, discutir coisas que o "status quo" atual não quer que nós discutamos, inserindo a música e a performance musical em uma área que ultrapassa muito os limites da própria música e que entra com muita força e com muita propriedade em questões sociais?

Sonia Ray: Eu sei que existe realmente uma certa "polícia virtual" que está aí para desconstruir esse nosso processo de reflexão, mas não será suficiente. Se nós estamos aqui, agora, neste evento, é porque tem muitos acontecimentos anteriores que nos trouxeram aqui. Não vai ser uma intervenção ou outra que vai destruir a importância e a eficácia deste evento.

Sonia, eu queria saber como podemos nos reinventar na questão da performance musical e utilizar ao máximo estes meios de comunicação virtual.

Sonia Ray: Eu acho que você já respondeu. É tentar aproveitar ao máximo tudo o que estiver disponível. Na minha visão, o que nós não podemos fazer é prever. Daqui a cinco anos – eu não sei – não sabemos o que vai acontecer daqui a um mês. Então o que mais nos beneficiará será aprender a lidar com as coisas que são diferentes daquilo que estamos habituados. Eu tenho que estar aberta ao que vai surgir. Eu não posso mais dizer: "*Jamais eu vou dar*

aula online! É impossível porque não é igual". Nunca vai ser igual, nada mais no mundo vai ser igual. Então, se entendermos isso, vamos parar de ficar mantendo, amarrando as coisas como elas são; primeiro porque elas vão mudar independentemente de você mudar ou não. Então você tem duas opções: ficar sofrendo porque não é mais como você queria ou aprender a lidar com o que é diferente. *"Ah, mas nunca vai ser tão bom"*. Dessa maneira você já está determinando que não será capaz de explorar uma possibilidade que será melhor do que aquilo que você faz hoje. Então, temos que explorar. *"Ah, mas isso é provado cientificamente que o som não é tão bom"*. Ok, mas e o resto além dessa possibilidade? Será que não tem nada mais que pode compensar aquela pureza do som ao vivo? Alguma coisa está lá para ser explorada. Então, ao contrário de dar uma resposta, o que eu tenho são perguntas. Por que é que enquanto *performers* resistimos tanto em mudar? Eu toquei um concerto de um jeito, com tal dedilhado, com tal tipo de corda, com tal breu e "x" arco e aí eu nunca mais vou trocar, porque deste jeito funcionou? Que tipo de *performer* eu sou, se não estou buscando mudar, inovar, conhecer, fazer de outra forma? Eu acho que o mesmo acontece com o ensinar e o aprender. É a cabeça aberta para ouvir a geração "X", "Y", "Z" e as que vierem e tentar aprender. Vou aprender com elas como sempre faço, com os meus orientandos. A minha geração está tentando formar uma geração com a cabeça mais aberta, porque a minha é bem fechada e bem limitada. Então, a salvação está no futuro. Como não podemos prever as coisas, podemos alertar as pessoas: Estejam preparados para algo que nós não sabemos o que é. Isso pode te trazer algumas respostas.

Eu queria mencionar um texto muito importante, histórico, que é uma grande referência da professora Sonia Ray e do professor Fausto Borém. É o texto de 2012, sobre os caminhos da pesquisa em performance, que faz um levantamento e análise dos trabalhos entre 2000 e 2012, e coloca as intersecções com subáreas como performance musical e análise, performance musical e ensino, entre outras tão importantes e muito consolidadas e que seguem em transformação e produção. Estou refletindo um pouco em relação às temáticas de gênero, raça e etnia, que aparecem nesses trabalhos, muitas vezes como temas transversais, e aparece muito na produção e simpósios temáticos que vem acontecendo nos últimos anos. Então eu tenho pensado sobre a importância dessas temáticas, como por exemplo, gênero e

raça, diversidade, interseccionalidade, também se configurarem ou serem pensadas e estarem nomeadas na produção, talvez como subáreas da performance musical.

Sonia Ray: Thaís, eu tenho uma visão muito particular sobre isso, sobre a questão de gênero e raça, e eu não compartilho com uma visão "separatista" das coisas. Eu tenho uma visão muito mais próxima do pensamento sistêmico. Eu entendo que quanto mais nós separarmos, mais separados estaremos. *"O negro cada vez mais na negritude, o branco mais na branquitude. A mulher mais na "mulhertude", o homem cada vez mais na "homentude", e assim vai, o gay na "gayzitude" e* a gente vai criando os nichos que não nos unem, não unem a nossa produção – separam-nos. Porém, temos que reconhecer, que historicamente, grandes conquistas de minorias ocorreram por organização em grupos. Se não tivesse existido a Rosa Parks, não sei se iriamos entrar em um ônibus nos Estados Unidos pela porta da frente. Então, existem as duas questões e nós, enquanto pesquisadores e seres humanos, podemos escolher como olhar para isso. Eu optei por olhar essas questões dentro da minha produção como performer musical. Então, eu nunca fiz parte de nenhum grupo de gênero. Isso não quer dizer que eu não venha a fazer parte, mas, até o momento, eu estaria atendendo a mais pessoas e talvez fazendo as minhas ideias chegarem a um número maior de pessoas, se eu incluísse a questão da raça, por exemplo, nos meus trabalhos de performance musical e não em um grupo específico sobre raça. Acabei de publicar um capítulo, em um livro organizado pela Sonia Albano, sobre o racismo na performance musical no Brasil, que vem desde o Brasil pré-colônia. Eu tive a pretensão de fazer esse apanhado de como se olha a performance musical desde lá até os dias de hoje. Era um material que eu tinha para o meu uso pessoal, não fazia parte da minha linha de pesquisa. Daí eu considerei que se eu estou falando de performance musical, por que não fazer um gancho com a questão do racismo? Como eu posso fazer com a questão do preconceito de corpo? Essas coisas podem vir a fazer parte também desse universo. Eu posso fazer um corte e olhar para isso dentro da performance musical sem que eu faça parte de um grupo específico. Respeito quem trabalha nos grupos, a Anppom já começou com isso há um tempo – montar grupos que discutem gênero, e aí eu penso: Mas o trabalho que discute performance e gênero está no gênero ou na performance? E aí começamos a reinventar ou a reproduzir uma coisa que se fazia antes. Na etnomusicologia, por exemplo, estava tudo o que é música popular e música tradicional folclóri-

ca. Ao longo dos últimos 15 anos nós entendemos que música popular não é especificamente etnomusicologia, envolve muita coisa, e dessa forma você tem que escolher em que área se concentrar, cuidar do título, das palavras-chave e deixar claro no trabalho qual é o seu objetivo. É isso que vai determinar em que área você está. As pessoas tendem a achar que, porque eu sou negra, eu vou defender o movimento negro. Eu defendo mesmo, mas o meu trabalho de pesquisadora não é definido pelo movimento negro. Então, essa é a minha visão que considero não muito popular, mas é assim que eu vejo.

Autodidatismo e trajetos de vida – aprendendo sem ir à escola

Prof. Dr. Miguel Henriques Martinho

> Etimologicamente, currículo é um vocábulo de origem latina que significa corrida, o lugar onde se corre (hipódromo) e, por metonímia, o que se faz durante a corrida. Daí a expressão curriculum vitae, que tanto pode significar o percurso de vida (tempus fugit), como as ações mais relevantes que cada um vai realizando ao longo da sua existência (TEIXEIRA, 2002, p. 93).

Introdução

O conceito de currículo é – sem dúvida – bastante ambíguo e polissémico [1](MEIGHAN & HARBER, 2011, p. 77; TEIXEIRA, 2002, p. 93), nalgumas definições poderemos encontrar até aspetos bastante contraditórios. Por um lado, poderá ser destacada a natureza de "imposição do currículo", mas por outro poderão ser destacadas as suas possibilidades de "negociação" (MEIGHAN & HARBER, 2011, p. 77). Também poderemos encontrar aspetos de planeamento "rígido" no desenho curricular em contradição com

---
[1] O texto e as citações elencadas seguem conforme enviado pelo autor; a redação não foi alterada para o nosso idioma e, muitas vezes, as citações não seguiram as normas estipuladas pela ABNT.

situações de espontaneidade, estas últimas podem até ser criadas na implementação do currículo pelos próprios professores em sala de aula. O currículo "oficial" / nacional, elaborado por serviços do Ministério da Educação, por exemplo, é depois diferente do currículo "real", ou seja, daquele que os aprendentes ou os alunos efetivamente apreendem. Também os currículos "oficiais" de determinadas instituições acabam por não coincidir com os que são efetivamente trabalhados pelos professores. Faz por isso sentido, de acordo com PARASKEVA (2011, p. 80-81), encarar o currículo e as práticas curriculares como uma prática de significações, como uma "produção de enunciações" e de interpretações, o que dissolve completamente "qualquer espartilho reducionista que intenta diminuir a política curricular à palidez imaculada de um documento escrito" (PARASKEVA, 2011, p. 81).

Apesar das interessantes complexidades e – como vimos até – contradições associadas às definições do conceito de currículo, convém salientar que a reflexão conceptual sobre esse tipo de contradições não será o âmbito principal deste texto. Pelo contrário, iremos até "simplificar" o conceito de currículo, definindo-o como o conjunto de aprendizagens adquiridas em determinados espaços-tempos. Acaba por ser uma definição demasiado abrangente, mas que nos servirá para abordar o tema principal deste texto que é precisamente a construção de um currículo mais "personalizado"[2] através do autodidatis-

---

2 O autodidatismo permite-nos personalizar a aprendizagem em diversos aspetos: permite desenhar um currículo pessoal, de acordo com as necessidades de cada indivíduo; permite um maior respeito pelo nosso próprio ritmo de aprendizagem; permite a escolha dos conteúdos programáticos de acordo com o que queremos desenvolver ou de acordo com os nossos interesses. Todavia, também poderão haver desvantagens, o autodidatismo poderá ter uma progressão de aprendizagem mais lenta se não soubermos onde buscar as fontes de informação mais apropriadas, se adquirirmos informação falsa (ou com erros) ou se não soubermos se a informação é válida poderemos até dificultar processos de aprendizagem. É por isso fundamental que os autodidatas aprendam a selecionar a informação e que "aprendam a aprender" – e essa é a principal competência a adquirir na contemporaneidade. Porém, convém salientar que igualmente na transmissão de currículos "oficiais" / explícitos também se transmite informação falsa, sendo fundamental a crítica (ou um espírito crítico) para contrariar aprendizagens "desajustadas" e a sua divulgação. Recordarei aqui apenas um exemplo, de uma aula de ciências da "telescola" (portanto vinculada ao próprio Ministério da Educação), em que o que era transmitido estava tão errado que deu origem à carta de um cientista dirigida aos ministros da educação e da ciência (em Portugal). Na carta redigida pelo cientista Pedro Fevereiro – sobre uma aula de ciências na "telescola" – pode ler-se: "[...] A informação – ou melhor – a doutrinação veiculada é não só errada do ponto de vista científico [...] como é deturpada [...]

mo. De acordo com a definição "simplista" que costumo dar, o currículo de determinada instituição de ensino é "tudo o que aprendemos" nessa instituição de ensino, ou seja, é o conjunto de todas as aprendizagens que foram proporcionadas não só pela instituição de ensino, mas também através dessa instituição ou graças ao facto de termos frequentado essa mesma instituição. É de facto uma definição muito abrangente, cabendo aí a aprendizagem de conteúdos que poderemos associar ao "currículo oculto"[3]. Contudo, é fundamental referir que o que se aprende através do "currículo oculto" pode até vir a ser de extrema utilidade na nossa vida, embora esteja completamente fora dos currículos "oficiais". O problema de um "currículo oficial" é que é sempre uma escolha – ou várias escolhas – de um conjunto de conteúdos, deixando obviamente muitos conhecimentos relevantes de fora. De forma provocatória, gosto de dizer que **o currículo escolar nacional nos torna ignorantes**, uma vez que nesse currículo temos certamente uma série de escolhas. Porém, ao colocar de fora intencionalmente – ou não – determinados conteúdos estamos também a tornar as pessoas mais ignorantes precisamente nesses conteúdos "marginalizados". Ora essas "potenciais" aprendizagens que foram colocadas de fora – que foram ignoradas ou desconsideradas, provocando um "reducionismo do *curriculum*"[4] – poderão nunca fazer parte da nossa vida.

É fundamental que os currículos escolares explícitos estejam de acordo com as reais necessidades dos nossos alunos [precisamos de currículos que sejam atualizados e essa é precisamente uma das dificuldades], precisamos de um currículo escolar que responda às necessidades dos alunos – e da sociedade – e não deveríamos "criar" (formar) alunos que apenas respondam às necessidades de implementação de um currículo "fechado". As intenções dos "decisores" dos currículos "oficiais" até poderão ser as melhores, mas muitas vezes

---
a informação transmitida constitui um aviltamento [uma humilhação] da produção agropecuária e dos produtores portugueses em particular (ver em: https://visao.sapo.pt/atualidade/sociedade/2020-05-15-aula-de-ciencias-da-telescola-motiva-carta-de-cientista-aos-ministros-da-educacao-e-da-ciencia/ – consultado em: 19/07/2021).

3   O "currículo oculto" é o que é aprendido graças à frequência em uma determinada instituição, mas que vai para além do currículo "oficial" / explícito dessa mesma instituição.

4   Jurjo Torres Santomé chega mesmo a referir que o "reducionismo do *curriculum* e da função da escola é óbvio, só existe o planificado e o previsto e [...] os docentes devem concentrar-se em atingir tais objetivos, não em questionar-se acerca do seu valor, e muito menos em alterá-los ou substituí-los" (TORRES SANTOMÉ, 1993, p. 53).

por ignorância desses próprios "decisores" [que podem estar desatualizados] são deixados de fora dos currículos explícitos conteúdos fundamentais não só para uma vida – saudável – em sociedade, mas principalmente conteúdos para a conquista da felicidade individual e até para o desempenho de determinada profissão com "sucesso" [como é que podem estar esses conteúdos fora de um currículo escolar "oficial"?].

A principal diferença entre o currículo "personalizado" (proporcionado através de processos de autodidatismo) e o currículo "oficial" / explícito (determinado por outros "decisores") é que no caso do "personalizado" – no autodidatismo – poderemos escolher por nós próprios, mas nos currículos "oficiais" temos sempre alguém que escolhe por nós. Há aqui um paradoxo, temos uma enorme regulamentação / segmentação[5] das aprendizagens, especialmente em meio escolar, mas por outro lado nunca na história da humanidade houve tanta informação disponível – praticamente sem "fronteiras" – como agora, nunca houve tantas possibilidades / potencialidades para percursos de autoaprendizagem ou autodidatismo. Tal como refere SEFTON-GREEN (2019, p. 136), pessoas que encontram significado e propósito em estudar fora da educação formal – autodidatas – vão continuar a "lançar-nos" questões de pesquisa / investigação sobre como o sistema escolar continua a exercer o poder que exerce. Acontece que todos nós somos também essas pessoas, ou seja, todos nós até determinado ponto ou em determinadas circunstâncias somos autodidatas (SOLOMON, 2003a, p. 207). É por isso fundamental aprofundar o nosso conhecimento sobre processos de autodidatismo, uma vez que são processos em que estão envolvidos todos os seres humanos.

Aqui, mais do que apresentar resultados de investigação já realizada, neste texto pretende-se antes "inspirar" e lançar estímulos ["lançar sementes"]

---

[5] Esta segmentação por vezes é necessária tendo em conta a sequencialidade das aprendizagens, por vezes temos de começar num nível mais elementar para gradualmente ir complexificando aquilo que se vai aprendendo. É também por razões relacionadas com uma maior simplificação da aprendizagem que se dividem / segmentam diferentes matérias em diferentes disciplinas ou áreas disciplinares. Uma grande evidência da segmentação do currículo escolar (e da segmentação em diferentes matérias) está precisamente na elaboração de horários escolares, onde a cada disciplina é atribuído um horário específico, havendo inclusivamente uma "hierarquia" disciplinar, em que as disciplinas consideradas mais importantes dispõem de uma maior carga horária. Tive oportunidade de escrever sobre esta matéria na minha tese de doutoramento, no ponto 1 do segundo capítulo ("Distribuir para instruir" – ver em: MARTINHO, 2011).

para futuras investigações, pretende-se contribuir para que a pesquisa sobre a construção de currículos "personalizados" ao longo de diversos trajetos de vida – através de processos de autodidatismo – prospere. Talvez seja um objetivo demasiado ambicioso [inspirar futuras investigações], mas é urgente que se faça mais investigação sobre autodidatismo, uma vez que é uma temática de pesquisa que ainda não teve toda a atenção que merece por parte do meio académico.

Este artigo está dividido essencialmente em duas partes, sendo a primeira mais "individualística", mais dedicada à apresentação de exemplos concretos de situações de autodidatismo, onde darei exemplos de diversas áreas de aprendizagem / áreas de conhecimento, destacando-se a área da música, não apenas por ser das áreas de conhecimento que mais domino, mas também por ser uma área onde são conhecidos [são famosos] muitos autodidatas [que se destacam nos nossos meios de comunicação social]. A segunda parte, com o título: «"Professores invisíveis" e comunidades de aprendizagem», será apresentada [e publicada] mais tarde, tendo como autora a Professora Maria Cristina Silveira, o texto desta autora permitir-nos-á problematizar o conceito de autodidatismo sobre uma outra perspetiva, mais alargada, tendo em conta que afinal no conceito de autodidatismo também poderemos encontrar elementos contraditórios[6], uma vez que muitos autodenominados autodidatas na verdade muito do que aprenderam aprenderam em comunidade, ou seja, graças a outras pessoas – daí a expressão "Professores invisíveis".

---

6 Poderemos encontrar elementos contraditórios numa definição de autodidatismo atendendo a que – tal como no conceito de currículo – o conceito de autodidatismo também não é consensual. Espero com este artigo demonstrar que além de aprendermos "sós", em processos mais "isolados" de autodidatismo, como autodidatas (sem recorrer a uma educação formal) também aprendemos através de interações sociais e através de diversos meios disponibilizados pela sociedade em geral. Darei agora aqui apenas o exemplo óbvio de aprendizagem realizada através da visualização de vídeos disponibilizados pelo *YouTube*, a visualização e a aprendizagem até poderá ser feita a sós, mas houve sempre alguém que tornou disponíveis esses conteúdos – ver RUDOLPH & FRANKEL (2009) sobre como o YouTube pode ser uma parte do currículo.

Construindo um currículo à medida ou desenhando[7] um currículo de acordo com as nossas motivações

Todos os seres humanos são seres aprendentes, vivem para aprender (ou aprendem porque simplesmente estão vivos), mas também aprendem para se "adaptar" à vida que vão levando, e é óbvio que as capacidades de aprendizagem não se restringem apenas à espécie humana (por exemplo, basta pensarmos no "treinamento" / adaptação que muitos animais realizam para se adaptarem a viver em determinados meios naturais ou até em meios mais artificiais). Não quero aqui divagar sobre situações de aprendizagem realizadas por outros seres vivos, mas importa salientar que a nossa vida está repleta de momentos de aprendizagem, sendo a maioria do "tempo de aprendizagem" passado fora do espaço escolar e, portanto, fora da educação formal. Aprendemos no "dia a dia", ao longo da nossa vida, mas também aprendemos mesmo antes de ter nascido, no ventre materno, e até dormindo e durante o sonho[8] (SPITZER (2007, p. 185), num capítulo sobre a aprendizagem antes e depois do nascimento, relata-

---

7 Chamaria aqui a atenção para o uso do gerúndio (construindo / desenhando), pressupondo que é algo que se faz ao longo do tempo. As aprendizagens "bem sucedidas" requerem tempo para a assimilação (e para a avaliação, uma vez que só saberemos se foram "bem sucedidas" passado algum tempo). Na aprendizagem também é necessário tempo para "vivenciar" determinadas experiências / acontecimentos / ocorrências ou tempo para adquirir determinadas competências. O fator tempo é crucial em questões ligadas à aquisição de novos conhecimentos, de salientar ainda que ao longo do tempo as nossas motivações para a aprendizagem também sofrem mudanças ["mutações"], podendo desvanecer alguns dos nossos interesses, mas também – dependendo da forma como o nosso tempo é passado – podendo surgir novas motivações que levam à aquisição de outras competências e de novas aprendizagens (que muitas vezes nos surpreendem por serem tão inesperadas). Poderemos ainda distinguir os verbos "desenhar" e "construir" não só em termos de duração temporal [aparentemente desenhar parece algo sempre mais rápido, mas só aparentemente…], aqui a distinção essencial é que a construção contribui para algo mais "rígido" ("à medida") e o desenho para algo mais flexível (que se poderá redesenhar ao longo do tempo, de acordo com novas motivações ou interesses).

8 Seria interessante fazer um estudo sobre o "currículo do sono" ou sobre o que (e como) aprendemos enquanto sonhamos. SPITZER (2007, p. 127) diz-nos que a alternância de sono profundo e de sono REM (*Rapid Eye Movement* – fase do sono onde ocorrem sonhos) serve para transferir e processar – em *off line* – novos conteúdos aprendidos, o mesmo autor refere que é ainda objeto de discussão que competências [adquiridas] são específicas deste processo. No entanto, tendo em conta a facilidade com que aprendemos através de histórias e de narrativas, poderemos já aqui acrescentar que esse "tipo" de aprendizagem também acontece durante os sonhos – acontecendo em sonhos algumas das histórias mais incríveis que já vivemos!

nos a "energia incansável" que tem uma criança nas suas várias tentativas para aprender a andar, demonstrando a criança sentimento de alegria em experimentar e tendo – ao mesmo tempo – uma enorme tolerância à frustração (apesar de não conseguir andar logo no início, não desiste e insiste nesse objetivo de andar de pé durante meses até que o consiga). Compreendemos que nem sequer se coloque a questão de como motivar uma criança a aprender a andar (a não ser que existam problemas de saúde). No seu meio envolvente, na comunidade onde vive, a criança pode observar tantas outras pessoas a caminhar de pé, mais uma vez aprende também por imitação, mas também pela experiência, por tentativa e erro, em que o erro também faz parte do processo de aprendizagem. Aprender a andar não é algo inato, mas sim é algo adquirido, que se adquire com o tempo, com a experiência, com processos de imitação, com capacidades de resiliência e com muita motivação. Quem se "preocupa" – mais do que todos – em aprender a andar é a própria criança, aos restantes, a quem estiver à sua volta, basta que lhe forneçam o contexto e o ambiente adequado para que essa aprendizagem se faça, nomeadamente facultando-lhe alimentação, cuidados de higiene e até afastando obstáculos para facilitar as movimentações que levem a criança a aprender a andar. SPITZER (2007, p. 185) refere que não acredita que em outras áreas, "noutros campos", a aprendizagem se desenvolva – ou se adquira – de forma muito distinta.

A principal variável ou o principal elemento que nos conduz à aprendizagem é a motivação, sem motivação mais facilmente desistimos. A criança que aprendeu a andar nunca desistiu de tal propósito devido ao seu elevado grau de motivação. Manuel Abreu (2002, p. 18) considera os motivos como os "fatores básicos ou originários da aprendizagem e do desenvolvimento da personalidade". É por isso fundamental que os professores assumam principalmente o papel de motivadores [criadores de motivos] para a aprendizagem, já não basta "transmitir conteúdos", diria mesmo que em muitos casos será muito mais vantajoso "transmitir motivações"[9], podendo depois – em muitos

---

9 Na verdade, trata-se aqui de "criar motivações" nos próprios alunos, uma vez que as motivações dos professores – apesar de serem por vezes semelhantes – nunca serão iguais às dos seus alunos. Tal como os motivos são determinantes para as aprendizagens e para a construção da personalidade de cada indivíduo, convém aqui salientar que também sucede o reverso, ou seja, determinadas aprendizagens levam à criação de determinadas motivações – e é claro que a personalidade de cada um também tem influência e é influenciada pelas aprendizagens e

casos – o próprio aluno "motivado" adquirir o conhecimento que necessita sem o apoio do professor.

Quando confrontados com um currículo escolar / explícito / formal, todos nós já tivemos oportunidades para aprender pelo menos parte desse currículo "sozinhos", "sem o [tal] apoio do professor", não há dúvidas em relação a isso. Todavia, gostaria aqui de apresentar o exemplo do *"MIT Challenge"* de Scott H. Young[10]. Scott decidiu realizar o curso de ciência da computação [*computer science*] do prestigiado *Massachusetts Institute of Technology*, cumprindo o *curriculum* de 4 anos do curso em menos de um ano, tendo-o realizado de forma autodidata, sem participar em nenhuma das aulas. No dia 1 de outubro de 2011 Scott iniciou o seu *"MIT Challenge"*, tendo-o terminado no dia 26 de setembro de 2012. Numa *"TEDx Talk"*[11] Scott disse que acredita que o autodidatismo[12] é o futuro, questionando, no final da sua apresentação, que se uma pessoa como ele consegue aprender o que se aprende com um grau académico do "MIT" num quarto do tempo e com 1/100 do custo financeiro o que nos impedirá a nós de fazer o mesmo. De facto, Scott H. Young revelou um elevado grau de determinação e de motivação, mas não é o único caso onde – para além de uma escolha prévia de conteúdos a aprofundar – houve uma clara definição antecipada de uma série de objetivos de aprendizagem que foram desenvolvidos de forma autodidata.

---

pelas motivações. Devemos ter em conta que existem muitas mais condicionantes determinantes para a aprendizagem e para a motivação e para o desenvolvimento da personalidade. Este "triângulo" [aprendizagem/motivação/personalidade] também é afetado por questões de saúde, pelo contexto ambiental, pelo contexto social, pelas aprendizagens prévias que já se fizeram, por questões emocionais e socio-afetivas, e por tantas outras que complexificam as pesquisas em educação. A quantidade de interações existentes em qualquer ato educativo é uma das razões que leva BERLINER (2002) a considerar a "pesquisa educacional" [*educational research*] como a mais difícil ciência de todas, para além da diversidade de contextos que afetam os seres humanos temos o curto "prazo de validade" das descobertas (que devido a mudanças nos meios sociais invalidam pesquisas já efetuadas ou tornam-nas irrelevantes).

10 Ver em: https://www.scotthyoung.com/blog/myprojects/mit-challenge-2/ – consultado em 19/07/2021.

11 Ver em: https://www.youtube.com/watch?v=piSLobJfZ3c&t=687s – consultado em 19/07/2021.

12 O termo que Scott H. Young utilizou foi *"self-education"* – que também poderíamos traduzir por "autoeducação". A frase proferida foi: *"I believe self-education is the future"*.

Embora seja impressionante o "sucesso[13]" de Scott H. Young no seu *"MIT Challenge"*, aprendendo "sozinho", através de leitura, da realização de diversos exercícios e do visionamento de vídeos, há que salientar que na verdade ele teve a tarefa bastante facilitada, tendo em conta que – apesar de autodidata – ele na prática estava a cumprir um currículo "explícito" / escolar, ou seja, um currículo já previamente definido. De salientar ainda que o "currículo formal" também não é incompatível com "percursos" de autodidatismo. No caso de Scott H. Young a existência de um currículo "explícito" facilitou a sua aprendizagem como autodidata, uma vez que Scott já sabia com mais precisão o que deveria aprender. É claro que é muito mais complicado realizar aprendizagens quando nem sequer sabemos por onde começar, quando nem sequer imaginamos que conteúdos devemos estudar. Mas o autodidata Scott H. Young teve ainda outras vantagens [ou condições favoráveis] para que se desse a evolução das suas aprendizagens. Embora seja impossível apresentá-las aqui todas, até porque não conheço pessoalmente Scott Young, diria que as suas principais vantagens – pelo menos em relação a algumas pessoas – foram: o contexto ambiental favorável (incluindo ter equipamentos / materiais necessários para as aprendizagens, ter alimentação adequada e uma casa, ou espaço habitacional, com o mínimo de conforto); disponibilidade de tempo; condições financeiras; os interesses[14] e motivações (intrínseca e extrínseca); e especialmente as aprendizagens que adquirira previamente, ou seja, os co-

---

13 Para alcançar o "sucesso" Scott H. Young aponta-nos o autodidatismo como um dos "caminhos" viáveis (e de futuro). No entanto, convém aqui salientar que não é fácil definir o que é o "sucesso". Poderíamos terminar um curso superior em menos tempo, mas – num exemplo extremo – se nunca utilizarmos essa informação aprendida no resto das nossas vidas, se a informação passou a ser inútil, seria certamente um caso de insucesso. É por isso fundamental relativizar a noção de "sucesso" – inclusivamente a noção de "sucesso educativo".

14 Havia de facto interesses [e fascínio] em realizar aprendizagens na área da "computação". No seu blog Scott refere o seguinte: *"Computers have always fascinated me. From finance to Facebook, algorithms are the hidden language that underlies most of our life. [...] I've always wanted to speak that language."* O que poderemos traduzir por: "Os computadores sempre me fascinaram. Das finanças ao *Facebook*, os algoritmos são a linguagem oculta que está na base da maior parte da nossa vida. (...) Eu sempre quis falar essa língua. " – Ver em: https://www.scotthyoung.com/blog/myprojects/mit-challenge-2/

nhecimentos de base ou conhecimentos que previamente adquirira antes de iniciar esta "empreitada[15]".

Há ainda aspetos relacionados com capacidades cognitivas que nos permitem dizer que nem todas as pessoas conseguiriam ter realizado a "proeza" ["empreitada"] de Scott H. Young. Alguns poderão mesmo pensar que é preciso ser um "génio" para conseguir realizar algo semelhante. Todavia, convém lembrar que tanto Einstein[16] como Newton foram alunos "fracos" (LEVITIN,

---

15 Não quero aqui de modo algum desvalorizar o trabalho realizado por Scott H. Young, que foi de facto uma notável "empreitada", mas convém salientar que sem uma série de condicionantes, tal trabalho seria impossível de realizar. Como já foi aqui dado a entender, são muitos os aspetos – ou variáveis – que condicionam os processos educativos. Na investigação sobre autodidatismo terá interesse a pesquisa sobre que conhecimentos prévios os autodidatas adquiriram (ou deveriam adquirir) de modo a facilitar as suas futuras aprendizagens.

16 O cérebro de Einstein foi alvo de estudo e pesou 1230 gramas na autópsia realizada (SPITZER, 2007, p. 225). Para SPITZER (2007, p. 225) era um cérebro "perfeitamente normal", no entanto, este autor [SPITZER] refere ainda que em pesquisas posteriores "[…] verificou-se que o cérebro de Einstein, na zona frontal superior direita e esquerda, como também nos lobos parietais inferiores à direita e à esquerda, mostrava uma grande proporção de células gliais em relação aos neurónios, maior que o normal […]"(SPITZER, 2007, p. 225). O cérebro de Einstein tinha diferenças significativas no lobo parietal inferior esquerdo que é precisamente o local do cérebro com "significado especial" para a inteligência matemática (SPITZER, 2007, p. 226). Ora como refere SPITZER, o cérebro sofre alterações anatómicas / estruturais de acordo com experiências vividas ("[…] o cérebro muda com a experiência também numa perspetiva anatómica estrutural" – (SPITZER, 2007, p. 226). No caso de Einstein devido ao facto de estar ocupado e de se interessar pela matemática poderão ter sido essas ocupações e interesses que provocaram as tais mudanças no lobo parietal. O cérebro também se adapta de acordo com os nossos interesses. A plasticidade cerebral é uma temática de enorme interesse curricular, uma vez que através do currículo, **através daquilo que aprendemos, também poderemos "moldar" o cérebro**. As atividades musicais, por exemplo, envolvem praticamente todas as regiões do cérebro (LEVITIN, 2016, p. 85). A audição musical, a performance e a composição envolvem aproximadamente todas as áreas do cérebro que identificámos até hoje e envolvem aproximadamente todo o subsistema neural (LEVITIN, 2016, p. 9). SAUNDERS (2017, p. 19) defende por isso que as aulas de Música – tal como acontece com a Educação Física – deveriam fazer parte do currículo dos alunos em todo o seu percurso escolar até ao ensino secundário (inclusive), esta autora apresenta-nos diversos estudos provando que a aprendizagem musical tem um impacto positivo na plasticidade do cérebro. SPITZER (2007, p. 116), a propósito da neuroplasticidade, apresenta-nos vários exemplos, chegando a referir que o "mapa acústico nos músicos é maior do que nos não músicos". Segundo SAUNDERS (2017, p. 15), aprender um instrumento musical mais tarde na vida poderá ajudar no processo de mielinização [*myelination*] no cérebro de um adulto. SAUNDERS refere-nos também que o cérebro de Albert Einstein foi estudado depois da sua morte e que não encontraram neurónios "extra" nem uma maior quantidade de dendrites, a principal diferença em relação a outros

2016, p. 22), talvez porque em determinado momento das suas vidas não se interessassem muito naquilo que supostamente deveriam aprender. Como referiu Paul SILVIA (2006, p. 84), e de acordo com a psicologia emocional, "o interesse melhora a aprendizagem, constrói conhecimento e competências"[17]. No caso de Scott H. Young (tal como em muitos outros autodidatas), mais do que as capacidades cognitivas, foram principalmente a determinação e o seu interesse que conduziram às aprendizagens realizadas. O interesse afeta inclusivamente o que as pessoas escolhem para ler e a quantidade de tempo que passam a ler, e é claro que o facto de as pessoas despenderem mais tempo a ler e a estudar determinado assunto melhora a aprendizagem sobre esse assunto (SILVIA, 2006, p. 83).

Num outro "projeto[18]" em que se envolveu, Scott H. Young conseguiu aprender, com alguma fluência, 4 línguas diferentes: espanhol; português, mandarim e coreano. Para alguns, poderá parecer extraordinário um certo domínio de línguas tão diferentes em tão pouco tempo, mas se pensarmos mais uma vez nas condições que Scott teve para realizar essas aprendizagens, especialmente disponibilidade de tempo e condições financeiras, mas também motivação, interesse e determinação, então poderemos dizer que muitos de nós também poderíamos ter realizado essa tarefa. De forma bem mais árdua, muitos dos "nossos" emigrantes que vão trabalhar para países com línguas diferentes da sua língua materna acabam também por aprender a língua do país que os acolhe como trabalhadores. Conheço muitos portugueses, por exemplo, que emigraram para França, Estados Unidos, Canadá e outros países, portugueses que apenas falavam a sua língua materna, mas que perante um

---

cérebros é que no cérebro de Einstein havia uma maior quantidade de mielina (SAUNDERS, 2017, p. 15). Há de facto uma "adaptação" do cérebro em relação ao que se está a aprender. De salientar ainda que Einstein, embora não tenha sido um músico "brilhante", chegou a ter uma atividade musical com alguma relevância, tocando violino – ver por exemplo: https://www.youtube.com/watch?v=MQFmSnG5Ets [o vídeo apresenta-nos Einstein tocando uma sonata de Mozart – seria interessante averiguar / pesquisar sobre a contribuição da Música para a suposta "genialidade" de Einstein, uma vez que – como vimos – a prática musical pode facilitar a mielinização no cérebro].

17 No texto original é referido o seguinte: "[…] *Emotion psychology has had much to say about the adaptive functions of interest, asserting that interest improves learning, builds knowledge and skills* […]" (SILVIA, 2006, p.84).

18 Ver em: https://www.scotthyoung.com/blog/myprojects/the-year-without-english-2/

estado de absoluta necessidade, conseguiram aprender o suficiente para conseguirem se comunicar numa outra língua. A necessidade – de facto – "aguça o engenho", necessidade que nestes casos se alia à motivação. No documentário "A ponte de bambu"[19] [MACHADO (2021) – visionar especialmente a partir dos 49'10"] poderemos ver um exemplo quase "oposto" de um emigrante brasileiro, o jornalista Jayme Martins, que morou na China, mas por ter tido "sempre" um intérprete não conseguiu dominar uma das línguas do país onde viveu tantos anos. Quando lhe perguntaram: "Como você aprendia sem falar o chinês?" Jayme Martins respondeu: "Sempre com intérprete… isso acabou me prejudicando muito […]". De facto, Jayme Martins ao ter um intérprete à sua disposição não tinha tanto a necessidade, nem a motivação, nem o interesse em aprender a língua. No mesmo documentário poderemos ver que tal não aconteceu com as suas filhas e com a esposa de Jayme, que se envolveram de uma outra forma com a comunidade chinesa, desenvolvendo muito mais as suas capacidades linguísticas.

O desenvolvimento das capacidades linguísticas está intrinsecamente ligado com a aquisição de uma série de capacidades musicais. BRANDT; GEBRIAN; & SLEVC (2012) defendem mesmo que "é mais produtivo, sob uma perspectiva desenvolvimentista [e de aprendizagem], descrever a linguagem falada como um tipo especial de Música. Uma revisão de estudos efetuados apresenta-nos argumentos convincentes que a audição musical e as habilidades musicais são essenciais para a aquisição da linguagem"[20] (BRANDT; GEBRIAN; & SLEVC, 2012). Daniel LEVITIN (2016, p. 86-87) ilustra-nos bem esta "proximidade", dando vários exemplos, afirmando que a sensibilidade dos bebés ao "contorno musical" (*musical contour*[21]) é comparável à sensibilidade a "contornos linguísticos". Há variações de contorno que facilmente nos permitem distinguir uma pergunta de uma frase exclamativa. Veja-se por exemplo a pergunta "está chovendo???" e a exclamação "está chovendo!" – tem

---

19 Ver em: https://www.rtp.pt/play/p8684/a-ponte-de-bambu – consultado em: 19/07/2021.
20 No original pode ler-se: "[…] *we argue that it is more productive from a developmental perspective to describe spoken language as a special type of music. A review of existing studies presents a compelling case that musical hearing and ability is essential to language acquisition*".
21 Para LEVITIN (2016, p. 228) o *musical contour* está relacionado com o padrão de diferentes alturas (variação de frequências sonoras) numa determinada melodia.

realmente contornos linguísticos diferentes, sendo também "melodicamente" diferentes.

A aquisição de capacidades linguísticas está muito relacionada com a repetição, vamos repetindo o que vamos ouvindo e dessa forma poderemos desenvolver / incrementar a linguagem em que nos exprimimos. Também no caso da aprendizagem musical, especialmente com músicos autodidatas, a repetição e a imitação são fundamentais para a evolução. No filme "La La Land" (CHAZELLE, 2016) a personagem interpretada por Ryan Gosling[22], um pianista de jazz, coloca um disco a tocar junto ao seu piano e ao mesmo tempo toca "por cima" desse disco, ou seja, toca piano ao mesmo tempo que ouve a gravação. É precisamente assim que aprendem muitos músicos de jazz, de rock e de outros estilos musicais, ouvindo e repetindo ou tentado recriar o que tinham acabado de ouvir. Eddie Van Halen, por exemplo, referiu que sabia todos os solos que Eric Clapton tocou "nota por nota"[23] (MARTEN, 2008, p. 39). Também nas improvisações de Charlie Parker, especialmente em tempos rápidos, tal como é referido por Henry MARTIN (1996, p. 118), havia um número significativo (bastante grande) de "frases estudadas"[24] previamente. Ao contrário do significado "ingénuo" que pode ser atribuído à palavra "improvisação", como criação no momento, no caso de Charlie Parker – e da

---

22 Ryan Gosling para além de ator é também músico, canta e toca vários instrumentos (por exemplo: piano; guitarra; baixo; violoncelo). É obviamente mais conhecido pelo seu trabalho como ator, mas não poderemos deixar de referir que a aprendizagem musical que realizou previamente o veio a beneficiar na performance que teve no filme "La La Land", tornando a personagem que interpretou (o tal pianista de jazz) mais credível, tendo inclusivamente ganho um *Golden Globe* para melhor ator. O filme "La La Land" ganhou também seis Óscares, inclusive o de melhor realizador. Damien Chazelle (o realizador) estudou bateria e também poderemos dizer que as aprendizagens musicais vieram não só a influenciar, mas também a beneficiar a sua carreira no cinema. Os conhecimentos musicais adquiridos terão beneficiado a direção de atores, especialmente em cenas de *performance* musical. Há aprendizagens que fazemos e que até podem ser desvalorizadas, mas que mais tarde se podem tornar muito úteis – e isso, sem dúvida, aconteceu no caso das aprendizagens musicais de Damien Chazelle e de Ryan Gosling. Nunca sabemos o quão útil nos vai ser (no futuro) aquilo que aprendemos (no passado).

23 No texto original pode ler-se: "*I was never into Hendrix like I was [into] Clapton, I know every solo Clapton ever played, note for note* (- Eddie Van Halen)".

24 Henry MARTIN, convém dizê-lo, refere que o trabalho de Parker não é comprometido pelo uso destas "frases estudadas" nas suas improvisações. No original pode ler-se: "[...] *Parker's work is not in any way compromised because he interpolated a fairly large number of studied phrases into his uptempo improvisations* (MARTIN, 1996, p. 118).

generalidade dos músicos de jazz – temos a utilização de pequenas "fórmulas" melódicas que se "encaixam" em progressões harmónicas pré-definidas, embora pareça ser uma criação absolutamente "espontânea" é na verdade também o resultado de algo anteriormente estudado e aprendido.

A aprendizagem musical exige horas e horas de treino e de trabalho individual, LEVITIN (2016, p. 196) diz-nos – de acordo com vários estudos – que os "melhores dos melhores" ["*the very best*"[25]] estudantes de conservatório eram os que mais praticavam, por vezes estudando o dobro daqueles que não eram considerados tão bons. Sem dúvida que a "genialidade" de Eddie Van Halen ou de Charlie Parker também se deve a processos de autodidatismo e – especialmente – à quantidade de tempo que foi dedicado ao estudo, mas também é muito relevante a forma como se efetuou esse mesmo estudo. É preciso saber aprender – ou saber como procurar o conhecimento – da forma mais adequada (é preciso "Aprender a Aprender"), não basta simplesmente querer [ter vontade de] aprender. Essa aprendizagem "focada" é bastante evidente no trabalho de Steve Vai, um guitarrista considerado "virtuoso", mas que claramente dedicou imensas horas ao estudo do instrumento, tendo inclusivamente documentado / registado e mais tarde publicado as suas "rotinas de estudo" [*practice routines*]. No texto introdutório de um livro de 2004 é referido o seguinte:

> On his way to becoming a guitar virtuoso, [Steve] Vai would practice 10 hours per day and document everything he did. The first hour was devoted to technical exercices, the second to scales and the third to some "chord thing". He'd repeat these areas three times and devote the remaining time to a "Sensivity Hour", during which he would try to reproduce spoken phrases as passages on the guitar. In addition, the exercices were divided into three categories: linear picking, stretching and angular[26] (VAI, 2004, p. 2).

---

25 Expressão utilizada por Daniel LEVITIN.
26 O que poderemos traduzir por: "No seu caminho para se tornar um virtuoso da guitarra, [Steve] Vai praticava 10 horas por dia e documentava tudo o que fazia. A primeira hora era dedicada a exercícios de técnica, a segunda a escalas e a terceira a alguns "estudos harmónicos". Ele repetia essas áreas três vezes e dedicava o tempo restante a uma "Hora da Sensibilidade", durante a qual tentava reproduzir frases faladas como passagens na guitarra. Além disso, os exercícios eram divididos em três categorias: palhetada linear, alongamento e angular." – Con-

A forma como se estuda também condiciona o sucesso das aprendizagens! Não é apenas importante o número de horas que dedicamos, mas é fundamental (re)pensar o que realmente fazemos / realizamos durante essas horas de estudo. A produtividade é um fator a ter em conta e depende também da diversidade de atividades e de aprendizagens realizadas. Se, por exemplo, um músico se dedicasse apenas ao estudo de escalas poderia certamente evoluir nessa "área", mas faltar-lhe-iam muitas outras competências musicais, inclusivamente reportório, uma vez que tocar escalas não é o mesmo do que tocar uma música (com variações de dinâmica, variações harmónicas, rítmicas, etc.). O "sucesso" do guitarrista Steve Vai também se deve ao seu interesse / motivação[27] e à diversidade de atividades que realizou nas suas "rotinas de estudo". Contudo, tal como no caso de Scott H. Young [que vimos anteriormente neste texto], não poderemos esquecer as aprendizagens "prévias" e o seu percurso de vida até chegar a determinado nível de proficiência. Não poderemos esquecer – e basta ver a biografia de Steve Vai – a quantidade de bandas em que tocou, a quantidade de pessoas que interagiram com ele, os vários professores que teve (incluindo Joe Satriani), o facto de ter frequentado o *Berklee College of Music* e tantas outras vivências que o condicionaram nas suas aprendizagens.

O próprio Steve Vai, relativamente aos diferentes níveis de proficiência, refere que, "pela sua experiência, descobriu que existem, em geral, três tipos de guitarristas: músicos ocasionais que podem usar a guitarra apenas como um veículo para escrever canções ou apenas pelo prazer de tocar; músicos profissionais que são relativamente talentosos e dedicados à vida com o instrumento e instrumentistas que são intensamente direcionados e implacáveis na sua busca para realizar coisas brilhantes e únicas no instrumento, descobrindo as suas habilidades distintas e talentos e, eventualmente, apresentando-os sem esforço, sem limites aparentes"[28] (VAI, 2004, p. 13). Poderíamos até dizer que

---

vém explicar, para quem não é guitarrista, que "angular" está relacionado com "*string crossing*", ou seja, com a passagem entre diferentes cordas da guitarra.

27 A motivação e o interesse eram tão "intensos" que o levaram a "desenhar" / criar as tais "practice routines".

28 No texto original pode ler-se o seguinte: "From my experience, I've found there are, in general, three types of guitarists: casual players who may use the guitar solely as a vehicle to write songs or just to enjoy playing; working musicians who are relatively accomplished and dedicated to

este último nível de proficiência não estará cognitivamente ao alcance de qualquer um, mas é certo que também não é qualquer um que se dedica intensamente a horas e horas, meses e meses, anos e anos de estudo, prescindindo de muitas coisas da sua vida pessoal (é certo), mas fazendo-o por paixão, por prazer e – provavelmente – de forma obsessiva. Temos também várias histórias de Jimi Hendrix que nos demonstram a sua obsessão pela música, chegando mesmo a dormir com a sua guitarra (HENDERSON, 2002, p. 41). De facto, Hendrix praticamente "revolucionou" a forma de tocar guitarra elétrica, mas antes de atingir o estatuto de "estrela" houve um percurso de aprendizagem autodidata praticamente "obsessiva". Sobre Jimi Hendrix, num DVD lançado em 2010, tive a oportunidade de escutar as seguintes palavras:

> I was about 14 or 15 when I started playing guitar. I learned all the riffs I could, I never had any lessons, I learned guitar from records and the radio. I was trying to play like Muddy Waters and Chuck Berry, trying to learn everything and anything[29] (SMEATON et al., 2010).

Neste mesmo vídeo [SMEATON *et al.*, 2010] são referidas várias experiências de Jimi Hendrix a tocar com outros músicos, acompanhando-os e permitindo que essa interação contribua significativamente para a "construção" do seu conhecimento musical. Na verdade, no caso de Jimi Hendrix, embora tenha feito algumas "descobertas", foram os discos, a rádio e especialmente a interação com outros músicos (a rede de contactos que estabeleceu) que lhe permitiram aprender a tocar determinado reportório. Há de facto muitos "professores invisíveis" que contribuem para a construção do nosso conhecimento! Esses "professores invisíveis" (pessoas com quem nos relacionamos no dia a dia, colegas, amigos, familiares, pessoas que partilham informação nas redes sociais ou na *Internet*, ou em outros meios), para além

---

life with the instrument; and players who are intensely driven and relentless in their pursuit to accomplish brilliant and unique things on the instrument by discovering their distinctive abilities and talents and, eventually, presenting them effortlessly, with no apparent bounds" (VAI, 2004, p. 13).

29 O que poderemos traduzir por: "Eu tinha cerca de 14 ou 15 anos quando comecei a tocar guitarra. Aprendi todos os *riffs* [pequenas frases musicais] que pude, nunca tive nenhuma aula, aprendi guitarra a partir dos discos e da rádio. Eu estava tentando tocar como Muddy Waters e Chuck Berry, tentando aprender tudo e mais alguma coisa".

de ensinar informalmente ou de estimular aprendizagens, podem também estimular paixões / obsessões. Todavia, nunca nos poderemos esquecer que há ainda interesses individuais [que até podem ser influenciados por outros] que canalizam / direcionam as aprendizagens. No caso de Hendrix havia de facto um amor profundo pelo que fazia musicalmente – veja-se o que ele próprio nos diz:

> Aprendi todos os *riffs* que pude. Nunca fiz nenhuma aula. Aprendi a tocar com os discos e o rádio. Cara, eu amava minha música. Lá em Seattle, ia para a varanda dos fundos, porque não queria ficar o tempo todo dentro de casa, e tocava acompanhando um disco de Muddy Waters. Sabe, nada mais me interessava, só a música (HENDRIX, 2014, p.21).

Para além do "amor" (da paixão pelo que fazia…), da dedicação e da capacidade de resiliência, os processos de aprendizagem de Jimi Hendrix têm semelhanças com os descritos por Leah WATSON[30] (2016, p.6) quando nos refere a forma como vários autodidatas começaram a aprender a tocar (ou a fazer) música. As descrições [dos participantes no estudo de Leah WATSON] incluíam referências sobre querer imitar a música, para ver se conseguiam obter o mesmo som. Os músicos autodidatas referiram-se também a ouvir [atentamente] o que a música estava "fazendo", de como foram gastas horas "tentando obter um som certo" ["*trying to get a sound right*"] e a alegria [o prazer] de finalmente consegui-lo para [depois] falhar novamente na próxima tentativa. Portanto, e de acordo com WATSON (2016), uma fonte de aprendizagem inicial foi a escuta intencional e focada ["*focused listening*"], juntamente com o interesse em compreender os padrões e as formas em que as músicas eram construídas, gastando horas [e horas…] autodirigidas, desenvolvendo lentamente a sua capacidade

---

30 No mesmo artigo (WATSON, 2016), Leah WATSON refere que há relativamente poucos estudos académicos sobre a forma como os músicos autodidatas aprendem. De facto, já nos apercebemos que também a pesquisa na área da Educação não tem dado a devida atenção a esta temática, apesar da enorme lista de pessoas autodidatas que obtiveram "sucesso". Na música, só para dar mais alguns nomes que ainda são bastante conhecidos [e tal como foi referido por WATSON (2016, p. 4)], temos os exemplos de: Joni Mitchell; Joan Armatrading; Bonnie Raitt; Prince; David Bowie; Bob Dylan; Dave Grohl (Nirvana, Foo Fighters); Brain May (Queen); Noel Gallager (Oasis); Carlos Santana (Santana); Billie Joe Armstrong (Green Day); Beatles (todos os membros da banda); Keith Moon (The Who); John Butler (John Butler Trio), mas a lista seria praticamente interminável.

de ouvir e de reproduzir o que os instrumentos estavam a tocar numa canção [WATSON, 2016, p. 6]. É claro que poderemos ir – e, de um modo geral, não nos importamos de – assistir a um concerto com músicos autodidatas, mas poucos de nós confiariam um tratamento médico a um "médico autodidata"[31]. Porém, tanto médicos como músicos aprendem sozinhos e ensinam-se a si mesmos, tanto médicos como músicos são autodidatas, embora com diferentes níveis ou graus de autodidatismo[32].

Sem dúvida que um número muito vasto de pessoas adquiriu de forma autodidata as principais competências necessárias para a profissão "escolhida". Em diferentes áreas de conhecimento poderemos identificar autodidatas que não só se destacaram nas suas "especialidades", mas, nalguns casos, até marcaram a história da humanidade. Apercebemo-nos que os percursos de autodidatismo/autoaprendizagem não só contribuem para diversos campos de conhecimento, mas também, em casos muito interessantes, temos um contributo dos autodidatas para uma abordagem mais criativa e original nas suas diversas áreas. SOLOMON (2003b, p. 4) destaca este último aspeto, salientando a "grande" vontade de aprender por parte dos autodidatas, mas também o facto de desejarem não serem ensinados de certos modos:

> The wish of autodidacts *not* to be taught in certain ways is coupled with a great wish to learn for and by themselves. The awkwardness of these two conflicting drives can sometimes cause trouble for them at school, but

---

[31] A certificação dos saberes adquiridos é fundamental em Medicina, uma vez que poderão estar vidas em perigo. Porém, apesar dessa certificação existir são conhecidas diversas situações de fraude com "médicos" que nunca frequentaram sequer uma faculdade de medicina. Uma das histórias de vida [verdadeira e, provavelmente, mais famosa] de fraude é contada no filme "Catch me if you can" (SPIELBERG *et al.*, 2003).

[32] Nunca é demais dizê-lo que também aprendemos sozinhos e que – de uma forma ou de outra – somos todos autodidatas ou que (pelo menos) a maioria de nós tem possibilidades de aprender diariamente de forma informal ou não formal. De facto, através dos nossos percursos de vida deparamo-nos em diversos momentos com necessidades que só conseguem ser resolvidas através de processos de autodidatismo. Ao longo da vida, nem sempre temos a possibilidade de recorrer à escolarização ou à educação formal, mas por outro lado essas "impossibilidades" permitem-nos a construção de um "currículo personalizado".

may be rewarded in later life by the achievement of original outcomes and fluent personal ways of learning[33] (SOLOMON, 2003, p. 4).

Todos sabemos a importância que a escola tem para a certificação de competências adquiridas, mas muitas vezes, especialmente se não for exercitado o que se aprendeu, essas competências podem ser "perdidas". Por outro lado, mesmo sem certificação, existem conhecimentos que adquirimos sem a ajuda direta de um professor que terão tanta ou maior importância na nossa vida do que as aprendizagens "certificadas". Na ciência, por exemplo [que é uma área "académica" / bastante "escolarizada"], não estamos habituados a associar os investigadores com a palavra autodidatismo. Todavia, e de acordo com ZIMAN (2003, p. 97), todos os cientistas, todos os académicos que mereçam essa designação, têm de ser (pelo menos em alguns aspetos) autodidatas, uma vez que adquirem conhecimento "profundo" sobre assuntos para os quais nunca poderiam encontrar um professor[34].

Tadao Ando[35], um dos arquitetos japoneses mais conhecidos no mundo inteiro, é também um exemplo paradigmático do que acabo de referir, e é claro que muitos outros nomes poderiam ser apresentados como exemplos de originalidade e de criatividade, pessoas que graças aos seus percursos de "aprendizagem alternativa" conseguiram atingir o "sucesso" profissional e até trazer inovações para a sua área de trabalho. Inovadores como Thomas Edison ou até como José Saramago, que conquistou o Prémio Nobel de Literatura, não teriam obtido exatamente os mesmos "resultados" se tivessem um percurso de aprendizagem mais "formal". Como professor na área da Música, não posso deixar de referir ainda o exemplo de Arnold Schoenberg, que utilizou,

---

33 O que poderemos traduzir por: "O desejo dos autodidatas de não serem ensinados de certas maneiras está associado a um grande desejo de aprender para e por si mesmos. A estranheza desses dois "impulsos" em conflito às vezes pode causar problemas para eles na escola, mas pode ser recompensada mais tarde na vida pela obtenção de resultados originais e modos pessoais fluentes de aprendizagem".

34 No original pode ler-se o seguinte: "Every scientist – indeed every professional scholar worthy of the name – has to be an autodidact. That is, he or she most become seriously knowledgeable about subjects on which they could never find a teacher" (ZIMAN, 2003, p. 97).

35 Veja-se, por exemplo, o artigo de Jenni MARSH (2017) que nos mostra alguns dos trabalhos de Tadao Ando, assumindo-o como "The self-taught Japanese architect" [o arquiteto japonês autodidata].

com o seu dodecafonismo, uma organização melódica bastante original e formas de expressão bastante distintas, tendo influenciado de uma forma muito profunda a Música do Século XX.

De salientar que os autodidatas também interagem – obviamente – com outras pessoas [daí podermos problematizar o conceito de autodidatismo – ou perguntar até que ponto se é autodidata]. A aquisição informal de conhecimentos musicais em jovens instrumentistas, por exemplo, pode acontecer de variados modos, contribuindo a amizade e a identificação com um determinado grupo social para uma maior motivação e, como refere GREEN (2008, p. 10), até para a escolha da música a tocar:

> [...] informal learning takes place alone as well as allongside friends, through self-directed learning, peer-directed learning and group learning. This involves the conscious and unconscious acquisition and exchange of skills and knowledge by listening, watching, imitating and talking. Unlike the pupil-teacher relationship in formal education, there is little or no adult supervision and guidance. Along with this, friendship and identification with a social group such as a particular sub-culture or other markers of social identity form an important part in the choice of music to be played[36] (GREEN, 2008, p. 10).

Poderemos sempre questionar até que ponto se podem considerar determinadas pessoas como autodidatas. No caso de Jimi Hendrix sabemos que afinal ele colaborou com outros músicos, aprendendo certamente com eles. Se adotássemos uma perspetiva mais "radical", deveríamos considerar que o autodidatismo simplesmente não existe, afinal desde que nascemos fomos adquirindo conhecimento através da interação com os outros, mesmo em casos de interação reduzida podemos dizer que aprendemos por imitação. Muitas pessoas, nas quais me incluo, aprenderam a nadar através da observação e da

---

36 O que poderemos traduzir por: "a aprendizagem informal ocorre quando se está sozinho como também com amigos, por meio da aprendizagem autodirigida, aprendizagem dirigida por pares e aprendizagem em grupo. Isso envolve a aquisição e troca consciente e inconsciente de habilidades e conhecimentos, ouvindo, observando, imitando e falando. Ao contrário da relação professor-aluno na educação formal, há pouca ou nenhuma supervisão e orientação por parte de adultos. Junto com isso, a amizade e a identificação com um grupo social, como uma subcultura específica ou outros marcadores de identidade social, constituem um papel importante na escolha da música a ser tocada".

imitação de determinados movimentos. Se tivermos uma aprendizagem "conseguida" através de imitação ou através de uma maior interação e cooperação, mas onde não exista uma situação de "ensino", então devemos considerar, como Joan SOLOMON (2003b, p. 3 e 4), abandonando a perspectiva mais "radical", que estamos perante casos de autodidatismo:

> We need a word to describe a range of people who prefer to teach themselves or to pick up knowledge from non-teaching situations, in one way or another. The state of being such a person is our title word – autodidactism[37] (SOLOMON, 2003b, p. 3 e 4).

De acordo com este ponto de vista menos "radical", RAMPAL (2003, p. 127) salienta que situações de autodidatismo não necessitam de surgir em isolamento, ou de atitudes individualistas, podem surgir através de princípios de interação. A autora, falando de mulheres que aprenderam Matemática de forma autodidata no mercado, refere-se à aprendizagem como um resultado de "relações ativas" [*active relations*] com várias variáveis (como as tarefas que estão a realizar, as ferramentas que utilizam, ou o ambiente) e não apenas como operações levadas a cabo somente dentro da cabeça de um indivíduo:

> [...] there has been very little effort to understand how people learn and do mathematics in their own social and cultural settings. Autodidactism, as the term signifies, is the process of self-teaching, so it is not surprising that it is well tuned to the needs of daily life. However autodidactism need not necessarily imply a lone struggle by an individual who is working in isolation. Indeed, in unschooled working situations, learning takes place much more as a situated activity of a community. [...] Learning cannot be pinned down to operations inside the head of an individual, or to the tasks undertaken, or to the tools in use, or the environment, but lies instead in the active relations between all of them[38] (RAMPAL, 2003, p. 127).

---

37 O que poderemos traduzir por: "Precisamos de uma palavra para descrever uma gama de pessoas que preferem ensinar-se a si mesmas ou adquirir conhecimento em situações de não ensino, de uma forma ou de outra. O estado de ser tal pessoa é o nosso título – autodidatismo".

38 O que poderemos traduzir por: "[...] tem havido muito pouco esforço para entender como as pessoas aprendem e fazem Matemática em seus próprios ambientes sociais e culturais. Autodidatismo, como o termo significa, é o processo de se ensinar a si mesmo, portanto, não é surpreendente que esteja bem sintonizado com as necessidades da vida diária. No entanto,

Num trabalho com já alguns anos, mas que tem interesse por demonstrar que **também os professores são autodidatas** [para prová-lo basta que nos lembremos do ensino à distância em tempo de pandemia COVID-19], Vasco MOREIRA (2001, p. 140), relativamente à "aquisição de conhecimentos das novas tecnologias", afirmou o seguinte:

> A maioria dos professores afirma que a aquisição dos conhecimentos foi conseguida por autoformação, com uma percentagem muito elevada (80%) dos que responderam ao questionário *on-line*. Julgámos que estes dados, embora sofram de toda a relativização de uma amostra, indiciam uma grande vontade dos professores em acompanharem as transformações sociais, educacionais e tecnológicas (MOREIRA, 2001, p. 140).

Hoje em dia, temos de facto um número muito vasto de recursos à nossa disposição que facilitam processos de autoformação ou de autodidatismo. Para além da *Internet*, temos um número nunca antes visto de publicações "educativas", é claro que ainda temos os livros e outras publicações em papel que tanto nos ajudaram enquanto estudantes, mas temos também uma vastidão enorme de materiais, inclusivamente em áudio, em vídeo, havendo revistas de diversas especialidades que nos permitem assimilar novos conhecimentos, sendo por isso fundamental investigar e compreender os vários processos e recursos a que recorrem os autodidatas para adquirirem novas aprendizagens. Nunca nos poderemos esquecer que através do acesso a estes recursos poderemos estar a construir a nossa própria identidade. O meio social, a "comunidade" e os meios que possibilitam o autodidatismo permitem uma construção de identidade que escapa mais facilmente ao controle do Estado sobre a Educação, talvez por isso o sistema de ensino estatal demonstre poucas iniciativas para apoiar quem decide aprender fora da escola, traçando caminhos alternativos na construção do seu próprio conhecimento. Uma coi-

---

o autodidatismo não precisa necessariamente implicar uma luta solitária de um indivíduo que está trabalhando isoladamente. Na verdade, em situações de trabalho não escolarizadas, a aprendizagem ocorre muito mais como uma atividade situada de uma comunidade. [...] A aprendizagem não pode ser "reduzida" a operações dentro da cabeça de um indivíduo, ou às tarefas realizadas, ou às ferramentas em uso, ou ao ambiente, mas sim nas relações ativas entre todos eles".

sa é certa, todas as formas de aprendizagem (todos os percursos educativos) podem contribuir para a construção da identidade de cada um de nós.

Referências

ABREU, Manuel (2002). **Cinco ensaios sobre motivação** (2.ª edição). Coimbra: Almedina.

BERLINER, David (2002). **"Educational research: the hardest science of all"**. *Educational Researcher*, Vol. 31, n.º 8, 18-20.

BRANDT, Anthony; GEBRIAN, Molly; & SLEVC, Robert (2012). **"Music and early language acquisition"**. In: *Frontiers in Psychology*, volume 3. Consultado no dia 11/05/2021, em:

https://www.frontiersin.org/articles/10.3389/fpsyg.2012.00327/full .

CHAZELLE, Damien [realizador] (2016). **La La Land** [filme, já disponível em DVD]. Estados Unidos da América: Lionsgate (estúdio).

GREEN, Lucy (2008). **Music, informal learning and the school: a new classroom pedagogy.** Hampshire: Ashgate Publishing Limited.

HENDERSON, David (2002). **'Scuse me while I kiss the sky. The life of Jimi Hendrix**. London: Omnibus Press.

HENDRIX, Jimi (2014). **Jimi Hendrix por ele mesmo** [Organização: Alan Douglas e Peter Neal]. Rio de Janeiro: Zahar.

LEVITIN, Daniel (2016). **This is your brain on music: the science of a human obsession.** New York: Dutton.

MACHADO, Marcelo [roteiro e direção] (2021). **A ponte de bambu. Uma família entre o Brasil e a China** [filme / documentário – 77 min. 9 s.]. Globo Filmes e Governo do Estado de São Paulo. Disponível em: https://www.rtp.pt/play/p8684/a-ponte-de-bambu .

MARSH, Jenni (2017). "Tadao Ando: The Japanese boxer turned Pritzker Prize winner who buried the Buddha". **CNN style** [CNN – The Cable News Network]. Disponível em: https://edition.cnn.com/style/article/tadao-ando-exhibition/index.html [data da consulta: 3/8/2021].

MARTEN, Neville (2008). "The glory years. Eric Clapton is God!". Total Guitar – Issue 179 [SEPT 2008].

MARTIN, Henry (1996). **Charlie Parker and the thematic improvisation.** Lanham (Maryland): Scarecrow Press.

MARTINHO, Miguel (2011). «P3» – Uma outra concepção de escola. Estudo de caso. **Tese de Doutoramento em Ciências da Educação**. Aveiro: Universidade de Aveiro.

MEIGHAN, Roland & HARBER, Clive (2011). **A sociology of educating** (5.ª edição). London: Continuum International Publishing Group.

MOREIRA, Vasco (2001). **Escola do Futuro – sedução ou inquietação? As novas tecnologias e o reencantamento da escola.** Porto: Porto Editora.

PARASKEVA, João (2011). **Nova teoria curricular.** Mangualde: Edições Pedago.

RAMPAL, Anita (2003). "Indian market women and their mathematics". In: Joan Solomon [Ed.]. **The passion to learn. An inquiry into autodidactism** (pp. 122-134). London: RoutledgeFalmer.

RIBEIRO, Luís (2020). "Aula de ciências da telescola motiva carta de cientista aos ministros da Educação e da Ciência". In: **Visão.** Consultado no dia 19/07/2021, disponível em: https://visao.sapo.pt/atualidade/sociedade/2020-05-15-aula-de-ciencias-da-telescola-motiva-carta-de-cientista-aos-ministros-da-educacao-e-da-ciencia/ .

RUDOLPH, Thomas & FRANKEL, James (2009). **YouTube in music education.** New York: Hal Leonard.

SAUNDERS, Laura (2017). **Your brain on music. The cognitive effects of music education on the brain.** Monee [Illinois]: Higher Purpose Publishing.

SEFTON-GREEN, Julian (2019). "Towards a cultural history of digital autodidacticism: changing cultural narratives of education". In: **PERSPECTIVA,** revista do centro de ciências da educação [Florianópolis], volume 37, n.º 1 (p. 125-139). Consultado, no dia 16/03/2021, em: https://www.researchgate.net/publication/332599004_Towards_a_cultural_history_of_digital_autodidacticism_changing_cultural_narratives_of_education .

SILVIA, Paul (2006). **Exploring the psychology of interest.** New York: Oxford University Press.

SMEATON, Bob *et al.* (2010). **West Cost Seattle Boy – Jimi Hendrix: Voodoo Child.** [DVD – 90 min.]. Sony Music.

SOLOMON, Joan (2003a). "Epilogue". In: Joan Solomon [Ed.]. **The passion to learn. An inquiry into autodidactism** (p. 207-213). London: RoutledgeFalmer.

SOLOMON, Joan (2003b). "Theories of learning and the range of autodidactism". In: Joan Solomon [Ed.]. **The passion to learn.** *An inquiry into autodidactism* (p. 3-23). London: RoutledgeFalmer.

SPIELBERG, Steven *et al.* (2003). **Catch me if you can** [filme]. Universal City, CA, DreamWorks Home Entertainment.

SPITZER, Manfred (2007). **Aprendizagem, neurociências e a escola da** *vida*. Lisboa: Climepsi editores.

TEIXEIRA, Raul (2002). "Currículo" In: Rui Maia [Coord.]. **Dicionário de sociologia** (p. 93). Porto: Porto Editora.

TORRES SANTOMÉ, Jurjo (1993). **O curriculum oculto.** Porto: Porto Editora.

VAI, Steve (2004). **Steve Vai's guitar workout. The virtuoso's complete 10 hour and 30 hour practice routines.** Milwaukee: Hal Leonard.

WATSON, Leah (2016). "The self-taught career musician: investigating learning sources and experiences". **Victorian Journal of Music Education,** n.º 1. Disponível em: https://files.eric.ed.gov/fulltext/EJ1146504.pdf [data da consulta: 27/7/2021].

ZIMAN, John (2003). **"The scientist as autodidact".** In: Joan Solomon [Ed.]. *The passion to learn. An inquiry int*

Transcrição das perguntas e respostas formuladas

Ana Clara Silva Moreira
Anderson Flavio Cordeiro de Souza

Miguel, foi um prazer ouvi-lo, muito obrigado pela palestra! Eu queria trazer uma questão com relação ao ponto que você colocou no meio da sua palestra, sobre improvisação musical, e o quanto a improvisação não é contemplada nos programas de música. Aqui no Brasil, ela é contemplada basicamente nos programas de música popular. Certa vez eu li um artigo de um músico brasileiro chamado César Albino, em parceria com a Prof.ª Dr.ª Sonia Albano e eles afirmavam com base em diversos dados históricos, que muitos gêneros musicais nasceram de uma prática investigativa, ou seja, da improvisação. Por exemplo, muitas das fugas que Bach escreveu tiveram sua base na improvisação. Estes pesquisadores também afirmam que o ragtime nasceu da improvisação, que o choro nasceu da improvisação, entre outros. Então, gostaria de saber o que você pensa sobre isso, dessa importância da improvisação como um mecanismo maravilhoso de autodidatismo – mesmo que essa improvisação seja estudada – mas o quanto ela nos oferece de possibilidades para aprendermos por nós mesmos.

Miguel Martinho: Agradeço imensamente a sua pergunta, é genial. No Barroco havia cadências no final de determinada peça; cadências em que o próprio compositor deixava compassos para o improviso. Aliás, se pensarmos no baixo cifrado do cravo, as harmonizações tinham o baixo contínuo. O baixo contínuo tinha improvisação, ou seja, você tinha a cifra, que pressupunha

algum improviso e, diferentes *voicings* (*Voicings* são a ordenação das notas no acorde), então, havia alguns acordes no estado fundamental, na primeira inversão, na segunda inversão. Isso dava ao instrumentista a possibilidade de construir o acorde como ele quisesse e no final da peça, havia o espaço de improviso. Isso foi se perdendo, especialmente no período clássico. Hoje em dia as pessoas quando tocam Beethoven não improvisam.

Eu consigo ensinar improvisação e consigo pôr qualquer pessoa a improvisar. Por exemplo, quando tenho alguém em minha casa, vamos para o piano, então eu digo para as pessoas que só podem tocar as teclas brancas e uma nota de cada vez. Eu toco por exemplo o acorde de dó, o acorde de fá, e vejam, no acorde de dó qualquer nota vai soar bem. Para crianças, eu dizia: 'só vais tocar com um dedo'. Então ele tocava e eu fazia o acorde de dó, I e IV grau. Fazia o acorde de Dó M, fazia o acorde de Fá M, e eles improvisavam.

Então, a improvisação, em primeiro lugar, é uma coisa que já vem desde sempre na história da música. Até cantar, há muitos cantores excelentes que improvisam quando cantam, mesmo sem conhecimento musical avançado. Eles podem imaginar uma melodia dentro de uma determinada harmonia e isso já é improviso.

Por exemplo, eu sei teoria, eu sei que aquela escala funciona com aquele acorde, então se alguém tocar um acorde eu já sei que notas eu posso tocar. Outra abordagem é, como alguns músicos autodidatas, que nunca estudaram improvisação, improvisam muito bem.

Agora, só para concluir, por que não convém aprender a improvisação, quando tocamos música clássica? Por exemplo, íamos ouvir Beethoven e o pessoal do contrabaixo começaria a improvisar. Eu adoraria, mas imaginem ouvirem a 9ª Sinfonia e, de repente, o contrabaixista começa a fazer um solo de contrabaixo! Eu tenho um concerto o mês que vem e cada vez que eu toco, eu não toco da mesma maneira, porque tenho essa liberdade e o conhecimento harmônico, que me permite usar diferentes notas. Obrigado pela questão, é genial.

Gostei muito da sua fala, ela nos faz pensar sobre muitos assuntos, abre um leque, uma diversidade de temas e que, com certeza, cada um aqui vai fazendo as cone-

xões com as suas próprias pesquisas, com os seus próprios nichos, nossos espaços específicos de pesquisa. Uma coisa que ficou muito clara para mim foi essa questão de que todos nós, de alguma maneira, somos autodidatas e, no mesmo nível, ninguém é totalmente autodidata, então, somos dependentes uns dos outros, aprendemos em sociedade. A minha questão não é uma pergunta, mas queria saber quais são suas sugestões de caminhos para a gente pensar, reformular a escola que temos com um currículo engessado, para que as pessoas possam ter espaço para serem mais autodidatas e ao mesmo tempo não excluirmos o papel do professor?

Miguel Martinho: Há limitações quando somos autodidatas, eu acho que quando temos um bom professor o aprendizado pode ser mais rápido. Nós não somos contra a educação formal, o problema é que a educação formal tem contornos ideológicos. Por exemplo, em Portugal, quando aprendi a história de Portugal, não se diz que os portugueses foram para o Brasil e andaram a roubar o ouro, a matar índios, a escravizar as pessoas. Eu não ouvi essa história, mas essa história aconteceu. Ou seja, o currículo é mesmo uma escolha adocicada das coisas. Eu não sou nacionalista, eu acho que sou um cidadão do mundo e a questão da nação é uma invenção. Eu acho que deviam acabar com os países, porque o país tem a ver com o poder. O primeiro rei de Portugal, quando criou o país Portugal, ele não estava a pensar no Miguel Martinho, que vai viver no século XXI. Não, ele estava pensando na questão do poder. A educação escolarizada tem este problema, tem questões ideológicas por trás. Enquanto nos Conservatórios não se ensina música improvisada, a ideia é que se toque exatamente o que está na pauta, que o músico não esteja ali para inventar. Hoje temos que tocar o que Beethoven escreveu e não inventar nada. Você entende o propósito? Há livros, manuais do tempo da ditadura em Portugal. Esse material logo no início tem imagens dos rapazes no trabalho agrícola, trabalho de pedreiro e as meninas lavando roupa, as mulheres na cozinha. Há logo ali uma espécie de lavagem cerebral, essa é a palavra. No currículo também temos a lavagem cerebral. Portanto, o problema é que o estado aproveita a escolarização. O autodidatismo tem vantagens e desvantagens, mas, por exemplo, o Jimi Hendrix, que é um guitarrista que mudou realmente a história da guitarra elétrica, não seria tão influente se não fosse autodidata, ou se ele tivesse estudado em uma escola. No autodidatismo há ganhos e benefícios, o que é importante sabermos é que por trás das escolas há um componente ideológico, que é uma seleção, mas às vezes é uma seleção

mal-intencionada. Temos, por exemplo, a narrativa da II Guerra Mundial contada pelos japoneses, pelos alemães, pelos ingleses ou pelos americanos, que não é exatamente igual.

O currículo, portanto, é uma escolha e às vezes há coisas que podem ser mais importantes, mas não temos ninguém para nos dar essa informação, portanto, temos que ir buscar. Eu acho que vocês todos, como investigadores, são autodidatas. Neste sentido, todo investigador tem que ser um autodidata.

Boa noite, Professor Miguel. Parabéns pela palestra. Vendo suas palavras eu fiquei pensando: 'Então, qual será a solução para tantas questões diversas?'. Não sei se você concorda, mas fiquei pensando que o foco da resolução dessas questões, não está exatamente no currículo ou no professor, mas está exatamente na estrutura da escola. Que tipo de escola de música queremos? É possível uma escola que contemple uma educação formal e uma educação autodidática? Ela tem uma pedagogia que permite você usufruir de uma estrutura, de uma tradição, que também nós fomos constituídos e ao mesmo tempo essa escola também tenha um espaço para que você possa exercitar o seu autodidatismo, ou seja, você vai escolher dentre os elementos da cultura, aqueles que você se interessa mais e aqueles que têm mais a ver com o seu próprio desenvolvimento. Essa questão para mim passa por pensar em que tipo de escola nós queremos e como seria uma escola ideal para que nós possamos ter todos esses aspectos contemplados, tanto o formal, quanto o autodidático.

Miguel Martinho: Obrigado pela pergunta, muito inteligente. A escola que nós temos, o modelo está esgotadíssimo. Eu acho que a escola ideal tem que ser aquela escola que ensina a aprender. Eu disse, rapidamente, que é fundamental aprender a aprender. Porque nós vamos aprender ao longo da vida. Eu aprendo até quando compro um eletrodoméstico. Eu compro um televisor novo ou um fogão, eu estou a aprender sempre. Com a música não é diferente. Eu acho que é realmente necessário fazer uma investigação sobre quais aprendizagens vão facilitar esse autodidatismo. Não há dúvida nenhuma de que vamos ser autodidatas a vida inteira, principalmente se queremos evoluir na música. A questão é, por exemplo, treino auditivo é fundamental, análise harmônica é fundamental, ou seja, temos que atualizar os currículos. Em Portugal os currículos dos conservatórios são conservadores. Mas eu acho também que tem que haver investigação sobre isso, investigação sobre o cur-

rículo, quais conteúdos beneficiam as pessoas. Já agora sobre metodologia de investigação, vamos imaginar que eu conheci Mozart, fui viajar no tempo, ia entrevistar o Mozart e perguntar a ele quais recursos didáticos ele utilizou. Como é que Mozart aprendeu? O que ele usou para aprender? É claro que hoje em dia temos muita documentação sobre isso, mas, será interessante investigar como é que aprendem os autodidatas? Como é que o Jimi Hendrix aprendeu? Eu tenho algumas citações sobre isso, mas não sei todo o processo de aprendizado do Jimi Hendrix. No meu texto há duas páginas sobre o Steve Vai, que é autodidata em certos aspectos. Por exemplo, ele diz que nas horas de estudo, ele tocava mais de dez horas por dia, uma das horas era dedicada a tentar replicar frases faladas. Ele tentava colocar 'a guitarra para falar' e isso contribuiu também para a originalidade do fraseado musical dele. O Steve Vai estudou na *Berklee College of Music* e teve professores músicos como Joe Satriani que, em muitos aspectos, não é autodidata.

Mas como é a escola ideal? Eu acho que é importante investigar mais, eu não dou as respostas, infelizmente, mas vocês como futuros investigadores e como investigadores já na ativa, podem fazer uma "mitologia" que é investigar as histórias de vida. Vocês podem pegar um músico que vocês gostam. Como é que um guitarrista ou um músico que vocês gostam aprendeu? Porque alguns músicos até frequentaram a mesma escola que esses músicos, alguns tiveram a mesma formação escolar, mas há um que se destaca muito e há outro que é mais medíocre? Qual é a diferença? A diferença muitas vezes está no processo autodidático e no processo de autoaprendizado, que nos faz evoluir muito. Muito obrigado pela pergunta.

Música como discurso sonoro no repertório pianístico

Lourenço César Finatti

Acentuação[1]

Na Biblioteca Nacional da Alemanha em Berlin encontra-se um exemplar dos Estudos de Johann Baptist Cramer, da posse de Ludwig van Beethoven[2]. Vinte e um dos estudos possuem comentários da mão do próprio Beethoven. Sobre o estudo número 4, em dó menor, Beethoven escreve:

> *Hier sind durchgehends Längen u. Kürzen zu beobachten, d.h. die 1te Note lang, die 2te kurz, die 3te wieder lang, die 4te wieder kurz. Gleiches verfahren wie im Scandieren des throchäischen Vermaßes*[3].

(Aqui se deve observar continuamente os tons longos e os curtos, isto é, a primeira nota (deve ser) longa, a segunda curta, a terceira de novo longa, a quarta de novo curta. Proceder como ao escandir o Troqueu[4]).

---

1 Foram conservadas as citações conforme relatadas pelo autor.
2 Kann, Hans, ed. J. B. Cramer, 21 Etüden für Klavier: Nach dem Handexemplar Ludwig van Beethovens. Viena, Universal, 1974
3 Kann, 1974, p. 8
4 Todos os textos citados encontram-se em itálico e foram traduzidos para o português pelo autor. As referências bibliográficas constam do próprio texto, conforme exposto pelo autor.

Aqui, a que se refere Beethoven? Tons longos e curtos? O estudo consiste apenas e continuamente em colcheias nas duas mãos.

Entre os vários aspectos considerados necessários para se compreender e executar música, a acentuação é um dos essenciais. Sob **articulação** entendemos a maneira como os tons são conectados uns após os outros; sob **acentuação** entendemos a maneira como a intensidade e a duração de um tom comportam-se em relação aos tons imediatamente adjacentes, mas também, a sua relação dentro de contextos mais abrangentes, como a frase ou o período. As leis que governam a acentuação e a articulação estão submetidas ao estilo e a estética de uma certa época ou período, de uma certa região ou contexto cultural, em certos casos até mesmo variando dentro do período de vida de um compositor.

Devemos ter em mente que a música por muitos séculos foi primeiramente composta para vozes. Começando com o canto litúrgico das diversas religiões, o canto gregoriano e o canto bizantino das igrejas cristãs, a *Ars Antiqua*, a *Ars Nova* e assim por diante, até meados do século XVIII, a música, em primeira linha, foi música vocal. Apenas Joseph Haydn foi, provavelmente, o primeiro compositor a escrever principalmente para instrumentos. Sendo a música vocal a norma, não é de se admirar que a música instrumental tenha se orientado pelas mesmas regras válidas para a música vocal. Desta forma, as normas que organizam o fluxo do discurso das palavras também eram válidas para a música instrumental. Diversos autores, em diferentes períodos, anunciam a presença de uma retórica e de uma lógica musical no discurso musical.

Como exemplo, cito o enunciado de Johann Joachim Quantz, no seu livro *"Versuch einer Anweisung die Flöte traversiere zu spielen"* (Tratado de uma instrução para tocar flauta transversal, do ano de 1752: *"Der musikalische Vortrag kann mit dem Vortrag eines Redners verglichen werden"* (A execução musical pode ser comparada ao discurso de um orador[5]); o enunciado de Johann Mattheson em *"Grosse General-Baß-Schule Oder: Der exemplarischen Organistenprobe"* ("Grande escola do baixo contínuo, ou A exemplar prova de organistas"), do ano de 1731: *"Die Deutlichkeit aber ist das vornehmste und*

---

5 Quantz, Johann Joachim, Versuch einer Anweisung die Flöte traversiere zu spielen, Berlin, 1752, p. 100

nöthigste bey allem Spielen, Singen, Schreiben, Reden und andern Arten, womit wir unsere Gedanken eröffnen".(A clareza, porém, é o elemento mais nobre e necessário quando se executa música, se canta, escreve, recita e outras atividades com as quais expressamos nossos pensamentos[6]; o de Carl Philipp Emanuel Bach em "Versuch über die wahre Art das Clavier zu spielen" (Tratado sobre a verdadeira arte de se tocar instrumentos de teclado), de 1753: *"Zu dem rührenden Spielen gute Köpfe erfordert werden, die sich gewissen vernünftigen Regeln zu unterwerfen und darnach ihre Stücke vorzutragen fähig sind.*(Para uma interpretação comovente, é necessário bons pensamentos, que se submetam a certas regras lógicas, os quais, desta forma, são capazes de executar música[7].

No século XVIII, é principalmente válida a opinião de Friedrich Guthmann em sua "Methodik des Clavier- und Pianofortespiels" (Método de Clavier e Pianoforte), de 1805: *"Verständlichkeit nothwendig zur Schönkeit gehört".* (A capacidade de ser compreensível é necessária para a existência do Belo[8]).

A meta de tais exigências era alcançar uma interpretação em que todos os afetos musicais, ou seja, os sentimentos que se exprimem por meio da música, fossem claramente perceptíveis. Essa exigência demonstra principalmente, a preocupação dos compositores e teóricos da época pela clareza e exatidão do fraseado.

Não é de se admirar, portanto, que François Couperin, em seu terceiro livro de "Pièces de clavecin", já em 1722 introduzisse a vírgula como sinal de articulação musical. Nisso se percebe uma óbvia proximidade entre a estrutura das palavras e aquela destinada aos tons:

> *[...]On trouvera un signe nouveau dont voici la figure* ❜*; c'est pour marquer la terminaison des Chants ou de nos Phrases harmoniques, et pour faire comprendre qu'il faut un peu séparer la fin d'un chant, avant que de passer à celuy qui le suit. Cela est presque imperceptible en general, quoy qu'en n'observant pas ce petit Silence les personnes de goût sentent qu'il manque quelque chose à l'éxécution; en un mot, c'est la diférence de ceux qui lisent de suite, avec ceux*

---

6   Mattheson, Johann. Grosse General-Baß-Schule Oder: Der exemplarischen Organistenprobe, Hamburg, 1731, p. 219

7   Bach, Carl Philipp Emanuel. Versuch über die wahre Art das Clavier zu spielen, Berlin, 1753, p.117.

8   Guthmann, Friedrich. Methodik des Clavier- und Pianofortespiels, Nürnberg, 1805, p. 41

qui s'arêtent aux points et aux virgules. Ces silences se doivent faire sentir sans alterer la mesure".

(Um novo sinal será encontrado, a figura ❥; serve para marcar o final de melodias ou de minhas frases harmônicas e para se dar a entender que se deve parar um pouco no fim de uma melodia antes de se passar para a próxima. Geralmente é quase imperceptível, se bem que quando não observado, pessoas de bom gosto sentirão que falta algo na execução; em uma palavra, é a diferença entre aqueles que leem sem pausa e aqueles que pausam nos pontos e vírgulas. Deve-se fazer essas pausas sem alterar o compasso[9]).

Anton Schindler (1795-1864), que foi secretário de Beethoven a partir de 1822, assim como seu primeiro biógrafo, descrevendo a maneira de se executar a música de Beethoven em 1840, descreve:

Ohne vorheriges Studium der (deutschen) Prosodie, ohne genaue Kenntniß des iambischen, trochäischen, daktylischen und spondäischen Versmaßes, als derjenigen Dichtungsformen, die aller Instrumentalmusik zum Grunde liegen, ist beim Schüler nichts zu erreichen, denn auf dieser Kenntniß beruht die Kunst der richtigen Accentuation und Unterscheidung von Längen und Kürzen in den Tongruppen. Die richtige Declamation der Wort-Poesie dient hierbei als Analogie".

[...] (Sem conhecimento prévio da prosódia alemã, o aluno não alcançará nada, sem o conhecimento exato dos pés métricos Iambo, Troqueu, Dáctilo e Espondeu, medidas métricas da poesia, que são a base de toda música instrumental. Porque deste conhecimento depende a arte da acentuação correta e da diferenciação de sons longos e curtos nos grupos de tons. A correta declamação da poesia serve-nos aqui como analogia[10].

Aqui a que se refere Schindler, e com ele, toda uma longa série de autores desde a Renascença?

---

9   Couperin, François. Pièces de clavecin, Toisième livre. Paris, 1722. Préface
10 Citado em Kann 1974. Pág. 1

1. Acentuação das palavras

Dentro do sistema linguístico do Ocidente Europeu, fortemente influenciado pelo Grego e pelo Latim, as palavras são acentuadas em grupos de duas ou três sílabas, com sílabas tônicas (ou longas) e sílabas átonas (ou curtas). Formam-se assim unidades rítmicas, as quais chamamos de "pé rítmico" ou simplesmente "pé". Schindler refere-se a alguns tipos básicos de pé que ocorrem frequentemente:

Troqueu: formado por uma sílaba tônica e uma átona. Como exemplo: **pon**te; **li**vro; **Schu**bert; **cas**tle; **Lie**be;

*Twin**kle, **twin**kle, **lit**tle **star***

*How I **won**der **what** you **are**.* (Rima infantil)

Oh**! Ben**di**to o **que** se**meia

***Li**vros... **li**vros **à** mão **cheia**...*[11] (Castro Alves)

Iambo: formado por uma sílaba átona e uma sílaba tônica. Como exemplo: Bra**sil**; ca**fé**; Cho**pin**; bas**soon**; Kla**vier**;

*Rough **winds** do **shake** the **dar**ling **buds** of **May**,*

*And **sum**mer's **lease** hath **all** too **short** a **date***[12] (Shakespeare.

Dáctilo: formado por uma sílaba tônica e duas sílabas átonas. A exemplo: **crô**nicas; **ó**timo; **Bee**thoven; **in**teresting; **wun**derbar.

*Ewig **trin**ken die **kind**lichen **Ze**cher*

Bis** der ge**hei**ligte **Te**ppich zer**reißt[13](Novalis).

Schindler não cita o *Anapesto,* formado por duas sílabas átonas e uma sílaba tônica, mas que eu considero importante: cora**ção**; ento**nar**; Debu**ssy**;

---
11 Alves, Castro. O Livro e a América, in: Espumas fluctuantes. Bahia, 1870. Pág 4
12 Shakespeare, William. Soneto 18, in. Complete Works. Basingstoke, 2008, p. 2438
13 Novalis. Das Gedicht, in: Novalis Schriften. Teil 1. Berlin, 2018, p. 385

under**cooked**; Zaube**rei**. *Heute **hier**, morgen **dort**, bin kaum **da**, muss ich **fort***[14] (Hannes Wader).

O ***Espondeu***, que Schindler menciona no citado acima, é formado por duas sílabas tônicas – algo raro nas línguas ocidentais moderna, já que uma sílaba tônica sempre é seguida por uma átona, mas há casos em que isso pode ser tolerado, ou que se poderia encarar como duas sílabas tônicas. Como exemplo: **não, não; ei, ei; alas; Sturmnacht**(!).

O que no grego antigo e no latim clássico eram sílabas longas e curtas, tornaram-se sílabas tônicas e átonas nas línguas que surgiram na Europa, após a queda do Império Romano Ocidental. Isso tem um significado especial em termos musicais, já que sons de longa duração são normalmente acentuados, enquanto tons de curta duração são átonos.

Em poesia, os pés básicos se alternam, formando várias formas diversas de poemas. Diferentes línguas permitem diferentes formas. O ***Hexâmetro***, por exemplo, uma sucessão de seis pés métricos, normalmente quatro Dáctilos ou Espondeus, seguidos por um Dáctilo e um Espondeu – uma forma usada por Homero na Ilíada e na Odisséia e por poetas clássicos latinos, que assume um lugar importante na poesia alemã – foi pouco usado nas línguas neo-românicas, devido à estrutura da acentuação tônica nessas línguas.

Quando lemos poesia, é importante se ter em mente essas estruturas, para que o ritmo possa ser claro. Na linguagem não estruturada ou em prosa, raramente existe um ritmo a ser ressaltado, mas o ritmo é essencial para a leitura de versos e é essencial para o significado das palavras, como por exemplo em:

> **dí**vida / di**ví**da
>
> influ**ên**cia / influen**cia**
>
> **pho**tograph / pho**to**grapher
>
> **con**test (uma competição)/ con**test** (contestar)

---

[14] Seite „Heute hier, morgen dort". In: Wikipedia – Die freie Enzyklopädie. Bearbeitungsstand: 4. August 2021, 04:46 UTC. URL: https://de.wikipedia.org/w/index.php?title=Heute_hier,_morgen_dort&oldid=214479118 (Abgerufen: 4. September, 2021, 19:04 UTC)

Como vemos, a acentuação de uma palavra altera o seu significado. O mesmo pode acontecer com uma frase inteira, a exemplo: a introdução de pausas no lugar errado:

>Lourenço, o professor de piano, ligou.
>
>Lourenço, o professor de piano ligou.
>
>Vamos comer, gente!
>
>Vamos comer gente!

A acentuação de uma certa parte da frase modifica seu sentido. Como exemplo:

>**Eu** não comprei o violino novo.
>
>Eu não comprei o violino novo.
>
>Eu não **comprei** o violino novo.
>
>Eu não comprei o **violino** novo.
>
>Eu não comprei o violino **novo.**
>
>Eu não, comprei o violino novo.

2. Acentuação na Música

A acentuação dentro de um certo grupo de notas também se orienta através de grupos de dois ou três tons. Se temos dois tons, o primeiro vai ser acentuado. Se temos três tons, também o primeiro vai ser acentuado, os outros dois serão leves. A partir daí todos os grupos seguintes consistirão dos diversos agrupamentos possíveis de dois ou três tons, sendo que um sempre continua sendo o acento principal. Pausas são também incluídas em tais agrupamentos.

O mesmo acontece com as formas de compasso. Compassos de duas batidas têm um acento principal, da mesma forma como os compassos de três batidas, sempre na primeira batida. Isso ocorre em:

$$\frac{2}{8} \quad \underline{\frac{2}{}} \quad \underline{\frac{3}{}} \quad \underline{\frac{3}{}} \quad \underline{\frac{3}{}}$$

Compassos de quatro batidas possuem dois acentos, sendo o acento principal na primeira batida e o secundário na terceira batida:

$$\frac{4}{4} \quad \frac{12}{8}$$

Esses são elementos conhecidos da teoria musical, mas como aplicar a teoria na prática? Analisemos os seguintes exemplos:

Johann Gottfried Walther (1684-1748): Praecepta der Musicalischen Composition (1708)[15]**:**

Mesmo sem conhecimentos da língua alemã, é possível, apenas pela posição dos tons dentro do compasso, determinar a acentuação das sílabas, uma sucessão de quatro troqueus, ou seja: **Mei**ne **See**le **ruft** und **schrey**et. O compasso nos diz que a primeira palavra ("Meine") é a principal, se bem que "Seele" também poderia ter sido a principal acentuação da frase. Mas o compasso não deixa margens de dúvida.

Georg Friedrich Händel (1685-1759): Messiah[16] **(1742)**

---

15 Walther, Johann Gottfried. Praecepta der Musicalischen Composition. Leipzig 1708/1955, p. 23.

16 Händel, Georg Friedrich. Messiah, An Oratorio, Max Seiffert (ed.). London/Berlin 1742/1902, p. 272

O compasso não deixa dúvida de que "the" é leve, já que está na terceira batida do compasso. "Trumpet" é a primeira acentuação no compasso, mas o fato de que "sound" é um tom de duração muito mais longa, faz com que o acento principal da frase recaia, sem dúvida, nesta última sílaba.

Georg Friedrich Händel (1685-1759): Messiah[17] (1742)

O mesmo acontece nesta frase. "O" é a anacruse, está em uma das partes leves do compasso. "Thou" é um dos acentos fortes da frase, assim como "tidings". Se "Zion" devesse ser acentuado, como se escuta várias vezes, Händel teria usado um outro compasso:

Wolfgang Amadeus Mozart (1756-1791): Le Nozze di Figaro[18] (1786)

Como no exemplo de Johann Gottfried Walther, mesmo sem conhecimentos detalhados da língua, percebe-se onde está o acento das palavras. Aqui também é óbvio, que Mozart acentua "trenta**sei**" e não "**tren**tasei". Uma

---

17 Ibidem, p. 51
18 Mozart, Wolfgang Amadeus. Die Hochzeit des Figaro. Leipzig, 1939, p. 7

tradução para o inglês teria que ser "six and **thir**ty", já que trinta e seis é pronunciado "**thir**ty six".

Wolfgang Amadeus Mozart (1756-1791): Le Nozze di Figaro[19] (1786)

Nesse exemplo, a ária da Condessa em *Le Nozze di Figaro*, existe no texto, um problema a ser resolvido. Em "i bei" (os belos), o adjetivo "bei" é muito mais significativo do que o artigo plural "i". Mozart decide, portanto, dar a duração mais longa a "bei", transformando esse tom no clímax da frase e ressaltando-o por meio da síncope. Aqui se vê que um tom longo torna-se mais acentuado do que um tom curto, da mesma forma como no grego e no latim, a sílaba mais pesada havia sido a mais longa.

Na virada da Renascença para o período Barroco, entre o final do século XVI e o início do século XVII, os compositores começam a utilizar a barra de compasso, indicando com essa linha, que o tom que se seguia, deveria ser o mais forte dentro do compasso, – a principal acentuação dentro deste compasso. Com isso, surgem as diferentes formas de compasso, indicando quantas batidas caberiam dentro de cada compasso e qual valor cada uma delas teria. A clareza da música passou a ser governada pela ordem métrica imposta pelo compasso, uma ordem que até o final do período Clássico seria o principal fator da expressão musical.

Nós vimos como o compasso e o agrupamento de tons governa a acentuação musical, mas há, obviamente, diferentes dimensões de acentuação musical. Usando a nomenclatura original da época, como citada por Johann Friedrich Christmann em *"Elementarbuch der Tonkunst"* ("Livro elementar da arte musical"), de 1782, diferenciamos entre acentuação gramatical, patética e oratória. A primeira e mais importante delas, é a **acentuação gramatical**,

---
19 Ibidem, p. 222

que regulamenta o pulsar do compasso, respectivamente, a posição do acento principal do compasso. É a acentuação que vimos anteriormente. A **acentuação patética** é aquela que se desvia da acentuação básica, o que acontece por meio de síncopes, acentos extras, como, por exemplo, o *sforzato*, e tons (sons) que por si só se destacam dentro do fluxo musical, como grandes saltos, dissonâncias e harmonias ousadas. A **acentuação oratória**, ou na terminologia de Jean-Philippe Rameau, a **logicálica**, leva em consideração o contexto mais amplo, a relação entre frases e até mesmo o plano geral de um movimento musical.

3. Acento gramatical na música instrumental

Esse conhecimento teórico tem grande influência na compreensão e interpretação de um trecho musical, assim como no modo como aprendemos e praticamos essa passagem. Analisemos alguns aspectos nos seguintes exemplos:

Bach: Suite Francesa No.3 em si menor, BWV 814 – Menuet

Aqui, na mão direita, o acento cai na primeira nota de cada compasso, sendo que acentos menores caem na terceira e quinta colcheia, criando uma textura polifônica à duas vozes. O fá sustenido comporta-se como um tom contínuo – um bordão; a segunda, quarta e sexta colcheias do compasso devem ser executada muito mais leve do que as demais. Na mão esquerda, o primeiro tom (som) de cada compasso é a mais forte, dominando o pulso típico de um minueto.

Bach: Suite Francesa No.4 em Sol Maior, BWV 816 – Sarabande

O acento cai na primeira batida do compasso. No primeiro compasso, na mão direita, o si é o tom mais acentuado e o dó que se segue é um tom leve. De uma maneira geral, após uma nota pontuada segue-se uma nota leve. O lá na terceira batida é o próximo tom acentuado, mais leve do que o si da primeira batida do compasso. Sendo uma *sarabande*, é de se esperar que em certos compassos um outro acento aconteça na segunda batida – uma acentuação característica desta dança: é o que acontece no segundo compasso na *appoggiatura* (longa). Isso é um caso de acentuação patética. A mão esquerda segue à duas vozes em um esquema rítmico claro, dando um plano seguro à melodia da mão direita. As colcheias estão em tempos leves; portanto, é importante prestar atenção na sua leveza no segundo e quarto compassos.

Bach: Ária com diversas variações (Variações Goldberg), BWV 988

Também a Ária das Variações Goldberg se comporta como uma *sarabande*. O acento principal recai sobre o primeiro tom[20] do compasso, mas, como vimos no exemplo anterior, várias vezes a segunda batida é ressaltada, por meio de *appoggiaturas* ou ornamentos complexos. Os dois primeiros sóis no início da melodia são obviamente tocados de maneira diferente, sendo que

---

20 Entenda-se 'tom' como som ou nota.

o primeiro é o mais importante. Mas como tocar os dois sóis no terceiro compasso? O segundo sol poderia ser mais acentuado em razão de três motivos: temos o ritmo da *sarabande*; o tom é o mais longo no compasso; o *trillo* complexo valoriza a nota. Então, temos mais um caso de decisão entre acentuação gramatical e patética. No quarto compasso, o acento gramatical leva-nos à conclusão de que na primeira batida, a primeira das três notas de cada grupo é a mais importante, as outras são mais leves. As *appoggiaturas* são sempre acentuadas na música de Bach – uma tradição francesa deste compositor. Portanto, no segundo compasso, as *appoggiaturas* sol e mi são mais pesadas do que as notas principais fá e ré.

Mozart: Sonata em Dó maior, KV 545

No início deste trecho todo o movimento da segunda, terceira e quarta batidas leva (anacrusicamente) à primeira batida do compasso seguinte; esta, por sua vez, apesar de ser uma nota acentuada, não pode ser uma nota forte, já que está no final de uma frase. No último compasso, a acentuação gramatical prevê um acento apenas sobre a primeira batida. Faz sentido acentuar-se também as outras duas batidas? Uma decisão a ser tomada entre acento gramatical e patético.

Beethoven: Sonata em Si bemol Maior (Hammerklaviersonate), Op. 106

Quantas vezes se escuta todo o tipo de acentuação nestes dois primeiros compassos da Sonata Hammerklavier? O problema principal é psicológico. Trata-se de um começo incrivelmente difícil e tudo parece tão semelhante. O *fortíssimo (ff)* direto sobre a anacruse não simplifica a situação e a indicação de pedal, apenas piora o que já é desesperador. Por este motivo, na maior parte dos casos, escutamos aqui duas frases onde o acento rítmico, no melhor dos casos, deixou de existir. Várias vezes o mi bemol é interpretado como o clímax das frases, mas isso iria contra as regras de acentuação que vimos até agora. Porém, na tradição romântica, em que todos nós fomos educados, a nota mais aguda quase sempre é vista como a mais acentuada. Beethoven escreve algumas poucas vezes, um *sforzato* na quarta mínima do compasso, ou seja, na anacruse. Tendo em vista que a anacruse sempre deve ser executada de forma leve, o *fortíssimo* indicado na partitura serve para determinar a dinâmica geral da passagem, portanto, não pode ser considerado um *sforzato*.

Beethoven: Bagatelle em Dó maior, Op 33/2

Quando Beethoven quer romper a regra do acento gramatical, ele o indica de maneira inconfundível. Neste caso com acentos na segunda e terceira batidas do primeiro compasso, sendo que o acento na terceira batida é obviamente o mais acentuado; o *sforzato* acontece dentro de um "piano", sendo que o dó na terceira batida do compasso está em "forte", o que define claramente os níveis de intensidade no compasso. Os compassos seguintes são acentuados normalmente.

Schumann constrói aqui duas frases assimétricas, ou seja, no segundo compasso temos o clímax na nota lá da primeira frase, a segunda, entretanto, tem o clímax na nota sol inicial, o que determina diferentes posições do clímax nas duas frases, quando o acento principal está no segundo e no terceiro compasso. Na mão esquerda, a segunda nota de cada batida é leve, ainda que tocada muitas vezes com o polegar. É importante, desde o começo valorizar a acentuação e o fraseado, sensibilizando uma pessoa que começa a aprender para os elementos rítmicos da música.

Por fim, Beethoven, ao comentar os estudos de Johann Baptist Cramer, escreve o que se segue com relação ao estudo n. 13, em La Maior:

> *Zweck ist Studium der Längen u. Kürzen in Passagen. Der rhythm. Accent kommt fast auf allen Takttheilen vor. (...) Durch Beachtung der Längen u. Kürzen tritt der melodische Gang in der Passage hervor; ohne die Beachtung verliert jede Passage ihre Bedeutung.*

(O objetivo é o estudo das longas e curtas em passagens. O acento rítmico acontece em quase todas as batidas dos compassos. [...] Na observação das batidas longas e curtas, o teor melódico da passagem é ressaltado; se não observadas, a passagem perde seu significado[21]).

Uma das grandes vantagens de se ter tantas notas leves, ou curtas, como Beethoven as chama, é que notas leves podem ser tocadas mais rápido e com menos esforço físico. Havia, portanto, vários motivos para não se tocar todas as notas igualmente acentuadas.

Apesar da importância que Beethoven colocava na acentuação correta, a abundância de exceções à regra em sua música, ocasionadas por acentos inesperados, contribuiu para enfraquecer a hegemonia do compasso e de sua acentuação durante o século XIX. No século XX o compasso foi pensado mais como um conjunto ordenado de notas em uma certa quantia de batidas e valores, mas aquilo a que Beethoven se refere neste estudo é sem dúvida válido para a música do século XVII até meados do século XIX.

---

21 Kann, 1974, p. 22

Transcrição das perguntas e respostas formuladas

Ana Clara Silva Moreira
Anderson Flavio Cordeiro de Souza

Como você vê as interpretações que temos de grandes performances, como por exemplo aquelas das obras de Beethoven ou especificamente a música do século XVII e XVIII? De acordo com sua explanação, em que época isso foi mais respeitado, qual o grau de liberdade do(a) intérprete? Qual a relação do que está escrito e o que as pessoas fazem na prática?

Lourenço Finatti: Até o final do século XVIII o intérprete se via como uma pessoa que simplesmente executava uma obra, assim como um artesão. Lembrando que a música era, quase sempre, improvisada, o intérprete, de certa forma, era também considerado o compositor, por isso tinha liberdade. Além disso, vivia em um contexto no qual a linguagem musical estava em constante transformação. Por exemplo, quando Bach tocava música de outro compositor de séculos anteriores, o que teria sido raro, ele executava no mesmo estilo da música de sua época; o mesmo se daria com Mozart se tivesse tocado Bach. Isso continuou até o final do século XIX, pois se pensava: "música é música e eu toco do jeito que conheço". A música contemporânea é que interessava. Por incrível que pareça, ninguém se interessava pela música composta há uns dez anos atrás. Esse era o motivo de os compositores produzirem tanto. No século XIX, as pessoas iam aos concertos para ouvir composições novas, excepcionalmente uma sinfonia de Beethoven. Nunca eles iam a uma

apresentação para ouvir um dos concertos para piano e orquestra de Mozart. Em Viena praticamente não havia concertos de Mozart sendo apresentados no século XIX, isso era uma coisa para se "conhecer" a partitura.

No começo do século XX e, mais intensamente, após a Primeira Guerra Mundial, o cenário se modificou drasticamente. Os intérpretes começaram a executar composições compostas em períodos anteriores. Paralelamente, houve uma separação entre o intérprete, o professor e o compositor, que, até então, coexistiam na mesma pessoa.

Grandes músicos do século XIX, como Franz Liszt, Clara Schumann, Frédéric Chopin atuavam não só como professores, mas também eram intérpretes e compositores. Clara Schumann era uma professora importantíssima na época, intérprete muito famosa e ao mesmo tempo compositora. Frédéric Chopin, por exemplo, era um compositor e professor de primeira linha, como se designava na época. Sua principal renda vinha de sua atuação como professor.

Com a dissociação iniciada no século XX, o músico passou a se especializar e consequentemente perdeu a conexão que possuía com a realidade interior da música, do processo musical – tornando-se apenas um executante do texto musical. Desta maneira, tocam ou interpretam a partitura como querem; às vezes alterando drasticamente, o que está escrito na partitura, consequentemente o significado do discurso musical.

Existe períodos em que a música escrita parece igual a nossa, mas não é para ser tocada nem um pouco como a nossa. É o caso, por exemplo, da música de Girolamo Frescobaldi, que parece ser uma música para ser executada como nós interpretamos a música atualmente. Porém nesta música não existe compasso, embora ela esteja escrita de acordo com as normas da teoria musical. Por isso nossa responsabilidade, tanto como pedagogos quanto intérpretes, é buscar informação de como deveríamos tocar determinado repertório, não só por que é uma obrigação ou desencargo, mas por que é mais interessante. Nosso mundo é mais colorido e mais internacional, temos músicas de diversas épocas, estilos, técnicas e diferentes maneiras de se tocar. Isso para um intérprete é mais motivador. É importante entender o que os outros fazem, como interpretam. Vale a pena se informar sobre as diversas maneiras

de interpretação, no entanto, temos que ter, também, um próprio ponto de vista crítico.

Eu tenho assistido a muitos concertos, principalmente na Polônia, onde muitos pianistas tocam o repertório com instrumentos de época. Evidentemente os recursos e a sonoridade são diferentes. As práticas relacionadas à acentuação de alguma forma podem ter sofrido alterações por conta dos recursos dos instrumentos modernos, comparados aos instrumentos de época?

Lourenço Finatti: Por exemplo, para um músico brasileiro é muito mais difícil o contato com instrumentos históricos. Estamos em desvantagem se encararmos por esse prisma. Mas vejamos de perto o que está por trás do conceito de instrumentos originais da época.

Beethoven (1770-1827), por exemplo, foi o primeiro pianista em Viena a usar pedal. Quando ele chegou em Viena no ano de 1792 os pianos ainda não possuíam pedal. Por vezes, tinham um mecanismo de alavanca acionado com o joelho, mas de uma maneira geral os instrumentistas não gostavam disso.

Nos anos 90 do século XVIII o mecanismo do piano foi alterado completamente. Em 1800 ele já era maior, mais forte e com um pouco mais de som. Por volta de 1810 até 1820, as melhorias feitas em Paris e principalmente na Inglaterra foram fantásticas, o som se alterou completamente.

Um piano inglês da firma *Broadwood* tem um som grande; já um piano francês *Pleyel* tem um som bem diferente; um instrumento de *Graf,* aqui em Viena, tem um som muito mais doce e respondem mais devagar. Por volta de 1850, foram introduzidas as molduras de ferro, incorrendo em um aumento considerável do volume do som, seu tamanho e peso. O fato é que o piano não parou de ser alterado desde sua invenção.

Quando dizemos "instrumento da época" temos que lembrar que esses instrumentos estão diretamente associados a uma certa situação geográfica. Por exemplo, um órgão italiano normalmente não tem pedal, já um órgão do norte da Alemanha tem um pedal independente. Um cravo holandês tem dois teclados, um cravo italiano nunca tem dois teclados. Como fazer se eu moro no norte da Alemanha e toco música italiana?

Mesmo em órgãos históricos alemães, os registros são completamente diferentes. Quando tocamos a Sonata *Hammerklavier* em um piano da época, tudo soa muito distinto e claro; as articulações são claras, mesmo na região grave. A articulação nos nossos instrumentos funciona muito bem, pois nossos instrumentos são precisos, mas temos a desvantagem de os baixos serem muito fortes e não se articularem com tanta facilidade.

A articulação e acentuação são ideias básicas, gerais, que abrangem toda a música, é a pronúncia da música da época, e se tocamos isso num piano moderno ou em um antigo, o importante é que o estilo permaneça o mesmo e por isso deve ser executado dessa forma. Em Viena ainda temos muitos instrumentos de cem anos atrás. São os instrumentos que Schoenberg, Strauss, e outros compositores tocaram. Eu toquei bastante em instrumentos do começo do século XIX, mas acho muito mais agradável tocar Schubert em um piano moderno. Não me sinto à vontade tocando Strauss em um piano de cem anos atrás. Por isso eu acho que o instrumento não resolve o problema, mas o instrumento nos ajuda a achar meios para exprimir melhor a música de uma certa época.

Na verdade, no Brasil não estaremos em desvantagem se o músico se informar previamente sobre como funciona isso nos instrumentos. Eu entendo que muitas questões se resolvem quando se está na frente do instrumento. O instrumento antigo em si não resolve a questão; muita gente toca em um instrumento antigo, mas com conceitos de um período alheio ao mesmo, o que acaba por anular a vantagem do instrumento original.

O teatro de confluência: expressão e reflexo de posicionamentos de Murray Schafer perante a vida

Marisa Trench de Oliveira Fonterrada

Antes de iniciar qualquer consideração a respeito do tema explicitado no título deste artigo, quero agradecer muito à minha amiga Sonia Albano de Lima que, ao longo dos anos, tem sempre me estimulado em minhas pesquisas e incitado a escrever a respeito delas. Desta vez, o convite foi para eu falar a respeito do meu encontro e trabalho conjunto com Murray Schafer, o autor, compositor, ecólogo e educador musical canadense, um dos mais celebrados no Canadá e em vários países do mundo e, desde a década de 1990, também no Brasil. Mas, aqui, o conhecimento acerca de Schafer restringiu-se à educação musical e à ecologia sonora, assuntos destacados nos seus livros publicados em português (SCHAFER, 1991, 2001, 2010, 2018 e 2019) e, em muito menor grau, à sua atividade composicional

Então, reputo como muito oportuno este convite, pois terei oportunidade de discorrer a respeito de algumas facetas não tão conhecidas desse notável homem, uma pessoa de múltiplos interesses e consistente produção artística, que espelha seus posicionamentos filosóficos, sua visão de mundo e seus valores.

Mas, antes de falar de Schafer, talvez seja interessante ao leitor brasileiro saber de que modo eu o conheci, como foi trabalhar com ele e em que medida adotei muitas de suas ideias em meu próprio trabalho.

Meu primeiro contato com sua proposta pedagógica ocorreu por mero acaso. Na ocasião eu trabalhava na Escola de Música Magda Tagliaferro, em São Paulo, e tinha sob minha responsabilidade o ensino de teoria da música, leitura, solfejo e harmonia – disciplinas essenciais para a formação do músico, mas nem sempre valorizadas pelos meus próprios alunos, (pelas) crianças e adolescentes, que, em grande parte, preferiam atuar de forma prática, tocando seu instrumento e não se informando a respeito de tonalidade, intervalos ou acordes.

Após as férias de verão, em algum ano da década de 1970, recebi de uma amiga, também professora da mesma escola e, mais tarde, docente do Instituto de Artes da UNICAMP – Professora Maria Lúcia Paschoal – uns livretos a respeito de educação musical que ela havia encontrado, com tradução para o espanhol, em Buenos Aires, onde passara suas férias.

Não conseguimos saber nada a respeito do autor, a não ser que era um educador musical canadense, mas as sugestões que colhi nesses livretos entusiasmaram meus alunos adolescentes, que tiveram oportunidade de investigar e criar sons, a partir das ideias que Schafer colocava em seus livrinhos, o que imprimiu nas minhas aulas um grau de interesse que até então eu não havia conseguido.

Esse foi o primeiro contato – bastante superficial, mas já indicador de futuros caminhos promissores. Após algum tempo passei a lecionar na Escola Municipal de Música, em São Paulo e depois de dois anos fui indicada para ser a Diretora dessa Instituição, cargo que exerci por nove anos. Pela própria natureza do trabalho, vi-me obrigada a diminuir minhas ações pedagógicas e, consequentemente, Schafer saiu do meu horizonte e, por algum tempo, não mais me lembrei de suas propostas.

Em 1986, ao entrar para o Instituto de Artes da Unesp, apresentei como projeto de pesquisa o tema Educação Musical pela Voz. A proposta era consequência do meu antigo interesse pelo Canto Coral e pela Regência. Eu acreditava que o uso precoce da voz cantada em escolas e outras instituições

que atendessem crianças e jovens poderia servir de fundamento para as práticas de educação musical.

Enquanto aguardava a aprovação desse projeto, que tinha como objetivo implantar uma atividade de extensão com crianças da comunidade do Ipiranga, bairro em que estava sediado o IA/Unesp, deparei-me com uma chamada da Embaixada do Canadá em Brasília, oferecendo bolsas de estudo para docentes universitários brasileiros de qualquer área do conhecimento que trabalhassem em tempo integral, para passarem cinco semanas naquele país, pesquisando a temática do seu interesse. A intenção da Embaixada era aprofundar o interesse pela produção acadêmica canadense e trazê-la para as universidades brasileiras. O programa chamava-se *The Full Enrichment Program*. Em razão do projeto apresentado, considerei que seria interessante conhecer os coros infantis e juvenis daquele país e pensei que esse poderia ser o tema do projeto a ser apresentado à Embaixada.

Naquela ocasião as dificuldades que cercavam o acesso à informação eram muitas. Não contávamos com computadores em casa e nem no Instituto de Artes. A Universidade tinha um único aparelho de fax na Reitoria para uso de todas as unidades. Desse modo, era dificílimo obter informações das ações que eu poderia desenvolver a partir de experiências canadenses com canto coral infantil. No entanto, eu soube que as bibliotecas universitárias tinham um meio de comunicação entre elas e, talvez, pudesse encontrar algo em uma delas referente ao tema que queria desenvolver naquele país. Tentei, então, ajuda com a Diretora da Biblioteca do IA, mas ela me informou que o único modo de pesquisa possível era por autor e não por assunto. E ainda reforçou: "Preciso de um nome. Sem ele, não consigo fazer a pesquisa".

Foi um momento de perplexidade, pois não atinava de que modo poderia resolver aquele impasse. De repente, porém, aflorou em minha mente o nome de Schafer, que pronunciei de forma um tanto insegura. Ela imediatamente, exclamou: "Ah, agora posso atender você!". No dia seguinte trouxe-me dois artigos de sua autoria. Eles eram interessantes, mas foram de pouca ajuda, no sentido de trazer pistas a respeito de como encontrá-lo.

Parti, então, para uma outra investida, que costumo chamar de *"meu momento Sherlock":* fui ao Consulado do Canadá em busca de informações.

Como havia visto que Schafer tinha livros editados em Toronto, supus erroneamente que ele morasse nessa cidade. A consulta à lista telefônica mostrou meu erro. O funcionário do Consulado que estava me ajudando sugeriu que eu consultasse os Diretórios das Universidades de Toronto. Mais uma vez não logrei êxito, porém anotei o nome do Diretor da Faculdade de Música da Universidade de Toronto àquela época, **Dr. Carl Morey,** solicitando sua ajuda para encontrar Murray Schafer. Junto à carta, coloquei outra, dirigida ao próprio Schafer, em que expunha de modo pormenorizado a oferta da Embaixada, meus interesses, a possibilidade de conhecer seu trabalho e a vontade de conhecer os coros infantis e juvenis do Canadá.

Quinze dias depois chegou a resposta de Schafer. Não apenas aceitava conversar comigo, como me apresentou uma lista de possibilidades para minhas visitas. Junto, enviou-me nomes de instituições ligadas à educação musical, ao canto coral e a universidades. Além disso, apontou-me pessoas que eu deveria procurar. Depois desse primeiro contato, ele continuou a conversar comigo, interessado em saber quais dos indicados havia aceitado me receber. De posse dessa informação, ele organizou o cronograma inteiro de minha visita e sugeriu que, na terceira semana da minha estadia, eu o acompanhasse aos Estados Unidos, onde iria dar um workshop, em um congresso da Associação Orff Americana. Assim, em pouco tempo, meus planos se completaram com um projeto, várias cartas de anuência por parte de instituições canadenses e o convite para viajar com Schafer aos EUA. Submeti esses documentos à Embaixada Canadense e fui aprovada. Parti para o Canadá em novembro de 1988.

Essa viagem foi surpreendente em muitos aspectos. Tive uma acolhida muito positiva por parte de todos que visitei e a viagem com Schafer foi muito importante, pois pude vê-lo trabalhar com educadores musicais, o que me permitiu compreender sua maneira de abordar as *questões* que ele julgava importante de serem trabalhadas. Também pude conhecer dois de seus livros, *The Thinking Ear* e *The Tuning of the World* (*O ouvido pensante* e *A afinação do mundo* na tradução em português) e, de imediato, percebi o quanto impactante eles poderiam ser para os educadores musicais brasileiros. Conversei com Schafer a respeito da possibilidade de traduzi-los para o português e ele se mostrou bastante receptivo.

Dessa maneira, ao voltar ao Brasil, entrei em contato com a Editora da Unesp, que, naquele momento, se interessou em publicar *O ouvido pensante*. Como se tratava da minha primeira experiência com tradução, pedi ajuda a duas amigas – Maria Lucia Paschoal, a quem já me referi anteriormente, e Magda Gomes da Silva, minha ex-aluna no IA e professora de inglês bastante experiente. Assim foi feita a tradução desta publicação, em um trabalho a seis mãos. Em janeiro de 1991, saiu a primeira edição de *O ouvido pensante*.

Schafer estivera no Brasil em 1990, para workshops em São Paulo e no Rio de Janeiro e voltou em 1991, quando foram acrescentadas ao roteiro anterior mais duas cidades, Porto Alegre e Londrina. Nesta segunda viagem onde ele permaneceu uma semana em cada lugar, houve o lançamento de seu livro traduzido para o português. Murray Schafer esteve outras vezes no Brasil, em 1998, 2004 e 2011 – sua última visita.

Ao conhecer Murray Schafer mais a fundo, fiquei muito atraída pela sua obra composicional e desse contato nasceu a vontade de estudá-la no Doutorado, em especial o ciclo *Patria* – um conjunto de doze obras, que levou mais de quarenta anos para ser completado. Foi quando tomei a decisão de me matricular no Programa de Antropologia da PUC-SP, pois tinha interesse em estudar os mitos e rituais que apareciam em sua obra e compreender seus muitos sentidos e significados nos quais as civilizações antigas e as sociedades orais eram valorizadas e tinham espaço na produção de uma obra contemporânea. A tese transformou-se no livro *O lobo no labirinto – uma incursão à obra de Murray Schafer*, de 2004, publicado pela Editora Unesp (FONTERRADA, 2004).

Em um capítulo de seu livro *Patria – The Complete Cycle* (2012), Schafer conta como surgiu a ideia de compor o ciclo *Patria*. Entre os anos de 1963 e 1965, ele havia composto sua primeira obra para palco, *Loving* – um drama musical bilingue. Por uma série de circunstâncias, ela não foi montada em um palco, mas estreada na TV, em uma experiência bastante frustrante para o autor. A partir dela, Schafer sentiu necessidade de escrever o ciclo, que conta a passagem de um ser por muitas gerações, em diferentes épocas, até alcançar a iluminação. "Este foi o início de *Patria*. Criei o libreto completo para *Patria 1 – Wolfman* e *Patria 2 – Requiem to the Party Girl* e compus uma parte substancial, principalmente, de Patria 2" (Schafer, 2012, p. 25)

Houve inúmeros empecilhos para estrear essas duas obras. Um deles é que não existia no Canadá companhias capazes de realizar o projeto, com a estreia simultânea das duas obras no mesmo teatro, em palcos diferentes e com elencos próprios. Além disso, a estreia de *Patria 1* viveu muitos problemas, com brigas a respeito da própria concepção da obra e a dispersão do elenco, tanto é que *Wolfman* não tornou a ser encenada. *Patria 2 – Requiem for the Party Girl*, no entanto, foi apresentada mais de uma vez. Inclusive, tive oportunidade de assistir a essa obra em Toronto, em minha segunda viagem ao Canadá, no ano de 1993.

A respeito de *Patria,* Schafer diz que, em 1972,

> [...] numa viagem de trem, as antigas vozes falaram novamente comigo em seu estranho dialeto, e eu comecei a imaginar uma releitura/palestra que esperava proferir em um encontro da Associação Humanidade, para o qual nunca havia sido convidado... (Schafer, 2012, p. 25)

As tais vozes o fizeram se concentrar no que entendia como uma nova concepção de obra artística: o *Teatro de Confluência* – um espaço imaginado por ele, em que "todas as artes fluiriam juntas, sem hierarquização, num movimento não forçado, mas inexorável (IBID, 2012, p. 26).

Em sua explicação do gênero que imaginava, Murray Schafer deixa claro que rejeitava atribuir a esse teatro os nomes usuais no meio artístico para obras que fundem diversas linguagens artísticas, como *Teatro Total* ou *Teatro Absoluto*. O motivo dessa recusa prendia-se ao fato de ele considerar tais termos ambíguos. Também, não aceitava a classificação deste trabalho como **ópera**, porque, dizia que, neste gênero, embora várias artes estivessem presentes, a primazia era da música (SCHAFER, 2012, p.27). Ele assim se pronuncia com relação a essa questão:

> Apenas juntar recursos de diversas artes pode trazer confusão aos sentidos, em vez de proporcionar uma experiência de acuidade sensorial [...] é importante começar com os recursos mais elementares de cada forma de arte, aqueles que, em sua simplicidade, têm importância cosmogônica [...] Os exercícios da Bauhaus, em sua simplicidade, precisam ser replicados nas outras artes. Somente quando os elementos básicos forem purificados e

claramente apreendidos, será possível criar um vocabulário específico para cada forma de arte (SCHAFER, 2012, p. 28).

Patria: Prólogo

A obra *The Princess of the Stars é o Prólogo do* ciclo *Patria*, que traz essas ideias e busca unir as diferentes linguagens artísticas, sem qualquer tentativa de hierarquização. Inspirado em uma lenda indígena canadense, o Prólogo conta a saga da Princesa das Estrelas, filha do Sol.

Adiante, está reproduzida de forma sintética a história inicial, o mito primordial, que serve de impulso para toda a série, tal como é contado por Schafer no roteiro de *"Patria – Epilogue ... And Wolf Shall Inherited the Moon..."*, (The Wolf Project, draft, n.p., 2001, 12a. versão).

> No início dos tempos, não havia diferença entre humanos e animais. Eles acreditavam serem descendentes dos deuses, que habitavam os céus, como planetas e estrelas. Dividiam o espaço do mundo entre si e falavam a mesma língua. O símbolo dessa harmonia era a Grande Roda da Vida, que continha todas as criaturas, bem como árvores, plantas e pedras, em um círculo harmonioso.
>
> Mas os humanos começaram a desenvolver a ideia de que eles tinham superado a forma animal, eram superiores e inventaram outra linguagem, que os animais não podiam compreender, com o intuito de se separarem deles. Os humanos, também, pegaram os melhores pedaços de terra para si próprios, construíram cercas à sua volta e matavam todos os intrusos.
>
> Em vista do que vinha ocorrendo, os animais se reuniram em conselho, para avaliar a situação. Cada um falou por sua vez, mas as últimas palavras deveriam ser proferidas pelo Lobo e pelo Urso, que eram os animais mais fortes da floresta e, por isso, os que precisavam de mais espaço. O Lobo queria declarar guerra ao Homem, mas o Urso ponderou que seria melhor julgá-lo antes de qualquer ação. Depois de discutirem, os animais concordaram com a opinião do Urso, o que deixou o Lobo tão bravo, que ele se afastou do grupo e decidiu morar sozinho nas profundezas da floresta.
>
> A saga começa aí. Ao ouvir os uivos do Lobo, que, de tão fortes, se espalhavam pela terra toda e subiam para o céu, a Princesa das Estrelas, filha do Rei Sol e da Mãe Natureza, debruçou-se para ver o que sucedia e caiu na terra, em frente ao animal. Este, assustado com aquele facho de luz, fez um gesto brusco e atingiu o pé da Princesa. Ao correr assustada para o Lago

para lavar o ferimento, ela foi raptada pelo Monstro dos Três Chifres, que a levou para o fundo do lago, além de roubar-lhe a coroa.

Ao presenciarem o rapto, os pássaros da floresta, assustados, voaram para contar ao Rei Sol o sucedido. E este, com toda soberania e imponência, desceu à Terra, para dar suas ordens aos envolvidos no drama: o Lobo, a Princesa e o Monstro.

Ao Lobo, ordenou que ele deveria ficar na Terra por muitas encarnações, até aprender a ser menos bruto e a ter compaixão.

À Princesa, ordenou que também ficasse, para ajudar o Lobo em sua jornada.

Quanto ao Monstro, este deveria voltar ao seu reino subterrâneo, não antes de devolver a coroa que roubara da Princesa. Ao recebê-la, o Rei Sol pendurou-a no ceu do hemisfério Norte, onde até hoje figura como **Coroa Boreal** (The Wolf Project, 2001, 12º. Versão).

A obra é encenada no meio da floresta, à beira de um lago, durante a madrugada. O público chega à Floresta de Haliburton de ônibus e é recebido na sede, que tem uma boa estrutura para acomodar e alimentar hóspedes. Após o jantar, eles têm um longo tempo de espera, uma vez que a saga da Princesa se inicia de madrugada, quando o grupo é conduzido por ônibus a uma espécie de sala de espetáculos, no meio da mata, construída em uma clareira, com troncos dispostos em fileiras, em frente ao lago.

Quando o ônibus para, as pessoas são convidadas a descer, sem lanternas, pois o que se quer é que elas vivenciem essa situação tão nova de estar na mata no meio da noite, sem o apoio de recursos comuns à vida urbana. Os Espíritos da Floresta vêm recebê-los. Tudo é silêncio; a escuridão só é quebrada pelas velas envoltas em papel pardo, que eles portam; elas só bruxuleiam, sem iluminar mais do que o necessário para que os participantes vejam os contornos do caminho e possam localizar o Auditório.

Ao chegar e se acomodar nos bancos de tora, ninguém se mexe, ninguém fala. É um ambiente solene, de recolhimento, de introjeção. Sente-se no ar a atmosfera de expectativa e respeito. É como se todos tivessem sido trazidos para uma imensa Catedral, construída com galhos e folhas, no meio da mata.

Aos poucos, vinda de longe, aproxima-se uma luz. É um barco, que traz o Narrador, todo paramentado, como um sacerdote de outras eras. Ele se acerca e revela que ali, naquele local, naquele momento, vai ocorrer um milagre. No entanto, os humanos não o poderão presenciar, posto que somente as árvores têm esse poder. Em seguida, anuncia que transformará o público em árvores e imediatamente faz isso a partir de um gesto mágico, pois essa é única maneira de as pessoas testemunharem o acontecimento. Não há nada diante dos olhos dos participantes, além do barco do Narrador, mas se ouvem os sons de Orquestra e Coro, escondidos na mata, fora do alcance do olhar. A Princesa canta uma linda área, embora, também, não possa ser vista, pois está no fundo do lago.

Depois de algum tempo surgem os demais personagens – o Lobo, o Monstro e os Pássaros –, enormes bonecos articulados conduzidos em barcos, manipulados por dentro. É impressionante ver os movimentos do corpo, da cabeça, dos olhos, da boca... Quando, na saga, a Princesa é raptada, os pássaros da floresta vão em busca do Rei Sol. O surpreendente é que as aves reais se unem, em seu canto, aos grandes pássaros articulados que se encontram no meio do lago. Por esse motivo, o horário de início do evento é estabelecido a partir de informações do Centro Meteorológico, pois deve ser calculado de tal maneira, que a chegada dos pássaros coincida com o amanhecer, quando os reais, que habitam a floresta acordam, cantam e gritam.

O Canto do Rei Sol simbolicamente retrata a jornada do disco solar em um movimento de leste a oeste; o texto do seu canto é formado unicamente pela palavra SOL em línguas faladas nos diversos países que, no mapa, se estendem de Leste para Oeste. Desse modo, o canto do Rei Sol espelha, pelas diferentes línguas, o trajeto do sol.

Depois de o Rei Sol dar suas ordens às personagens, ele ordena aos pássaros que cubram de gelo o lago, que só deverá ser descongelado quando o Lobo, após muitas encarnações, redimir-se e ganhar a Lua, tema do Epílogo da série (SCHAFER, Murray, 1981).

Patria 1, Patria 2 e Patria 3

As três primeiras obras depois do Prólogo ocorrem na contemporaneidade.

Patria 1 – *WolfMan* (1966-1974) conta a história de um imigrante que não compreende a língua do país para onde migrou e, tampouco, é compreendido por ninguém. Trata-se de uma crítica ferrenha aos costumes da sociedade atual, que privilegia o dinheiro e a diversão, com poucos sinais de respeito e consideração em relação à condição humana. É um retrato da incomunicabilidade. O clima é de busca de diversão a qualquer pretexto, com pouca ou nenhuma comunicação. A história acaba em tragédia; é um retrato da Solidão.

Em Patria 2 – *Requiem for the Party-Girl* ((1966-1972), a protagonista é uma doente mental, internada em um hospício, onde o caos linguístico está instalado, pois os médicos, provenientes dos mais diversos países, falam múltiplas linguagens. Somente Ariadne, a doente internada, fala a língua do país em que a peça é encenada. Os médicos, pessoas consideradas importantes, focadas, detentoras de conhecimento, não conseguem se comunicar com ninguém, enquanto Ariadne, a doente mental, que tem imensa dificuldade de comunicação, é uma das únicas personagens que o público consegue entender.

É interessante notar que o repertório linguístico do público é individual; a compreensão das falas dos médicos é diferente para cada um dos presentes. Quando assisti à peça, por exemplo, compreendia as falas de médicos que falavam português e espanhol, mas não os que se expressavam em dinamarquês ou holandês. Mas, certamente, entre os presentes, essas línguas eram compreendidas por alguém, que, no entanto, não conseguia entender aquelas que eu entendia. A unanimidade de compreensão entre os presentes era a fala de Ariadne. A falta de comunicação que em Patria I se dá pela falta, aqui ocorre pelo excesso. O clima da peça é lúgubre e hermético.

Em Patria 3 – *The Greatest Show* (1977-1987), o cenário é um parque de diversões. A obra começa em clima alegre, de festa, com o público todo reunido em um auditório central. Logo, porém, as coisas começam a sair do controle, quando o Mágico, após alguns números de magia, chama dois voluntários da plateia para se submeterem a dois clássicos desse tipo de espe-

táculo: a mulher é levada para uma mesa onde será cortada com uma serra e o homem, colocado em um armário, de onde irá desaparecer. O problema se inicia quando o Mágico não consegue mais juntar os pedaços da mulher e nem trazer o homem de volta.

O clima geral torna-se denso, o espetáculo é interrompido e o público se dispersa. Na feira, durante as múltiplas atrações, partes de corpo de mulher surgem em vários lugares. Coisas estranhas acontecem, interrompendo as ações; o clima alegre, de entretenimento, alterna-se a situações ambíguas e amedrontadoras. Essa condição dura um bom tempo, em que se vivenciam momentos alegres e descontraídos, e outros, tensos e enigmáticos. Finalmente, surge o Monstro, que investe contra o público e ordena que todos vão embora. As luzes se apagam e as pessoas são expulsas do lugar, em completa escuridão.

O conjunto das três peças representa o CAOS. Trata-se de crítica ao modo de vida contemporâneo: barulho demasiado, falta de comunicação, solidão, futilidades e, também, busca ilusória de felicidade que o dinheiro possa comprar. O Caos é regido pelo Monstro.

Patria IV

Patria 4, *The Black Theatre of Hermes Trismegistos* (1982), tem caráter completamente diverso das três obras anteriores. É uma espécie de Interlúdio, pois faz uma ponte entre elas e as que virão a seguir. Nessa obra, o público é levado para outro ambiente, diferente dos precedentes e faz como que uma peregrinação. Trata-se, agora, do início de uma busca, uma jornada. Para caracterizá-la, Murray Schafer escolhe a Alquimia, a química medieval que pretendia descobrir a cura para todos os males, a chamada panaceia universal. Com o tema, tem-se a intenção de exercitar os seus princípios e chegar à transformação, pela purificação. É o que se conhece como "casamento alquímico".

A Alquimia trabalha com a transformação de metais em ouro e prata. Como estudioso de Jung, Schafer adota sua explicação a respeito da finalidade da Alquimia: os metais são símbolos, cuja meta é a purificação do ser humano. Mas, na peça de Schafer, a purificação ainda não ocorre; o casamento alquí-

mico é um simulacro. Sendo assim, a busca continua. A peça foi encenada pela primeira vez em Liège, na Bélgica, em um circo do século XIX, em 1989.

Patria 5, Patria 6 e Patria 7

Depois do Interlúdio, há mais um conjunto de obras: Patria 5 – *The Crown of Ariadne*, Patria 6 – *Ra* e Patria 7, *Asterion*.

Patria 5, *The Crown of Ariadne* (1982 – revisada em 1990), conta o mito de Teseu e Ariadne, passado na Ilha de Creta, com Dédalo, o construtor do labirinto e o Minotauro, filho de Pasiphae – mulher do Rei Minos – e de um touro, que lhe fora enviado pelo deus Poseidon. O Minotauro vive no labirinto e Ariadne, filha do casal, deveria com ele se casar. Mas ela se apaixona por Teseu e o salva do labirinto onde havia entrado para enfrentar o Minotauro, por meio de um fio salvador, que lhe dera. Ariadne, então, foge com Teseu, mas ele a abandona na ilha de Naxos. Assim, o mundo, mais uma vez, não se transforma.

Patria 6 – *Ra* (1982), é a história da morte e renascimento do Sol – Ra para os egípcios. O cenário é o Egito antigo e a obra se inspira em um texto de 1500 A.C. Escuridão e luz, morte e vida são os temas. Para o público, é um desafio. A peça começa no poente e só termina ao amanhecer. Os participantes caminham na escuridão perfazendo a senda de Ra, e têm várias tarefas a cumprir. Em certo momento, alimentos lhes são oferecidos; em outros, são levados a se recostar e descansar. Há, também, horas alegres e descontraídas, com música e dança, que contrastam com os momentos de insegurança e medo, além do confronto direto com as divindades egípcias. No início da jornada, as pessoas são informadas de que precisam ir ao encontro das divindades benignas e fugir das malignas. O critério de distinção entre elas vem do olfato. Por esse motivo, elas têm de aprender a sentir os perfumes, reconhecê-los e memorizá-los, pois em um dado momento terão de usar esse conhecimento perceptivo para identificar o aroma típico de cada entidade e acompanhá-las, ou evitá-las. A obra foi encenada no Museu de Ciências de Toronto, em 1983.

Patria 7 – Asterion foi a última obra a ser composta e encenada, pelas dificuldades de se encontrar um local apropriado à instalação de uma enorme estrutura, planejada para ser o labirinto, finalmente, projetado e construído

por Jerrard Smith e equipe, como Projeto de Pesquisa apresentado ao Departamento de Teatro da Universidade de Guelph, Ontario, onde Smith era docente. Com a aprovação do projeto, Jerrard teve condições de construí-lo. A primeira apresentação, ainda sob a forma de *workshop* ocorreu em 2013 (Smith, site patria.org)

Asterion é o nome pelo qual o Minotauro é conhecido na ilha de Creta e quer dizer Criatura das Estrelas. Como todas as entidades míticas, ele tem duplo aspecto – é um monstro, mas, também, um deus. Nesta obra, destaca-se seu aspecto divino e ele vai ser invocado para a purificação e individuação de cada participante, que enfrenta sozinho numerosos desafios, muito semelhantes aos que foram trazidos em Ra, mas com uma significativa diferença: agora o caminho não é mais coletivo, mas individual. Desse modo, cada pessoa tem de realizar sozinha a caminhada pelo labirinto e enfrentar os desafios que lhe são impostos. Nesse sentido, aproxima-se do que Jung chama de *Processo de individuação*.

O labirinto foi construído no meio da floresta, na propriedade de Schafer. A entrada é a boca enorme de um Lobo e esse é o primeiro desafio – entrar pela boca da fera, para confrontar-se consigo mesmo. Dentro do labirinto, há várias salas e quartos e ele se estende, também, por uma trilha na floresta, onde outros desafios aguardam cada participante. Além disso, por vezes, o caminhante tem dúvidas a respeito do caminho a seguir, o que traz sentimentos de confusão e insegurança.

Há uma sequência numérica dos eventos da obra, em ordem decrescente: nove encontros, oito trilhas, sete experiências, seis percepções, cinco contemplações, quatro arcanos (enigmas), três decepções, um encontro com os dois heróis, Teseu e Ariadne, e um encontro final, com Minotauro/Asterion, agente do processo de individuação. A cada encontro com personagens, o participante é levado a resolver enigmas, cumprir tarefas e evitar armadilhas. É como o caminho do heroi em direção à purificação, de que fala Joseph Campbell (1997).

Patria 8, Patria 9 e Patria 10

Depois de Asterion, seguem-se mais três obras, de caráter bem diferente das anteriores. Schafer explica:

> O desafio de *Asterion* pode estar além da resistência humana. Com certeza, é a experiência mais intensa de todo o ciclo *Patria* – o confronto com o Self. Para continuar, eu queria criar uma série de mundos fabulosos, em que tudo ressoasse com o miraculoso. Chegamos ao outro lado de nós mesmos e podemos compreender a língua dos pássaros, animais, fadas e mágicos Como crianças, levamos tudo a sério. A simplicidade das próximas três obras contrasta vividamente com a complexidade do que veio anteriormente (SCHAFER, 2012, p. 213).

Patria 8, *The Palace of Cinnabar Phoenix*, foi composta entre 1999 e 2000. Sua primeira apresentação foi em 2001, em WolfertonHill, em Ontário. Trata-se de uma lenda chinesa da época da dinastia T'ang (618-907 D.C.), em que os deuses mandaram ao reino um palácio miraculoso, para assegurar a harmonia da terra. Cinnabar Phoenix era o guardião do Portal do Sul. Com as contínuas lutas entre os povos, o Palácio foi posto no fundo do Lago dos Dragões, para onde, todos os anos, o Imperador vem, para lamentar a perda de seu Palácio.

Há, na história, um alquimista que, junto a sua filha, cria um anel milagroso com duas partes entrelaçadas, uma de ouro e outra de prata. Esse anel tem o poder de ajudar a recuperar o Palácio, mas, por alguma razão, a parte de prata separa-se do anel e se perde. Note-se, aqui, mais uma tentativa de salvar o mundo – o Reino – pela junção dos metais ouro e prata.

Há mais uma personagem – um estrangeiro – o Homem Azul, que descobre, em outra região do mundo, a metade perdida do anel e a traz à corte de T'ang. Ao se juntarem os dois pedaços, o Palácio se refaz e Cinnabar Phoenix é resgatada do fundo do lago. É o início da recuperação do mundo.

Nesta obra, o público não tem papel atuante. Ela se passa em um auditório à beira de um lago na floresta e, como no Prólogo, os presentes assistem à encenação, que é feita com marionetes, em um palco à beira do lago. Várias artes se combinam e a dança e as artes marciais têm papel de destaque. En-

quanto em Ra o público se alimenta, dorme e reconhece as divindades pelo olfato, aqui ele tem papel passivo. No entanto, em meio à cena, são oferecidos pequenos quitutes à plateia, o que aciona o paladar, uma forma de Schafer envolver sempre que possível todos os órgãos do sentido na fruição de suas obras e dar aos participantes um pouco de ação condizente com o que se passa no palco (SCHAFER, 2012, p. 213-220; SCHAFER, s.d., vol. 1 e 2).

Patria 9 – *The Enchanted Forest*

Nesta obra, Schafer explora o ambiente natural. O tema é a natureza e o cruzamento de interesses entre o mundo natural e o mundo financeiro, a quem interessa derrubar a mata para ganhar dinheiro. Ela foi projetada para ser realizada na floresta, ou em área florestal próxima a um campo. A obra tem início ao pôr do sol. A história é povoada por magos, seres e animais fantásticos. Estreou em Millbrook, Ontário, em 1994.

Ao chegar, o público observa a Mãe Terra, rodeada pelos Espíritos das Flores – dançarinos. Esse espetáculo é interrompido por um grupo de crianças que sai aflito da floresta, para avisar a Mãe Terra que uma de suas companheiras desaparecera. Mãe Terra e os espíritos seguem as crianças para tentarem encontrar Ariane. O público também é convidado a ir com eles. As cenas se desenvolvem em diferentes espaços, que abrigam cada personagem. O público segue a Mãe Terra, os Espíritos das Flores e as crianças.

Com a ajuda das fadas, os companheiros conseguem descobrir Ariane, transmutada em árvore. Mas ela não pode voltar; tem de ficar na floresta, para ajudar a salvá-la do desmatamento, de grande interesse de Murdeth, um empresário voraz. Quando a excursão retorna, ainda se pode ouvir o seu canto a ressoar por toda a floresta.

Essa peça foi encenada várias vezes no Canadá e, em 1998, realizada no Brasil, mais especificamente, no parque que fica atrás do Museu Paulista, no Ipiranga, a poucas quadras da antiga sede do Instituto de Artes, com o precioso apoio da Fapesp e da Pró-Reitoria de Extensão da Unesp. O projeto envolveu estudantes dos cursos de Teatro, Artes Visuais e Música em um workshop dirigido por Schafer, que trouxe com ele vários membros de sua equipe – Barry Karp, diretor teatral, Jerrard Smith, cenógrafo e Rae Cross-

man, poeta, literato e ator. Eles tiveram o apoio de docentes do IA: Reynúncio Napoleão de Lima, Percival Tirapelli, Martha Herr, Samuel Kerr, John Boudler e eu. Também participaram coros de alunos, o Grupo CantorIA, projeto de canto coral infanto-juvenil do IA, o PIAP e alunos de canto e instrumento.

Essa foi a primeira vez que o público brasileiro teve oportunidade de ouvir a música deste compositor, apesar de ele ter uma vasta produção para coro, quartetos de corda e orquestra, além de inúmeras obras corais, que deixam transparecer seu profundo conhecimento da voz humana. Em todas essas obras suas posições de ecólogo ficam claras, pela exploração das possibilidades do ambiente e de sons da natureza[1].

The Enchanted Forest é um tipo de conto de fadas. Schafer assim se expressa:

> [...] todos sabem que os contos de fadas têm sido receptáculo da sabedoria moral. A Floresta encantada pertence a esse gênero e sua mensagem é ecológica [...] ela contradiz a arrogância de que o ser humano é a suprema invenção de Deus. E contrapõe a essa a noção de igualdade, em que todas as coisas são interdependentes e estão em constante estado de transformação (SCHAFER, 2012, p. 224).

Patria 10

Patria 10, *The Spirit Garden*, é dividida em duas partes – Plantio e Colheita. A primeira, Plantio, foi composta em 1995 e 1996. A segunda, Colheita, em 1997. Schafer assim se expressa com relação a ela:

> O plano inicial para esta obra chegou-me em um sonho. Eis o que escrevi em meu diário: *Trata-se de um ritual, no qual um jardim é preparado e plantado. Os participantes chegam a um determinado lugar e, juntos, cavam uma parte do jardim, preparam o solo e removem as ervas daninhas. Enquanto trabalham, cantam uma canção ritmada e lenta. Os plantadores chegam, ricamente vestidos, acompanhados por uma música alegre. Imagino que cada um deve estar vestido de acordo com o vegetal ou fruta que irá plantar [...] a*

---
[1] Nas Referências, ao final deste artigo, o leitor encontrará vários links para poder ouvir algumas das obras de Schafer.

obra termina com cantos para o sol e a chuva, para que as sementes germinem e cresçam e o jardim prospere (SCHAFER, 2002, p. 243).

Plantio

Na primeira parte, pode-se dizer que esse não é um espetáculo para ser visto; o público trabalha intensamente como coprotagonista e participa das ações. É um ritual de plantio em um jardim comunitário, onde se pode plantar hortaliças. Esse plantio tem forma ritual – depois de invocar o Sol, o Homem Trovão e os Espíritos da Semeadura, todos os presentes são convidados a plantar as sementes. Durante a cerimônia de plantio, invocam os Espíritos da Vegetação para protegê-las.

Colheita

No dizer de Schafer, a segunda parte da obra – Colheita – é uma celebração baseada na cultura local, tanto no que se refere à gastronomia, quanto à arte. No entanto, ela tem nítida influência das festividades célticas de celebração do fogo, para afastar os espíritos do mal. A Colheita ocorre meses após a primeira parte, pois é preciso esperar que as sementes nasçam e cresçam. Então, da mesma maneira que, durante o Plantio, o público ajuda a plantar, agora os participantes colhem o que foi produzido. O espetáculo noturno começa com uma procissão em que o público empunha tochas, de forma semelhante às festividades celtas de honra ao fogo. Os mitos são parecidos e correspondem às ações dos povos de sociedades agrícolas, em que tudo se prepara na própria aldeia, sob a proteção de deuses e espíritos. As muitas personagens são derivadas desse tipo de sociedade, tal como a Mãe do Milho, a Boneca Verde, o Mago do Fogo e o Rei.

Após essa cena, o público é convidado a se juntar ao elenco numa ceia, preparada com os cereais plantados e colhidos por eles, nas duas partes da obra.

EPÍLOGO

O Epílogo – ... *And Wolf Shall Inherit The Moon*... foi iniciado em 1988, por um pequeno grupo de amigos e admiradores de Schafer e, a partir de então, ocorre todos os anos, em uma semana de agosto, no curto verão canadense. Simbolicamente, a última obra ocorre no mesmo lugar em que o ciclo começou. Todos os participantes são, ao mesmo tempo, criadores, intérpretes e público. Ela é realizada na Floresta de Haliburton, em Ontário. Há um grupo coeso, que procura voltar todos os anos, e constitui o chamado *Projeto Lobo* (The Wolf Project), que se responsabiliza, tanto pela organização – que inclui o modo como os participantes chegam à floresta em dia e horário previamente marcados, a aquisição de suprimentos, medicamentos e o que mais for necessário para a sobrevivência na mata por um período de nove dias; além disso, os atores trabalham a concepção, a direção e a montagem do espetáculo, que não tem público e nem recebe verbas destinadas a projetos culturais, pois é um projeto autossustentável. Todos colaboram, criando músicas, poesia, máscaras, adornos, e o que mais for necessário.

Idealmente, Schafer idealizou uma sociedade clânica, à maneira das culturas indígenas canadenses. A citação do plano do Projeto Lobo pode ajudar o leitor a compreender como o grupo se organiza:

> *Se você se juntar ao Projeto Lobo, será colocado em um dos oito clãs, que ficam em quatro campos diferentes, cada qual inspirando-se nas características do animal clânico, de caráter único. Há muitas tarefas que precisam ser feitas: buscar água no lago, filtrá-la, cortar lenha, acender o fogo, cozinhar, etc.. Quanto à criatividade, há rituais que ocorrem no decorrer do dia, tais como: abrir e fechar a Roda da Vida, acender a fogueira, saudar o amanhecer e o entardecer, executar canções da Aurora e noturnos. Os participantes têm a responsabilidade de fazer esses rituais ocorrerem todos os dias. Após o jantar, as pessoa se reúnem em torno da fogueira e trocam histórias, lendas, poesias e canções. Os temas, em geral, giram em torno dos animais dos clãs e de histórias relacionadas ao Projeto Lobo. Cada clã homenageia um animal típico do Canadá: urso, corvo, cervo, raposa, esquilo, castor, tartaruga e loon – uma ave palmípede típica da região, que tem um canto surpreendentemente lindo. Todos são, ao mesmo tempo, criadores, intérpretes e público. E cuidam, também, das tarefas de sobrevivência que um camping selvagem requer* (The Wolf Project, Draft, 2002).

No último dia, abre-se a Grande Roda da Vida, quando se celebra o fim do caminho heroico do Lobo. Há cantos e danças coletivos, como instrumentistas e cantores solistas, além da orquestra. Por ter poupado da morte o Cervo Branco, ele é redimido e recebe a Lua como recompensa. Com sua redenção, Ariadne torna-se, novamente, a Princesa das Estrelas, recebe de volta sua coroa e parte para o céu. Uma das cenas mais lindas da obra é a partida do Lobo e da Princesa, em uma canoa toda enfeitada, em que ela canta sua ária, enquanto eles, vagarosamente, se afastam, até sumir.

À guisa de conclusão

O Projeto continua, mesmo após os períodos de restrição de encontros e deslocamentos. Em 2020, um pequeno número de membros decidiu acampar na Floresta de Haliburton, seguindo os protocolos sanitários. Não se embrenharam na mata, mas ficaram na sede, evitando se aventurar nos espaços afastados e de difícil acesso que, em condições habituais, servem de abrigo aos clãs. O objetivo desses membros era não perder o senso de que o ritual não deve ser interrompido, pois trata-se de uma ação assumida para a salvação simbólica do mundo, por meio do exercício da vida comunitária e a prática de uma forma de existência moldada pela colaboração e pela divisão de trabalho, que coloca a Arte no centro da Vida e exercita um sem-número de ações simbólicas e significativas.

Para ser coerente com a concepção de Schafer na criação e execução do ciclo *Patria*, não devo falar em conclusão pois, de acordo com ele, nada se conclui, nada evolui ou se desenvolve; tudo se transforma. É uma ideia não linear, mas circular, em que as coisas vão e voltam, perenemente, transformadas.

Schafer, em seu livro *Patria: The Complete Cycle*, escreveu algumas palavras diretamente dirigidas a mim. Compartilho com os leitores uma parte delas, com a esperança de que possam ajudar mais pessoas a compreender o significado de *Patria* para os membros do Projeto Lobo e para si próprios:

> *Querida Marisa: como foi bom ouvir a sua voz no último domingo, no encontro do Projeto Lobo. Todos ficaram contentes, pois você havia ligado do Brasil para nos cumprimentar!*
>
> *Você faz tantas perguntas! Sim, Patria é uma busca por iluminação. Não estou certo se posso usar a palavra desenvolvimento. Ela soa tão racional! Prefiro dizer transformação – algo que vai além das habilidades da mente para se organizar por si só. É mais como uma conversão, que nunca pode ser dirigida pela razão. Em algum momento, você dá um salto de fé, que é muito absurdo, mas absolutamente necessário. [...] Sempre quis que a cosmologia de Patria fosse um sistema equilibrado. No entanto, há uma dispersão de energia que precisa ser compensada de algum modo. E esse é o motivo pelo qual tudo pode, potencialmente, ser transformado em qualquer outra coisa [...] No encerramento de ...And Wolf Shall Inherit The Moon... tudo é transformado. É o endosso de tudo que testemunhamos, somente pelo fato de estarmos lá, na natureza. O velho hino latino cantado pelo Cervo Branco em "A floresta encantada" é o tema: **cinis sum, cinis terra est; terra dea est; ergo mortuus non sum**. Traduzindo: Sou cinza. As cinzas são terra. A Terra é deusa. Portanto, não estou morto". [...] Isso é sentido muito mais intensamente na natureza do que em ambientes construídos pelo homem. Algumas vezes, penso que o Projeto Lobo só se tornará real quando as cinzas de alguns dos membros que partirem forem espalhadas no centro da Grande Roda da Vida. Estou certo de que você sabe do que falo...* (SCHAFER, 2012, p. 259-61).

Murray Schafer partiu em agosto de 2021. Suas cinzas foram espalhadas na Grande Roda da Vida, como ele desejava. Que ajude o mundo a se transformar.

Referências

CAMPBELL, Joseph. **O heroi de mil faces**. São Paulo: Cultrix, 1997.

FONTERRADA, Marisa. **O lobo no labirinto** – uma incursão à obra de Murray Schafer. São Paulo: Editora da Unesp, 2004.

SCHAFER, Murray. **O ouvido pensante**. São Paulo: Editora da Unesp, 1991.

(___). **The Enchanted Forest**. *Indian River: Arcana Edition,* 1993.

(___). **A afinação do mundo**. São Paulo: Editora da Unesp, 2001.

(___). **Educação sonora**. São Paulo: Melhoramentos, 2010. (Livro participante do PNBE)

(___). **Patria**: *The Complete Cycle*. Toronto: The Coach House Books, 2012.

(___). **The Palace of Cinnabar Phoenix**. Indian River: Arcana, s.d., vols. 1 e 2.

(___). **OuvirCantar**. São Paulo: Editora da Unesp, 2018.

(___). **Vozes da tirania, templos do silêncio.** São Paulo: Editora da Unesp, 2019.

(___). **Miniwanka** – The States of Water. Indian River: Arcana, s.d. (partietura)

https://br.video.search.yahoo.com/search/video?fr=mcafee&ei=UTF=8-&p-MUrray+Schafer+Miniwanka+youtube&type=E210BR105G0#id=1&vid=747cc7d08f52b53467f65d0b47b6e2a1&action=click acesso em 21 de novembro de 2021.

(___). **The Garden of Bells**. Indian River: Arcana, s.d. (partitura)

https://br.video.search.yahoo.com/search/video?fr=mcafee&ei=UTF=8-&p-The+garden+of+Bells+Murray+Schafer+you+tube&type=E210BR105G0#id=1&vid=5b90969cfab9c9720acb123d4f7a3c63&action=click acesso em 21 de novembro de 2021.

(___). **Snowforms**. Indian River: Arcana, s.d. (partitura)

https://br.video.search.yahoo.com/search/video?fr=mcafee&ei=UTF=8-&p-Snow+forms+Murray+Schafer+youtube&type=E210BR105G0#id=1&vid=-0551980d3b54328a24e72b1c4c75ddf8&action=click acesso em 21 de novembro de 2021.

Smith, Jerrard. **Explicação do Projeto de construção do labirinto**. In: www.patria.org. acesso em 22 de novembro de 2021.

Transcrição das perguntas e respostas formuladas

Ana Clara Silva Moreira
Anderson Flavio Cordeiro de Souza

Como é a equipe da organização do Epílogo do ciclo Patria? Havia profissionais colaboradores de áreas diferentes? Por exemplo, um responsável pela questão visual, outro responsável pela música?

Marisa Fonterrada: Há músicos e uma partitura escrita para uma pequena orquestra. Porém esta partitura é muito adaptável, pois a cada ano essa orquestra pode ter uma configuração diferente. Em um ano podemos ter trompa, em outro a trompa não vai; então, há necessidade de verificar: Quem pode fazer a parte da trompa? Assim, a orquestra pode se transformar, até, em um quarteto. Cantores são muitos – o Canadá tem muita gente que canta bem, mesmo que não seja cantor profissional. Agora, quem canta a ária da Princesa, tem que ser um soprano com muito boa formação, por que a ária vocalmente é bem difícil. As coisas que se canta em grupo são muito simples – pois se pretende que sejam cantadas pela comunidade dos Lobos, isto é, por todos os presentes. Algumas coisas são muito complexas e outras, não. Muitas são aprendidas durante a semana. Nos acampamentos, canta-se muito. À noite, se acende a fogueira e todos se sentam à sua volta, para recordar fatos, cantar, repassar o *script* para se lembrar da ordem das coisas.

A maioria desses profissionais são músicos?

Marisa Fonterrada: Não, há uma boa parte de músicos, mas há, também, artistas visuais, cenógrafos, dançarinos, pessoas que trabalham com papel *maché*, pessoas habilidosas que fazem artesanato e ensinam para outras, durante a semana. Há uma troca muito grande. Há, também, poetas e contadores de histórias. Qualquer pessoa que vai tem chance de mostrar o seu talento. Ninguém se integra ao projeto só por "ser artista". Ao contrário, quem vai, vira artista.

Esta interdisciplinaridade acontece por contemplar pessoas que têm sua origem em áreas diferentes. Chegando ali eles se relacionam, se integram? O próprio músico tem que sair da sua caixinha e trabalhar na parte cênica?

Marisa Fonterrada: Sim, têm de montar sua barraca, cavar a terra, cortar lenha, alimentar o fogo, buscar água no meio do lago, e filtrar. A água precisa ser buscada no meio do lago, de canoa, porque, nas margens, ela é suja. Mas, mesmo limpa, precisa, ainda, ser filtrada. Para a filtragem, é preciso acionar uma bomba com a força dos braços. No acampamento, tudo é muito organizado e as tarefas divididas. Cada membro do grupo tem, a cada dia, tarefas específicas que vão se alternando, para que ninguém fique sobrecarregado.

Eu sei que a vivência é importante para essa peça musical – se é assim que se pode chamar. Mas qual seria o melhor argumento para que este tipo de peça musical não seja encarado como uma ópera? Dá para transformar e adaptar essa produção em algo mais curto, a fim de que todo mundo possa ter acesso e ser incentivado a ter essa experiência mais completa no futuro?

Marisa Fonterrada: Não é o tamanho da obra que a caracteriza ou não como ópera. É o enfoque principal estar posto na música. Muitas obras de Schafer se prestam para serem apresentadas em um teatro, ou em um concerto coral, mas esta, não. O ideal, aqui, é fazer arte comunitariamente, numa relação horizontal, sem que alguns tenham primazia sobre outros. Seria uma traição à ideia de Schafer transformar a obra em um concerto, ou numa peça teatral convencional. Aqui no Brasil, por exemplo, se houver interesse, é pos-

sível fazer alguma coisa parecida. Schafer sempre me incentivou a fazer isso, mas faltou-me coragem, porque temia enfrentar cobras. É arriscado estar no mato, com trinta pessoas dormindo num solo que pode ser perigoso; fiquei com medo de assumir essa responsabilidade. Em Ontário, Canadá, não há cobras. Mas há ursos e lobos...

No Epílogo, Schafer nunca quis que fosse encenada para uma plateia, pela simples razão de que, dessa maneira, não se dá a experiência; se assim fosse concebida, o público se transformaria em mero espectador, e isso contraria a filosofia do autor.

Se houver interesse em organizar uma experiência semelhante, aceito com prazer. Pode ser uma versão curta, não precisa durar nove dias. Pode ser feita em um único dia, um dia de experiência, por exemplo, mas não é para ser um espetáculo para ser assistido. Algumas das outras peças são assim, mas esta, em especial, não. É como se fosse uma cerimônia religiosa, de Semana Santa para os cristãos, por exemplo, quando o Cristo morre e ressuscita no terceiro dia. Na Semana Santa há uma série de cerimônias, o lava pés, a procissão... E a Igreja a repete todos os anos. É a mesma coisa, isto é, tem a mesma característica cíclica. As festas religiosas são sempre cíclicas – embora nem sempre cristãs. Outras religiões não cristãs e culturas orais do mundo todo, também, têm festas cíclicas e rituais, que se repetem de tempos em tempos. Cada cultura tem os seus ritos, suas maneiras de celebrar; a repetição é típica desse tipo de celebração, em que existe um calendário, que volta a se repetir a cada ano.

Vejo Schafer como uma pessoa dotada de religiosidade; mas isso não significa que esteja ligado a uma religião específica. Embora de formação luterana, não pertence a qualquer religião organizada. Para Schafer, a Arte pode ter um papel de redenção e iluminação.

Marisa, como você vê uma adaptação dessa experiência que poderia ser feita para a escola?

Marisa Fonterrada: Eu não trabalho em escolas de educação básica, trabalhei muito pouco. Trabalhei mais em escolas de música. Mas acredito que seja possível, se for abraçada pela escola como um projeto. Pois uma ação dessa natureza exige que muitas áreas se relacionem e trabalhem em conjunto.

Mas quero fazer uma pergunta: Vocês conhecem a Leila Vertamatti? Já leram o livro decorrente de seu doutorado? Ela fez uma pesquisa em uma escola de São Bernardo, junto a uma artista visual, sua colega no colégio – Professora Liege Maira Rodriguez. Juntas, fizeram um trabalho com artes visuais e música. Seus fundamentos foram: Schafer, na educação musical e Hundertwasser, nas artes visais. No projeto, as crianças passaram a noite na escola e foram submetidas a ricas experiências de percepção e sensibilização visual e auditiva. Ela conta tudo isso no livro *Entre sons, entre mundos, entre idades – a educação musical e o adolescente (*Vertamatti, 2013). É muito interessante.

A professora Leila usou os princípios do teatro de confluência?

Marisa Fonterrada*:* Ela esteve comigo no Canadá, mas não usou muito do teatro de confluência, no que se refere à integração com a natureza. A experiência foi dentro do colégio. Mas muitos dos valores de Schafer estiveram presentes. Ela trabalhou os sons de ambiente e a percepção visual. Foi uma grande experiência. Quando os pais vieram buscar as crianças, pela manhã, elas fizeram os pais passarem pelas mesmas experiências que haviam vivenciado na noite anterior.

Então, a situação se inverteu: os filhos tornaram-se professores dos pais. Essa é a comunidade de aprendizes, tão grata a Murray Schafer.

O estudo do instrumento sob uma perspectiva reflexiva

Vicente Della Tonia
Georgia State University
vdellatonia@gsu.edu

Practicing is not forced labor; it is a refined art that partakes of intuition, of inspiration, patience, elegance, clarity, balance, and, above all the search for ever greater joy in movement and expression (Yehudi Menuhin).

Refletindo sobre o desenvolvimento artístico do aluno, podemos afirmar a importância de um estudo consciente para resultados eficazes e duradouros. Quantas vezes o aluno retorna a aula após estudar com pouco avanço? Um olhar direto e uma reflexão sobre seus hábitos no estudo do instrumento, poderá guiá-lo a uma melhor aprendizagem.

De modo a promover o entendimento e estimular o autoconhecimento, antes, durante e após o estudo, criamos um guia com cinco pontos de interesse: *Definição, Fatores, Plano, Processo e Performance.*

Antes de introduzir o guia é importante que o aluno compreenda o verdadeiro objetivo de fazer música: transmitir, comunicar uma mensagem, conectar as pessoas e tocar os corações. Desta forma, estimulamos a apreciação da música de qualidade e de performances de músicos consagrados, com o intuito de inspirar o aluno. Analisando a performance através de um pensamento crítico, com frequência se chega à conclusão de que muitos músicos

atingem um nível alto em sua execução pelo talento, musicalidade ou inspiração divina, esquecendo-se das horas de estudo que encontramos atrás de uma boa interpretação.

Após anos de docência, trabalhando com alunos de diferentes níveis e habilidades, desenvolvi este guia para estimular o planejamento e a reflexão do estudo individual do instrumento, de modo consciente e produtivo.

Definição

Na etapa inicial dialogamos sobre o que é estudar, a importância do estudo e sua função dentro do desenvolvimento musical. Vejamos algumas definições sob o olhar de músicos consagrados:

> Estudar não é trabalho forçado, é uma arte refinada que engloba intuição, inspiração, paciência, elegância, claridade, balanço, e, acima de tudo, a procura por uma felicidade em movimento e expressão (YEHUDI MENUHIM, In: KLICKSTEIN, 2009, p. 4).[1]

> Você pode questionar se possui o talento necessário para atingir seus objetivos, porém o progresso musical depende mais do estudo do que do talento. Talento simboliza potencial; estudar o habilita a realizar o seu potencial (GERALD KLICKSTEIN, 2009, p. 3).[2]

O importante é convidar o aluno a refletir, promovendo o entendimento da tarefa a ser executada.

Fatores

O segundo ponto de diálogo refere-se aos fatores internos e externos relacionados à prática, como o ambiente do estudo, materiais necessários,

---

[1] Practicing is not forced labor; it is a refined art that partakes of intuition, of inspiration, patience, elegance, clarity, balance, and, above all, the search for ever greater joy in movement and expression.

[2] You may wonder whether you possess the talent to reach your goals, but musical progress depends more on practice than on talent. Talent symbolizes your underlying potential; practice enables you to realize that potential.

distrações a serem evitadas, até uma discussão sobre a diferença entre um estudo sério versus o tocar casual. Incentivando a consciência sobre esses fatores, refletimos.

O ambiente para o estudo deve ser conducente e inspirador para então estimular um trabalho focado e de qualidade. Devemos considerar a luz e a temperatura do ambiente para ajudar no foco, a altura correta do banco para evitar má postura e desconforto, a acústica do ambiente e a qualidade do instrumento, para um melhor trabalho artístico e de sonoridade de qualidade. Merece importância também os aspectos visuais do ambiente, por exemplo, pinturas e frases motivacionais que estimulam a inspiração.

O espaço do estudo deve conter todos os materiais necessários durante a prática como: lápis, borracha, caderno, relógio, espelho, gravador, metrônomo, afinador, partituras, etc.

É importante evitar ao máximo possíveis distrações como: celular, tablet, computador, jogos, etc. Se o ambiente de estudo for compartilhado, é benéfico separar o espaço com divisórias.

Um outro fator a ser discutido é saber discernir entre o estudo sério versus o tocar casualmente. Klickstein (2009) define o estudo sério, como o trabalho focado com objetivos a serem cumpridos, e o tocar casual, como quando se toca a obra repetindo-a sem objetivos pré-determinados. Seymour Bernstein (1981) aborda diversos fatores internos, entre eles:

> Um outro impedimento ao progresso musical é a falsa noção de que apenas músicos que almejam se tornarem profissionais da música devem estudar seriamente, ter aulas com os melhores professores e possuir os melhores instrumentos. Mas o amor pela música e o desejo de desenvolver seu talento não exigem que você se torne um músico profissional, assim como a devoção à religião não significa que você deve se tornar um sacerdote [...] Não é o seu objetivo que lhe dá o direito de estudar seriamente, mas o seu desejo genuíno de conhecimento musical. E este direito pertence a todos (BERNSTEIN, 1981, p. 38).[3]

---

3   Another deterrent to musical progress is the false notion that only career-oriented musicians deserve to practice seriously, to study with the best teachers, and to own the finest instruments. But a love of music and the desire to develop your talent do not require that you become a professional musician any more than a devotion to religion means that you must enter the

Plano

Frequentemente o professor desenvolve um plano de aula e não dá importância ao plano específico do estudo individual do aluno. Um plano de estudo é uma tarefa complexa, porém alguns itens são indispensáveis. O plano deve conter objetivos específicos, horários e prazos a serem cumpridos e estratégias essenciais para que se concretize. Martha Baker-Jordan (2004) explica que o plano, para ser bem-sucedido, deve conter:

1. Objetivos específicos a serem cumpridos para o próximo encontro com o professor.
2. Estratégias de como estudar: isolar trechos de grande dificuldade e dividir a obra em seções.
3. Criar uma lista de tarefas, atividades e recursos práticos que o aluno possa consultar em casa, com itens a serem lembrados durante o estudo.

Klickstein (2009) promove um plano para o estudo onde cada sessão está organizada em cinco "zonas de estudo":

1. Material novo onde se trabalha a ideia geral da obra.
2. Material em progresso onde se trabalha o aprimoramento da interpretação.
3. Material para performance onde se revisam todos os particulares de interpretação e de técnica das obras.
4. Material para a técnica onde se trabalha os fundamentos necessários para um alto nível de execução.
5. Materiais para o treinamento de habilidades como transposição, leitura, improvisação, harmonização e outras atividades para o desenvolvimento das capacidades musicais.

---

priesthood. (…) It is not your goal that gives you the right to study seriously, but your genuine desire for musical knowledge. And this right belongs to everyone.

O plano de estudo deve estar apoiado no plano de aula do professor e nos objetivos do repertório a ser trabalhado. Os objetivos podem ser atingidos em longo, médio e curto prazo, bem como, hoje, esta semana e na próxima semana. É importante que o aluno tenha plena ciência para obter bons resultados. Como pontua Robert Duke (2015):

> O objetivo real – o objetivo significativo, substantivo e de longo alcance – é que os alunos se tornem músicos excelentes, fazendo todas as coisas que os supermúsicos fazem, independentemente do que estão tocando, ou cantando no momento (DUKE, 2015, p. 29).[4]

Processo

Nesta etapa refletimos sobre o ato de estudar, o processo em si, sempre entendendo que o estudo é que leva ao desenvolvimento e ao aprimoramento, e por isso necessita ser sistemático. O processo é um momento único e por isso requer atenção em vários aspectos:

- Estabelecer um balanço e uma combinação entre segurança, confiança e autocrítica.
- Manter a concentração, dividir o trabalho, fazer intervalos durante a sessão, respirar, refletir, pensar, analisar.
- Focar nos objetivos e como atingi-los, baseado nos recursos e ferramentas oferecidos pelo professor.
- Estimular o senso crítico, a autoavaliação, o se ouvir.

Boris Berman (2000, p. 116) considera que o processo deve se centrar em três questões de modo a incitar a auto-avaliação. Assim devemos nos questionar:

---

4   The real goal- the meaningful, substantive, far-reaching goal- is for students to become superb musicians, doing all of the things that super musicians do, irrespective of what is being played or sung at the moment.

1. Como eu desejo que soe? O que me estimula a pensar no caráter, sonoridade, balanço entre vozes, etc.
2. Está soando como eu desejo? Requer ouvir atentamente a sonoridade e determinar se está apropriada ou não.
3. Se não, o que devo fazer para que soe da maneira que desejo? Convite a pensar em soluções que devem ser empregadas para que o objetivo seja atingido.

De modo a fortalecer a aprendizagem e desenvolver segurança com a obra, Josef Hofmann (1976, p. 52) sugere que o processo seja executado de quatro maneiras:

1. No piano com a partitura.
2. Fora do piano com a partitura.
3. No piano sem a partitura.
4. Fora do piano sem a partitura.

Por outra parte, Klickstein (2009, p. 21-3) acrescenta que durante o processo devemos focar sete hábitos de excelência:

1. Facilidade- dividir materiais em tarefas acessíveis.
2. Expressividade- sempre tocar com expressividade.
3. Precisão- ter atenção aos detalhes da música.
4. Vitalidade Rítmica- executar a obra com energia e vitalidade rítmica.
5. Sonoridade Bonita- tocar com som cheio e bem projetado.
6. Atenção Focada- ter hábitos saudáveis de modo a evitar a repetição mecânica.
7. Atitude Positiva- ver dificuldades como oportunidades de aprendizagem.

Desenvolvendo um processo consciente, o professor deve estimular o aluno a criar um questionário próprio que o ajude a focar sua atenção, promova o constante ouvir, estimule a autocrítica e avaliação de forma saudável.

Gravar também ajuda no desenvolvimento e rendimento das aulas, pois os alunos recebem um *feedback* adicional. A ideia é melhorar a música e ajudar a se expressar com fluidez.

Com o avanço da tecnologia tudo ficou mais fácil, até os celulares apresentam uma boa qualidade de som e os benefícios são muitos: previne uma percepção distorcida e promove objetividade, uma vez que escutar como realmente soa, eleva o estudo a uma prática mais eficaz.

Performance

Estudar é o caminho para uma execução de qualidade. A performance é o ato final onde podemos medir o trabalho realizado. Apesar de muitos evitarem ou até mesmo se recusarem, recomendamos desde cedo a apresentarem uma obra em performance. Tocar em público ajuda a desenvolver controle emocional e técnico, além de nos apoiarmos em uma preparação mais intensa, o que leva a um refinamento e uma melhoria de várias habilidades.

É importante não somente tocar em salas de concertos, mas também em escolas, hospitais, em casa, em aulas abertas, em masterclass, na igreja, online, fato que sempre nos propicia um crescimento artístico e nos aproxima de um objetivo maior – a comunicação através da música.

Considerações finais

Quando seguimos um guia de estudo bem definido e organizado, promovemos eficiência e desenvolvimento do aluno com resultados mais duradouros, reconhecendo fatores internos e externos relacionados à prática, desenvolvendo um plano específico e detalhado, passando pelo processo com muito foco, atenção e um senso crítico mais aguçado, para então chegarmos à performance. Concluímos nossa reflexão com o pensamento de Jack Canfield:

> Não é por acidente que músicos se tornam músicos e engenheiros se tornam engenheiros: é o que eles nasceram para fazer. Se você conseguir focar no seu propósito e realmente se alinhar a ele, estabelecendo objetivos para

que sua visão seja uma expressão deste propósito, a vida fluirá mais facilmente.[5]

Referências

BAKER-JORDAN, MARTHA. **Practical Piano Pedagogy: The Definitive Text for Piano Teachers and Pedagogy Students.** Warner Bros Publications, 2004.

BERMAN, BORIS. **Notes from the Pianist's Bench.** New Haven: Yale University Press, 2000.

BERNSTEIN, SEYMOUR. **With Your Own Two Hands.** New York: Schirmer, 1981.

CLARK, FRANCIS. **Questions and Answers: Practical Advice for Piano Teachers.** Northfield, IL: The Instrumentalist Company, 1992.

DUKE, ROBERT. **Intelligent Music Teaching.** Austin, TX: Learning and Behavior Resources, 2015.

GORDON, STEWART. **Etudes for Piano Teachers.** New York: Oxford University Press, 1995.

HOFMANN, JOSEF. **Piano Playing with Piano Questions Answered.** New York: Dover Publications, 1976.

KLICKSTEIN, GERALD. **The Musician's Way: A Guide to Practice, Performance and Wellness.** New York: Oxford Press, 2009.

McBRIDE SMITH, SCOTT, et. al. **The Well-Tempered Keyboard Teacher.** 2nd. ed. Belmont, CA: Wadsworth Cengage Learning, 2000.

NEUHAUS, HEINRICH. **The Art of Piano Playing.** London: Kahn & Averill, 1993.

TOLÓN MARIN, ROSA. **Piano: Apuntes Metodológicos de su Enseñanza.** Habana: Editorial Pueblo y Educación, 1989.

WHITESIDE, ABBY. **Indispensables of Piano Playing.** New York: Coleman-Ross Company, Inc., 1961.

---

5 It's not an accident that musicians become musicians and engineers become engineers: it's what they're born to do. If you can tune into your purpose and really align with it, setting goals so that your vision is an expression of that purpose, then life flows much more easily. Disponivel em: https://quotessayings.net/topics/canfield/, (25/08/2021).

Transcrição das perguntas e respostas formuladas

Ana Clara Silva Moreira
Anderson Flavio Cordeiro de Souza

Sua palestra foi muito boa, elucidativa e instigante. Eu gostaria que você falasse um pouco a respeito do texto que você citou de S. Bernstein, já que é um assunto que me preocupa muito... Todos os alunos pianistas trazem consigo o grande estigma dos concursos de piano (que eu particularmente não gosto muito). Eles acham que para serem bem-sucedidos, devem ganhar o primeiro prêmio do Concurso Chopin, de Varsóvia, que é uma coisa que nem sempre acontece – depende de diversos fatores: sorte, 'business'. Isso traz ao estudante muita ansiedade e uma grande frustração. É possível um pianista ser bem-sucedido exercendo outras atividades do que ganhar o primeiro prêmio do Concurso de Varsóvia. Você poderia falar um pouco a respeito disso?

Vicente Della Tonia: Obrigado pela pergunta. Eu concordo plenamente com você e vou ser bem sincero, vou falar da minha experiência. Quando eu era jovem, não tinha interesse em nada que não fosse a música clássica. Eu queria estudar os estudos de Chopin, Liszt, Brahms, Beethoven etc. Ao mudar para os Estado Unidos, eu comecei a conhecer mais o jazz; eu não toco esse gênero, mas do momento que eu passei a conhecer, aprecio muito. Eu vim de uma escola de piano bem tradicional e aqui eu comecei a ver as coisas de forma diferente. Hoje eu acho um grande incentivo você poder trabalhar uma harmonização com os alunos desde o primeiro ano. Você trabalha a harmoni-

zação de uma melodia "Mary had a little lamb" com a tônica e a dominante, desenvolve essa capacidade e chega à questão da improvisação. Eu acho que tudo isso depende do professor – o professor tem que ser aberto. Eu tive alunos com uma inclinação bárbara para fazer improvisações no estilo *gospel* e eu achava que eles tinham que tocar Czerny. Isso para mim foi um grande choque, eu tive que me reformular para acabar com este preconceito; por isso eu acredito que é muito do professor mesmo. Um currículo bem amplo e variado ajuda muito.

Professor, como o plano de estudo considera a individualidade, os diferentes perfis das pessoas? Eu assisti a uma entrevista com a Martha Argerich, onde ela dizia que nunca estudou técnica pura na vida, nunca estudou escala isoladamente, por exemplo. Ela disse que estudava técnica dentro da partitura e nas passagens de grande dificuldade. Isso é uma coisa que funcionou para ela. Tem a escolha do instrumentista que quer criar o seu próprio método, mas tem uma etapa anterior, da orientação do professor, ou seja, o professor ajudando o aluno a estruturar seu método de estudo. Neste sentido, o método prevê que quando uma pessoa tem um perfil diferente do senso comum, há uma adaptação para ela? É ela que deve criar essa adaptação ou o professor deve entender essa diferença e estruturar um método específico para ela?

Vicente Della Tonia: Eu agradeço a sua colocação. Você já respondeu. Eu acredito que o professor adapta e encaminha o aluno, principalmente se este aluno acabou de começar. Ele não vai saber das suas próprias dificuldades ou o que é necessário para superá-las e se desenvolver; então, o papel do professor é crucial. Eu acredito no diálogo aberto sim, e acredito que o professor tem que, de certa forma, guiar o aluno.

Voce falou que teve uma aluna que no início não queria tocar em público e que depois de um ano e meio ela participou de uma masterclass. Eu queria saber como isso foi trabalhado. Não há na sua instituição uma cobrança para ter nota ou passar de ano? Um aluno pode ficar três anos, por exemplo, sem participar de uma audição?

Vicente Della Tonia: Era uma aluna de uma escola comunitária, ela não era aluna universitária, então, não precisava fazer um recital. Na Universidade é diferente, todos os alunos têm que tocar. Eles têm que se apresentar no final do semestre – o que seria no Brasil a prova de banca, de júri. Eles têm que trabalhar esta questão da performance.

Vicente, eu já tive vários alunos que as mães exigiam que eles fossem exímios pianistas. Havia muitos concursos para criança e as mães queriam que eles ganhassem sempre o primeiro lugar. Como você lida, como professor, com essas insatisfações?

Vicente Della Tonia: A sua pergunta é bem complexa. Eu já passei por várias situações em que eu tive que trabalhar muito com os pais, e já tive situações em que eu tive que ser muito firme e falar para a mãe: "Não, esse ano ele não vai para concurso, ele vai aprender repertório novo", porque percebi que o próprio aluno não queria isso, então tive que adquirir esta postura para defender o aluno. Tem um termo que eles chamam em inglês, a "Mãe Helicóptero" ou "Pais Helicópteros" – "Helicopter Parents". Eles estão sempre querendo que os filhos toquem em uma competição. Tive um aluno que era um menino genial, com sete anos ele já estava tocando Sonata opus 10 n°3, de Beethoven. Até os 11 anos ele ganhou alguns concursos, mas com 12 anos ele começou a ter outros interesses: jogar futebol, passear, ficar com os amigos e parou de estudar e aí não ganhou mais nenhum concurso. A mãe deu a entender que isso era minha culpa. Tive uma conversa difícil com ela, eu sou bem firme nesse aspecto.

Eu tive uma experiência muito interessante, em um seminário que eu dava na pós-graduação, um aluno falou: "Meus pais queriam que eu fosse um pianista, daí eu vi que eu não tinha esse potencial, então fui estudar composição e vi que eu não era o melhor aluno em composição. Agora eu leciono na Educação básica. Como trabalhar com esse professor que veio com uma expectativa e a vida o levou para um outro caminho? Se você gosta de música, vai continuar a estudar música, mas se você não tem esta firmeza, você vai abandonar essa carreira.

Vicente Della Tonia: Eu nunca passei por essa experiência, porque nos Estados Unidos acontece o contrário. Eu tenho casos de alunos que são alta-

mente capacitados para continuarem em performance e vão para a Engenharia ou outras áreas. É muito comum, porque para você ser aceito em Yale ou Harvard, se você consegue comprovar que já participou em uma competição de piano quando era jovem ou fez recitais, você tem uma pontuação maior. Eu não seria a pessoa mais indicada para responder essa questão, mas acho que desde o início o professor deve ir mostrando ao aluno outras possibilidades. Desde o início dos estudos temos que ser realistas com o aluno. Se o aluno tem a inspiração de ser um concertista internacional, ganhar o concurso Chopin e não consegue tocar uma escala, eu não posso deixar isso acontecer, eu acredito que eu tenho que mostrar que existem outras possibilidades. Você pode acompanhar um coral, é valido da mesma forma. Eu acho que é quebrar um pouco o preconceito e mostrar que é uma profissão como qualquer outra. Eu tenho muitos alunos da Universidade que querem ser artistas famosos como a Beyoncé, eles querem seguir essa vertente. Então, eu falo: "É sorte". Eu tento mostrar para eles que eu sou um professor, eu toco aqui e ali, e me realizo dessa forma. Eu faço uma palestra, eu trabalho com amor, consigo me manter e tento mostrar que existem outras possibilidades dentro da música. Eu acho que essa é a única opção para um professor – mostrar outras possibilidades dentro do estudo musical.

Explorando aspectos visuais da performance no processo composicional

Cesar Traldi
Universidade Federal de Uberlândia
ctraldi@ufu.br

Apesar de tradicionalmente definirmos música como a Arte dos sons, na prática, a visualidade da performance sempre esteve presente. Foi só no século XX, com o advento de dispositivos de gravação e reprodução sonora, que realmente surgiu a possibilidade de ouvir música sem a presença física do intérprete. Hoje podemos ouvir gravações de grandes músicos com alta qualidade sonora em nossas casas, carros e celulares, entretanto, ainda saímos para assistir performances ao vivo em teatros, shows, etc.

A presença física do(s) intérprete(s) e a visualidade da performance possibilitam uma apreciação musical diferenciada que ainda nos atrai. Valorizar esses aspectos tem sido uma das estratégias de muitos músicos e produtores para atrair o público para as performances ao vivo. Cientes deste potencial, compositores do século XX e XXI têm incorporado elementos visuais como parte intrínseca de suas obras.

A partir de minhas próprias composições irei refletir sobre diferentes estratégias que tenho utilizado para explorar aspectos visuais da performance como: utilização de efeitos de luz; valorização dos gestos interpretativos resi-

duais da performance; acréscimo de elementos e gestos cênicos; utilização de instrumentos e/ou objetos lúdicos; correlação entre gestos, sons e imagens e sincronia de gestos com sons eletroacústicos.

Paticumpatá (2007)[1]

Para dueto de tambores e luz, essa obra foi criada em 2007 em parceria com o percussionista Cleber Campos[2], com quem tinha formado o *Duo Paticumpá*[3] pouco tempo antes. Nessa época, estávamos cursando o mestrado em música na Universidade Estadual de Campinas – Unicamp e criamos o dueto para realizar experimentos composicionais e interpretativos.

Após ter assistido a performance de um grupo de percussão norte-americano utilizando baquetas fluorescentes e luz negra, surgiu a ideia de criar uma obra para o *Duo Paticumpá* utilizando efeito semelhante. Nessa mesma época conheci a tese de doutorado do percussionista norte-americano Frank Kumor (2002), que abordava a relação entre movimento e música em obras para instrumentos de percussão. Em sua tese, Kumor (2002) apresenta as definições de Gesto Musical, Gesto interpretativo incidental ou residual e Gesto interpretativo cênico, definições que serviram como base teórica para a criação da obra *Paticumpatá*. O processo criativo foi discutido por nós em artigo publicado naquele mesmo ano (TRALDI, CAMPOS e MANZOLLI, 2007).

Segundo as definições de Kumor (2002):

- **Gesto Musical:** são padrões e estruturas sonoras produzidos por um instrumento musical.
- **Gesto Interpretativo Incidental ou Residual:** é o movimento natural e inevitável do corpo do intérprete durante a performance instrumental.

---

[1] https://www.youtube.com/watch?v=29dTcqisVqA
[2] Cleber Campos atualmente é professor de bateria e percussão do Curso de Música da Universidade Federal do Rio Grande do Norte – UFRN.
[3] O *Duo Paticumpá* ainda está ativo realizando pesquisas, apresentações, gravações, etc.

- **Gesto Interpretativo Cênico:** é o movimento que não está diretamente ligado ao ato de tocar o instrumento de modo que tal gesto possua significado próprio e autônomo.

Em *Paticumpatá* ao tocarmos na situação de *blackout*, utilizando baquetas envolvidas com fita fluorescente e com uma luz negra posicionada na frente dos intérpretes, o efeito criado traz total atenção do público para as baquetas e a movimentação delas. Aproveitando esse efeito visual, adotamos duas estratégias:

1. **Valorização dos gestos interpretativos residuais da performance:** o efeito de luz naturalmente valorizou os gestos interpretativos residuais da performance. Buscamos valorizar ainda mais esses gestos através da ampliação dos movimentos durante a performance, da sincronização de movimentos entre os dois intérpretes e do efeito "espelho" entre os gestos dos dois percussionistas.
2. **Acréscimo e exploração de Gestos interpretativos cênicos:** a utilização de gestos interpretativos cênicos também foi valorizada pelo efeito de luz. Movimentos e posicionamentos das baquetas não relacionados diretamente à performance dos tambores foram utilizados, criando um discurso visual, além do sonoro.

Figura 01: Imagem da performance da obra *Paticumpatá* onde podemos observar as baquetas fluorescentes destacadas pela utilização da luz negra.

Pacumpá (2014)[4]

Para quarteto de tambores, escrevi essa obra em 2014 com finalidade didática. A obra é formada basicamente por *ostinatos,* pequenas seções de improviso e frases que são construídas e completadas entre os diferentes intérpretes.

Em 2020, durante o isolamento em decorrência da pandemia, criei um projeto para gravação de obras para instrumentos de percussão e divulgação nas redes sociais. O formato em vídeo me levou a pensar mais sobre os aspectos visuais da performance. Foi então que surgiu a ideia de trazer elementos da Música Cênica para um dos vídeos que seriam gravados e a obra escolhida foi *Pacumpá*.

A obra foi gravada por mim e o percussionista Miguel Faria, que na época era meu aluno na graduação Miguel Faria. No mesmo ano publicamos um artigo discutindo o processo realizado e os resultados alcançados através de uma análise comparativa do número de visualizações, curtidas, compartilhamentos e comentários desse vídeo em relação a outros três publicados na mesma época. Os números demonstraram que a valorização dos aspectos visuais neste vídeo fez com que ele fosse significativamente mais visualizado, curtido, compartilhado e comentado. Além disso, pôde-se observar que a maioria dos comentários eram relacionados aos aspectos visuais implementados na performance da obra (SILVA e TRALDI, 2020).

No artigo apresentamos as estratégias adotadas, relacionadas primeiramente ao figurino, cenário e iluminação:

> Figurino: Pensamos em trazer um ar cômico para a performance, então desenvolvemos quatro personagens com características diferentes entre eles, dois deles com uma personalidade cômica (engraçada), e os outros dois mais sérios. A graça nos dois primeiros foi trazida pela utilização de uma touca de banho pelo intérprete 01 e um chapéu pelo intérprete 02. Além disso, foi adotada uma postura mais descontraída durante a performance. Já nos outros dois personagens, a postura mais séria se dá pela utilização de óculos escuro, fisionomia mais fechada e gestos mais duros durante a performance.

---
4   https://www.youtube.com/watch?v=iOJnlYK6cxM

> Cenário e Iluminação: Para valorizar os elementos visuais da performance musical, pensamos em um cenário simples, com a parede branca no fundo e uma iluminação que possibilitasse uma boa visão dos quatro intérpretes. Além disso, o fato de gravarmos separadamente e em nossas próprias casas trouxe certa limitação para a utilização de cenários mais elaborados e efeitos de luz (SILVA e TRALDI, 2020, p. 171-172).

Em relação aos elementos de performance as estratégias adotadas foram semelhantes às utilizadas em *Paticumpatá*. No entanto, a valorização dos Gestos (residuais e cênicos) foi realizada através da montagem do vídeo e não por um efeito de luz. Assim:

> [...] na nossa performance utilizamos duas estratégias: 1) Valorização dos Gestos Interpretativos Residuais fazendo com que eles também passassem a ter um significado visual; 2) Acréscimo de Gestos Cênicos em trechos da obra. Como a performance seria realizada através de um vídeo, a incorporação dos elementos cênicos teve como ponto de partida imaginarmos como seria a montagem final do vídeo (SILVA e TRALDI, 2020, p. 173).

Figura 02: Imagem da performance da obra *Pacumpá* onde podemos observar a montagem do vídeo e a interação visual entre os intérpretes, figurino, *Gestos Interpretativos Residuais* e *Gestos Cênicos* sendo utilizados.

Devolve papai (2020)[5]

Trata-se de uma Videoperformance Musical criada em 2020 e divulgada em redes sociais. As novas tecnologias, principalmente a digital, possibilitaram o surgimento de novas modalidades artísticas híbridas: instalação, videoperformance, videomúsica, videodança, etc. Nessas modalidades, aspectos visuais e sonoros possuem igual importância no discurso artístico, ou seja, são obras que não podem ser só ouvidas ou só assistidas. Som e imagem se completam e, em algumas delas, podemos ter a performance instrumental em seu conteúdo.

Em *Devolve papai* criei uma estrutura rítmica através da sobreposição de frases tocadas separadamente, mas que vão se complementando em loops criados na edição final do vídeo.

> O recurso designado por loops – sessões curtas de áudio que se repetem – em composições e performances musicais remonta aos trabalhos experimentais desenvolvidos com fita magnética desde as décadas de 1950 e 1960, nomeadamente os trabalhos minimalistas de Terry Riley e Steve Reich. Ao longo das décadas seguintes, a técnica de se utilizar loops prégravados reproduzidos simultaneamente com sons acústicos produzidos em tempo real foi incorporada tanto pela música produzida em contexto acadêmico como pela música promovida pela indústria (MENDES, DUARTE e TRALDI, 2018, p. 06).

A exploração dos aspectos visuais nessa obra se deu pela utilização de instrumentos e objetos lúdicos. As estruturas rítmicas criadas e o resultado sonoro da somatória delas (obtido com os loops) poderiam ser realizados em instrumentos tradicionais de percussão, o que inclusive contribuiria para a obtenção de sons com melhor qualidade e facilitaria a performance instrumental. Entretanto, ao utilizar instrumentos de brinquedo (metalofone e violão) e brinquedos como instrumentos (bola, carrinho, máquina fotográfica, etc.) foi criado um maior interesse visual sobre a performance.

A realização de uma música com brinquedos e as possibilidades sonoras obtidas proporcionaram uma ludicidade à performance que valorizou o vídeo.

---

5 https://www.youtube.com/watch?v=h5T2B_2AOkA

Assim, algo que realizado em instrumentos tradicionais de percussão seria uma "batucada" relativamente simples, provavelmente sem muito interesse para o público, tornou-se de grande interesse para pessoas de diferentes idades e gostos musicais. Tive relatos de crianças que assistiram ao vídeo diversas vezes e de adultos que ficaram encantados com a utilização dos brinquedos.

Figura 03: Imagem da videoperformance musical *Devolve papai* onde podemos observar os brinquedos utilizados na performance.

Riscos e Rabiscos (2020)[6]

Outra videoperformance musical criada em 2020 e divulgada em redes sociais, em *Riscos e Rabiscos*, um papel inicialmente em branco é riscado e rabiscado pelo intérprete gerando imagens e produzindo sons. Assim, nesse vídeo podemos observar uma correlação entre os gestos (movimentos realizados pelo intérprete com o lápis), sons (produzidos pela fricção e percussão do lápis no papel) e imagens (geradas pelo grafite do lápis no papel).

Os sons de baixa amplitude da performance foram captados por um microfone condensador de alta qualidade e posteriormente amplificados e processados, gerando "ecos e ressonâncias".

Se analisarmos os três elementos separadamente teremos: gestos simples, sons aleatórios e desorganizados e imagens sem grande interesse visual.

---

6 https://www.youtube.com/watch?v=DyHeb8cBNyc

Entretanto, "*o desenvolvimento tecnológico do século XX possibilitou a união e o desenvolvimento de processos que criam novas correlações entre elementos sonoros e visuais*" (TRALDI, 2009, p. 16). Assim, ao conectarmos os três elementos na videoperformance musical, gestos, sons e imagens não são analisados separadamente pelo público, mas conectados (por relação de causa e efeito) gerando um discurso mais atraente.

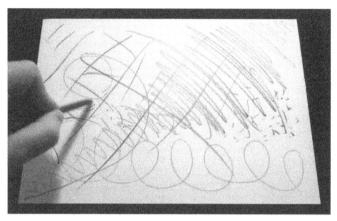

Figura 04: Imagem da videoperformance musical *Riscos e Rabiscos* onde podemos observar a performance sendo realizada com o lápis e os desenhos (riscos e rabiscos) resultantes.

Reflexos #1 (2020)[7]

Escrevi essa obra em dezembro de 2021 após participar da defesa de Trabalho de Conclusão de Curso intitulado: *Játékok I: o gesto na exploração de uma obra didática do século XX* (MENDES, 2020). Essa pesquisa foi realizada no Curso de Música da Universidade Federal de Uberlândia pela pianista Mariana Mendes, intérprete para quem dediquei *Reflexos #1*.

Durante a leitura do trabalho, surgiu a ideia de compor uma obra sincronizando gestos corporais do intérprete com sons eletroacústicos, criando a sensação de que o intérprete toca, além do piano, um instrumento virtual (imaginário) disposto no espaço. Assim, Reflexos #1 "*trata-se de uma obra eletroacústica mista onde os sons eletroacústicos funcionam como expansão das*

---
7 https://www.youtube.com/watch?v=FRVIm_RKUNY

sonoridades do piano e também como sons de um instrumento virtual tocado e controlado pela intérprete através de gestos" (MENDES e TRALDI, 2021, p.1).

Figura 05: Imagem da performance da obra *Reflexos #1* onde podemos observar a intérprete Mariana Mendes realizando um gesto no espaço que está sincronizado com os sons eletroacústicos do TAPE.

A sincronização dos gestos do intérprete com os sons eletroacústicos foi possível, utilizando um metrônomo que é ouvido pelo intérprete em um fone de ouvido durante a performance e da indicação na partitura do momento em que os gestos devem ser iniciados (seta para cima) e finalizados (seta para baixo). Os gestos solicitados podem ser parabólicos ou verticais.

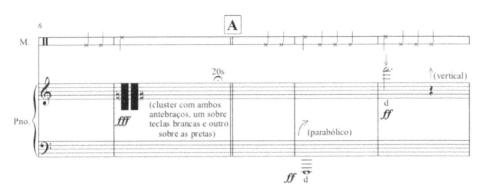

Figura 06: Compassos 06 a 10 da obra *Reflexos #1*, onde podemos observar a indicação do metrônomo ouvido pelo intérprete na linha superior e dos gestos que devem ser realizados pelo intérprete por meio de setas – movimento parabólico (compasso 09) e movimento vertical (compasso 10).

Outra estratégia foi indicar para o intérprete imaginar um teclado acima do piano (na altura de sua cabeça). Esse teclado imaginário é indicado na partitura e deve ser tocado pelo intérprete gerando gestos no espaço.

Figura 07: Compassos 20 a 25 da obra *Reflexos #1*, onde podemos observar de cima para baixo a indicação do: Metrônomo (M.); Teclado imaginário (TI.) e Piano (Pno.). Também é possível observar a indicação de qual mão deve tocar cada nota (d – direita / e – esquerda).

Nas instruções da partitura existe também a indicação que além dos gestos descritos na partitura, o intérprete pode acrescentar outros que considere pertinentes ao discurso sonoro e visual da obra e a indicação que, no último compasso, o intérprete deverá congelar o movimento por aproximadamente 10 segundos no teclado imaginário e, em seguida, realizar uma improvisação cênica/gestual que dialogue com o tape e conclua a obra.

Reflexões

A valorização de aspectos visuais da performance demonstrou-se extremamente eficaz para atrair o público para as obras aqui descritas. Em *Paticumpatá* utilizamos um efeito de luz que valorizou os gestos realizados com as baquetas durante a performance e tornou *Paticumpatá* uma marca registrada do Duo Paticumpá em suas apresentações. Fomos inclusive chamados para tocar em um programa de TV com caráter pop, justamente por causa dessa obra.

Já a experiência realizada com *Pacumpá* e a análise comparativa dos números alcançados nas redes sociais demonstrou que a valorização dos aspectos visuais implementadas fizeram esse vídeo ser significativamente mais visualizado, curtido, compartilhado e comentado do que os outros três vídeos analisados.

As videoperformances *Devolve Papai* e *Riscos e Rabiscos* são exemplos de uma nova modalidade artística híbrida onde aspectos sonoros e visuais possuem igual importância para o discurso artístico.

Em *Reflexos #1* a sincronização de gestos do intérprete com sons eletroacústicos traz novas possibilidades e significados para a música eletroacústica mista, o que pode facilitar a conexão entre os sons acústicos e eletroacústicos e por consequência a apreciação desse repertório por parte do público leigo.

Referências

KUMOR, F. **Interpreting the Relationship Between Movement and Music in Selected Twentieth Century Percussion Music**. 2002. 158p. Tese (Doutorado em Música) – University of Kentucky, USA, 2002.

MENDES, H. M.; DUARTE, A. J.; TRALDI, C. A. **XyLoops – Composição e performance de uma obra para xilofone e eletrônica em tempo real (live looping)**. Revista Vórtex, Curitiba, v.6, n.2, 2018, p.1-20

MENDES, M. A. **Játékok I: O gesto na exploração de uma obra didática do século XX**. (Trabalho de Conclusão de Curso). Universidade Federal de Uberlândia, Uberlândia, Brasil, 2020.

MENDES, M. A.; TRALDI, C. A. **Músicas didáticas para piano e sons eletroacústicos**. In: PERFOMUS 21. IX Congresso Internacional da ABRAPEM, 2021, Goiânia. 2021.

SILVA, M. F.; TRALDI, C. A. **A utilização de elementos da Música Cênica na performance musical de obra divulgada em vídeo pela internet**. In: PERFOMUS 20. VIII Congresso Internacional da ABRAPEM, 2020, Goiânia. 2020.

Cleber Campos, Jônatas Manzolli

TRALDI, C.; CAMPOS, C.; MANZOLLI, J. **Os Gestos Incidental e Cênico na Interação entre Percussão e Recursos Visuais**. In: XVII Congresso da ANPPOM, 2007, São Paulo. XVII Congresso da ANPPOM. São Paulo: Editora da Unesp, 2007. v. CD – 1.

TRALDI, C. **Percussão e interatividade PRISMA: um modelo de esçao instrumento auto-organizado**. 2009. 121p. Tese (doutorado) – Universidade Estadual de Campinas, Instituto de Artes, Campinas, SP. Disponível em: <http://www.repositorio.unicamp.br/handle/REPOSIP/283997>. Acesso em: 22 out. 2021.

Transcrição das Perguntas e Respostas formuladas

Ana Clara Silva Moreira
Anderson Flavio Cordeiro de Souza

Eu trabalho com produção musical: guitarra, bateria, aquele estilo de instrumentos eletroacústicos, e agora abriu-se muito o leque da experimentação sonora. Para que lado você acha que vai caminhar a música e para que lado vai caminhar a produção musical? Existe alguma tendência?

Cesar Traldi: Então, o futuro é sempre difícil de prever. Mas eu costumo dizer que até o século XIX, nós tínhamos bem claro qual era a linha composicional na música ocidental – o sistema tonal. No século XX surgiram diferentes linguagens e possibilidades. Agora no século XXI eu vejo um momento de misturar tudo, existem músicas que envolvem diferentes técnicas composicionais, uma coisa que era um "pecado" no século XX. Com a internet e as produções multimídias tudo vai coexistindo. Temos quem estuda e aprecia música barroca, música contemporânea, sertanejo, rock, DJ, e também temos quem gosta de tudo. Às vezes as pessoas me perguntam: "Você gosta e ouve as músicas que você escreve?" Eu respondo: "Depende, quando eu faço churrasco em casa eu não ponho minhas músicas para tocar, eu coloco samba, outras coisas". Eu acho que tudo tem o seu momento. Temos que entender o contexto de cada estilo de música. Durante um tempo eu fiz um trabalho com dois DJ´s em festas noturnas. Eu tocava percussão com baquetas fluorescentes e uma luz negra, trazia uma questão visual interessante para as festas.

No Japão tem uma *pop star* que é um avatar – ela não existe de verdade. No show, as pessoas vão assistir um holograma cantando e é o maior sucesso. Vai fazer o cantor de verdade sumir? Não, não vai. Eu sempre acho que vamos ter pessoas que gostam dos diferentes estilos musicais. Vão surgindo novos estilos e com isso novos mercados. Por exemplo, hoje está em evidência a produção e divulgação dos trabalhos artísticos e musicais na internet. Isso já existia antes da pandemia, mas com a pandemia ganhou um outro *status*, um outro poder, uma outra visão. Não vai deixar de existir essa possibilidade, mas nós vamos ainda querer ir no show ao vivo, só que agora temos essa possibilidade de assistir *online*. Por exemplo, podemos ver a Orquestra Sinfônica de Berlim de casa, ao vivo. Mas se ela vier em Uberlândia, eu vou assistir presencialmente, mesmo que ela seja transmitida *online*. Eu acho que essas novas possibilidades, essas novas linguagens, que têm surgido principalmente com a tecnologia digital, a internet e as redes, trazem novos meios, novos caminhos, novas possibilidades. Cabe a nós músicos, produtores, compositores, nos adequarmos a isso. Não adianta eu da música contemporânea, experimental, achar que vou tocar em um Rock in Rio, não vou. É outro objetivo, é outra coisa. Assim como não vamos chamar uma banda de *pop rock* para tocar em uma Bienal de música contemporânea – são coisas diferentes.

Eu não sei se eu respondi a sua pergunta pois ela é muito complexa. Uma coisa que nós ainda nem percebemos, mas que já acontece é a possibilidade de alguém que nunca estudou música, compor, tocar e apreciar música em casa, com *tablet* e celular. Existem aplicativos hoje em que você vai apertando botõezinhos e cria a sua própria música! Ou seja, você é o compositor, porque ao estar apertando e jogando você está compondo uma música, você é o intérprete, você também está executando e também é o público, porque você mesmo está apreciando aquilo que faz ao vivo. Olha que coisa mais inovadora! E não precisa saber nada de música para isso, são interfaces visuais intuitivas, nas quais você controla aspectos musicais já pré-determinados através de interfaces gráficas. Diante dessa realidade, será que essa pessoa não vai querer tocar um instrumento? Não vai querer assistir a uma orquestra? Não vai querer assistir a uma banda? Com certeza vai querer, novas possibilidades não vêm para acabar com as anteriores, elas vêm para termos novos campos de apreciação e de trabalho. Já ouvi pessoas falando: "Está acabando o trabalho dos músicos". Não, eu acho que são novos campos. Se você for atrás de

se especializar e de conhecer o conteúdo que é necessário para atuar naquela área, você pode abrir um mercado muito melhor. Hoje tem músico ganhando fortuna, por exemplo, fazendo trilha sonora de jogos. É um mercado milionário. Hoje em dia o mercado de jogos é maior do que o mercado de cinema. Mas você tem que aprender como fazer isso. Então eu acho que vão surgindo novas linguagens, mas elas não vão eliminando as anteriores.

Eu fiquei muito curioso para saber como foi notada a partitura da última peça que você apresentou: o andamento utilizado e como a Mariana se guiou nos estudos para essa execução.

Cesar Traldi: Bom, eu vou compartilhar minha tela rapidamente. Esta é a partitura da "Reflexos #1". A capa dela já é uma bula e ela vem com explicações. Tem uma explicação sobre o posicionamento das caixas de som, o intérprete também deve usar um fone de ouvido para ouvir o metrônomo, pois o metrônomo é o guia. Nessa música acompanha duas faixas de áudio, uma faixa é o que as pessoas vão ouvir, a outra é o que o intérprete vai ouvir – é nessa faixa que existe o metrônomo. Na bula também existe uma indicação de que o piano pode ser amplificado ou não, e o intérprete deve imaginar um teclado acima do piano na altura de sua cabeça; na partitura, as setas indicam gestos que devem ser realizados pelo intérprete: a seta para cima indica início do movimento parabólico ou vertical, a seta para baixo indica o termino do movimento tocando a nota indicada. Os gestos devem ser realizados com grande amplitude e de forma contínua. Além dos gestos descritos na partitura, o intérprete pode acrescentar outros que considere pertinentes ao discurso sonoro visual. Nas minhas composições, de maneira geral, gosto muito de deixar o intérprete com a possibilidade de criar também, principalmente quando estão envolvidas questões visuais.

Na partitura existe a linha do metrônomo para o intérprete saber o que ele vai ouvir, tem a linha do teclado imaginário e tem a linha do piano. No teclado imaginário, a ideia é que o intérprete imagine um teclado de piano. Minha ideia foi: se ele está imaginando um teclado do piano, se eu quero que faça um movimento mais central, eu escrevo notas na região central do teclado imaginário; se eu quero gestos na direita, eu coloco notas no agudo; seu eu quero gestos na esquerda, eu coloco notas graves. Então eu usei a própria escrita tradicional do piano para criar a questão visual, porque ao falar

"visualize um piano imaginário na sua frente e toque esse piano", ao escrever as notas que devem ser tocadas, por exemplo, um *glissando*, ela faz esse movimento imaginando o instrumento. Então foi uma maneira de transformar os gestos residuais da performance em gestos cênicos. Ao falar "toque um instrumento que não existe", o gestual de tocar um instrumento vai todo existir, mas não vai existir o som. Na verdade, o som vai existir, mas vai estar lá na parte eletroacústica; e aí se cria essa ideia de que o performer está controlando um instrumento virtual. Ao compor o *tape*, a primeira coisa que eu coloco é a linha do metrônomo, porque tanto a parte do piano como o *tape* precisam estar no tempo correto para criar a sincronia necessária.

Eu gostei muito do uso da pós-edição como ferramenta composicional. Se der tempo para comentar agradeço! Excelente palestra, muito obrigado.

Cesar Traldi: As obras "Devolve Papai" e "Riscos e Rabiscos" foram feitas com pós edição, porque são duas obras que são videoperformances, não são composições musicais que eu vou subir no palco e tocar. Eu até poderia pensar em fazer uma versão para isso, mas são criações que foram pensadas para um vídeo que seria disponibilizado na internet. Então, são obras que foram pensadas para a performance em vídeo. Nesse caso, não vejo problema em fazer a pós edição, inclusive é como se faz no cinema. Você grava e depois tem todo um processo de edição, que é considerado um processo criativo. É lógico que se eu fosse pensar essas obras em uma performance ao vivo, eu teria que usar eletrônica em tempo real. Em "Devolve Papai" o *looping* precisaria acontecer em tempo real, não teria como eu fazer isso depois, assim como em "Riscos e Rabiscos" o processamento sonoro também teria que ser em tempo real, usando *softwares* como o Max-MSP, o Pure Data, etc. Então eu não teria como fazer pós edição. A pós edição funciona muito bem para a obra em vídeo.

No final das contas, essa peça que a Mariana tocou – "Reflexos #1" – é uma obra para a performance em palco, para ser tocada ao vivo, mas já que íamos gravar e filmar, pensamos em usar elementos de vídeo para valorizar ainda mais a questão visual. Aí tem vários ângulos de câmera, tem efeitos visuais, vocês devem ter percebido no final quando a Mariana quase ficou "louca", como se perdesse o controle das mãos. Ela começa a ver três, quatro mãos. Foi usado um efeito de lente que duplica a imagem para criar e valorizar essa ideia

do discurso cênico que a Mariana criou, mas no palco aconteceria também. A única coisa é que nós não iríamos ver esses efeitos de imagem, mas a parte cênica da performance ocorreria. É a questão que a gente falou agora pouco de que as novas linguagens trazem novas possibilidades. Uma música em um palco é uma coisa, uma música que vai ser feita para um vídeo é outra. Se é uma performance específica para vídeo, por que não usar algumas das possibilidades que o vídeo traz para valorizar ainda mais a obra? Porque tem que ser "eu vou tocar uma música" então coloco uma câmera fixa e filmo o intérprete tocando lá no palco como se fosse uma apresentação musical no palco? Eu acho que se você vai fazer um vídeo deve aproveitar as possibilidades. Estou falando de mim, não estou falando o que os outros tem que fazer; estou pensando na minha produção. Já que eu vou fazer pensando no vídeo, eu vou usar o que um vídeo pode trazer de bom para o resultado final da minha obra. Se tiver que editar, colocar efeitos visuais, etc. não vejo problema. Todos os exemplos musicais que eu trouxe demonstram como as questões visuais valorizam uma obra, a ponto inclusive, de trazer maior interesse ao público.

Nas supostas listas de profissões que desaparecerão no futuro, a música não aparece.

Cesar Traldi: Sim, a criação artística não pode ser programada. Eu já fiz composição algorítmica, por exemplo, mas eu tive que programar. Alguém tem que ir lá e programar o processo criativo, então, não vejo como algo que possa ser automatizado.

Eu gostaria de saber se o senhor não pensa futuramente em fazer algo voltado para a criança mesmo, mais experimental.

Cesar Traldi: Eu tenho feito alguns trabalhos em parceria com o pessoal da educação musical. Recentemente elaborei um projeto que foi adiado pela pandemia. A ideia é utilizar um sensor que possibilita transformar praticamente qualquer objeto em uma interface de controle do computador, assim, criaríamos um instrumento virtual que poderia ser controlado por qualquer coisa. Isso tornaria possível pegar um brinquedo da criança e transformá-lo em um instrumento. Imagina a criança fazendo música com o ursinho preferido dela. Essa questão lúdica pode facilitar e ampliar o interesse das crianças pela música.

"La más dócil de las formas del tiempo" : a música nos versos de Jorge Luís Borges

Marcos Câmara de Castro
Universidade de São Paulo
mcamara@usp.br

Introdução

No primeiro semestre de 1999, eu cursava a disciplina "Introdução à Literatura Musical de Mário de Andrade", da Profa. Dra. Flávia Camargo Toni, como parte dos créditos para a obtenção do mestrado em Musicologia no Departamento de Música da Escola de Comunicações e Artes da Universidade de São Paulo (título que viria a ser obtido em junho de 2002)[1]. Naquele ano de 1999, como se sabe, comemorou-se o centenário de nascimento do poeta, contista, crítico e ensaísta argentino Jorge Luís Borges (1899-1986) e minha professora perguntou-me sobre alguma obra musical baseada em textos do argentino. De fato, em 1986, ano da morte do escritor, escrevi *Otro Poema De Los Dones*[2]*,* para coro (satb), metais (2 trompetes e 2 trombones), xilofone (posteriormente suprimido) e tímpanos sobre seu poema homônimo.

---

1   Concluí o Doutorado em 2007 e a Livre-Docência em 2018.
2   in *El Otro, el mismo,* 1964.

O resultado foram duas récitas: a estreia, dia 11 de outubro de 1986, na Sala Aylton Escobar do Conservatório do Brooklin, e outra no Auditório do Departamento de Música da ECA/USP, em 27 de novembro do mesmo ano, ambas sob a minha direção.

Os intérpretes foram: Coral "Borges", Reginaldo Farias e Wilson Marcelo (trompetes), Marcos Shirakawa e Donizette Fonseca (Trombones), Mário Frungillo (Xilofone, posteriormente suprimido) e John Boudler (Tímpanos). O destaque foi dado num artigo do Caderno 2 do *Estadão*[3], no dia da estréia: "Um Borges musicado, só hoje", que dizia:

---

3 "Um Borges musicado. Só hoje". *Jornal da Tarde*. São Paulo, 11 de outubro de 1986 — Caderno 2, p. 5

CONSERVATÓRIO MUSICAL "BROOKLIN PAULISTA"

Sala "AYLTON ESCOBAR"

11 - 10 - 86

AUDIÇÃO DE ALUNOS, PROFESSORES E CONVIDADOS

PROGRAMA

1a. parte

F. POULENC ------------------------------- Sarabande
M. CARCASSI -------------------- Estudo Op. 25 nº 18
   Reinaldo Santos Ponte (Violão)

R. WAGNER --------------- Estudo (Tristão e Isolda)
   José Eduardo Bracco (Saxofone)
   Francisco de Assis (Piano)

C. DEBUSSY ------------- Doctor Gradus ad Parnassum
        (do "Children's Corner)
   Alcione Magalhães Ribeiro (Piano)

V. BAKALEINIKOFF ---------------------------- Canzona
   Albino Ramoska (Trompa)
   Délcia Pereira Coelho (Piano)

BRÉVAL --------------------- Concertino em Dó Maior
      Allegro Moderato
      Andantino
      Allegro vivo
    Ubaldo Rizzaldo Junior (Violoncelo)
    Sílvia P. de Luca (Piano)

--------------------------------------- INTERVALO----

2a. parte

PRIMEIRA AUDIÇÃO MUNDIAL DE

OTRO POEMA DE LOS DONES

de MARCOS CÂMARA (texto de Jorge Luis Borges)

p/ Coro misto, 2 trompetes, 2 trombones, Xilofone e Tímpanos

SOPRANOS E CONTRALTOS

Ângela Volcov Rimoli
Atsuko Wada
Cláudia Alves de Araujo
Clenir Louceiro Neiva
Elenice de Barros Farias Albino
Ezer Maira de Morais
Josélia Moreno Pegorim
Leda Perran Augusto
Pergy Nely Kugelmann
Vanessa Guimarães Esmanhoto

TENORES E BAIXOS

Carlos Santiago Hamilton
Daniel A. C. Bobadilla
Eduardo Henrique Diniz
Eduardo Inke
Eduardo S. Santos Mendes
João Paulo Basile
José Prado Alves Filho
Márcio Zen
Oscar Batista de Oliveira
Paulo Ferreira Bento
Paulo Augusto Castagna

TROMPETES
Reginaldo Farias Leite
Wilson Marcelo

TROMBONES
Marcos Sadao Shirakawa
Donizette Fonseca

XILOFONE
Mário David Frungillo

TÍMPANOS
John Boudler

Regência: **MARCOS CÂMARA**

OBS.: Devido ao grande número de pessoas envolvidas nesta apresentação, deverá ocorrer um atraso para o início da 2a. parte desta Audição.

---

27 de Novembro de 1986 - 13 horas - "Quintas Musicais"
Auditório do Departamento de Música da ECA-USP - Pavilhão B-9
Cidade Universitária

"OTRO POEMA DE LOS DONES"
(para coro, metais e percussão)

Música: Marcos Câmara (1986)
Texto: Jorge Luis Borges (1964)
Coral: Ângela Volcov Rimoli
      Atsuko Wada
      Cláudia Alves de Araújo
      Elenice de Barros Farias Albino
      Ézer Maira de Morais
      Giovana de Souza Rossoni
      Josélia Moreno Pegorim
      Leda Perran Augusto
      Vanessa Guimarães Esmanhoto

Antônio Paulo Lima
André Borgest Kobilansky
Eduardo Camargo Inke
Eduardo Simões dos Santos Mendes
Gualtieri Beloni Filho
João Paulo Basile
José Prado Alves Filho
Paulo Ferreira Bento
Paulo Augusto Castagna

Trompetes: Reginaldo Farias Leite e Gilberto Siqueira
Trombones: Anatólio Jacuk e Donizette Fonseca
Xilofone: Mário Frungillo
Tímpanos: John Boudler

Regência do compositor

* * *

"OTRO POEMA DE LOS DONES" assemelha-se mais a uma "ação de graças", onde são evocados numerosos personagens do conhecido universo do poeta: labirintos, espadas, o pensador nórdico Swedenborg, Schopenhauer, o Tempo, a Literatura...e termina com uma homenagem apaixonada à Música: ..."Por la música, misteriosa forma del tiempo".

A composição "OTRO POEMA..." é fruto de uma profunda identificação com o texto. Começa com um "Lento, molto cantabile" a cappella, seguindo-se um "Piu mosso" com a entrada do tímpano e dos trombones que acompanham o dueto de sopranos e contraltos. Após esta breve introdução, inicia-se o "Allegro con fuoco", onde os compassos se alternam obsessivamente, valorizando as inflexões naturais do texto - os "tuttis" e solos do naipe revezam-se sempre dentro de um espírito de muita alegria. Um "Largo" central de muita ternura dá lugar a um breve retorno do Allegro con fuoco e mais uma passagem de solos de naipes antes do "Andante con motto" final, baseado em ostinatos e crescendos, com acentos nos contratempos que culmina com a volta do cantabile inicial só que agora dobrado pelos metais. (M.C.)

Essa música também viria a ser apresentada, coincidentemente, no centenário de nascimento do poeta, pois Flávia falou-me que, no encerramento do *Encontro Borges 100*, promovido pela Faculdade de Filosofia, Letras e Ciências Humanas da USP (FFLCH) & Instituto de Estudos Brasileiros (IEB), no dia 16 de Abril de 1999, uma sexta-feira, às 18 h, no saguão do IEB, haveria também a abertura da Exposição de 150 raridades sobre o poeta argentino, do pesquisador e biógrafo, também argentino, Alejandro Vaccaro, e que havia o interesse, por parte do Prof. Dr. Murilo Marx, então diretor do IEB, de que a abertura da exposição fosse "regada" à música — melhor ainda se baseada em textos de Borges.

Liguei para o Samuel Kerr que imediatamente se dispôs a montar a peça com o Coral Paulistano e os instrumentistas da Orquestra Sinfônica Municipal de São Paulo. Os intérpretes foram: Coral Paulistano & Músicos da OSM: Paul Mitchel e Eduardo Madureira (trompetes), Roney Stella e Hugo Ksenhuk (trombones), Carlos Tarcha (tímpanos). Regente: Samuel Kerr[4].

Nos discursos que antecederam o concerto, Kerr salientou que o Coral Paulistano, fundado por Mário de Andrade, tinha como um de seus objetivos cantar em português a música do autor nacional e completou que naquele momento especial, também se estavam cumprindo os desígnios de Mário, ao apresentar uma obra de compositor brasileiro só que cantada em espanhol. O prof. Murilo destacou a importância de uma homenagem como aquela e do congraçamento entre argentinos e brasileiros, do ponto de vista do fazer artístico. Para ilustrar o concerto, preparei um texto onde apresentei o poema e, em seguida, relacionei passagens de sua obra onde há citações musicais.

---

4   Esses músicos repetiriam essa apresentação no Museu do Teatro Municipal de São Paulo, no dia 27/04/99.

Universidade de São Paulo
Instituto de Estudos Brasileiros

Exposição de primeiras edições e documentos de
Jorge Luis Borges
Coleção Alejandro Vaccaro

UNIVERSIDADE DE SÃO PAULO

Prof. Dr. Jacques Marcovitch
REITOR

Prof. Dr. Adolpho José Melfi
VICE-REITOR

FACULDADE DE FILOSOFIA, LETRAS E CIÊNCIAS HUMANAS

Prof. Dr. Francis Henrik Aubert
DIRETOR

Prof. Dr. Renato da Silva Queiróz
VICE-DIRETOR

INSTITUTO DE ESTUDOS BRASILEIROS

Prof. Dr. Murillo Marx
DIRETOR

Profª Drª Yêdda Dias Lima
VICE-DIRETORA

Av. Prof. Mello Moraes, trav. 8, nº. 140 - Cidade Universitária
tel.: (011) 818-3199 - fax.: (011) 818-3143
http://www.ieb.usp.br - e-mail: difusao@ieb.usp.br

Programa

16 de abril de 1999

15:00h - Conferências:
Alejandro Vaccaro
Profa. Dra. Patrícia Artundo
Coordenação: Profa. Dra. Telê Porto Ancona Lopez

16:00h - Mesa de tradutores de Borges e teóricos da tradução:
Prof. Dr. Jorge Schwartz
Profa. Dra. Leonor Scliar Cabral
Profa. Dra. Teresa Cristófani Barreto
Coordenação: Prof. Dr. Jorge Schwartz

18:00h - Abertura da Exposição:
Programação musical
coquetel

Alejandro Vaccaro

Nasceu em Buenos Aires em 1951. Há vários anos dedica-se ao estudo da vida e obra de Borges. Publicou, sobre esse tema, vários artigos em revistas e jornais nacionais e estrangeiros. Pronunciou conferências na Argentina e no exterior. Atualmente, é secretário de redação da revista *Proa*. Publicou, em 1996, *Georgie (1899-1930): una vida de Jorge Luis Borges*. Bibliófilo, possui o maior acervo de publicações e documentos pessoais de Borges.

Programa musical

Otro poema de los dones (1986)
de Marcos Câmara, sobre poema de Jorge Luís Borges
para coro, metais e percussão
com o Coral Paulistano e músicos (metais e tímpanos)
sob a regência do Maestro Samuel Kerr

Otro poema de los dones[5]

Em 1964, ele escreveu este "Otro Poema de los Dones..." (in *El otro, el mismo*, 1964) que, ao contrário do anterior, é uma verdadeira ação de graças e testemunho da alegria de viver. É, sem dúvida, um poema emblemático da literatura ocidental e de sua própria obra. No prólogo do livro, ele declara: "De los muchos libros de versos que mi resignación, mi descuido y a veces mi pasión fueron borroneando, *El otro, el mismo* es el que prefiero. Ahí están el *Otro poema de los dones*, el *Poema conjetural, Una rosa y Milton* y *Junín*, que si la parcialidad no me engaña, no me deshonran".

O poema tem uma história particular: chama-se "Outro..." porque antes, em 1960, Borges assumiu a direção da Biblioteca Nacional de Buenos Aires e, ao mesmo tempo ficou cego. Escreveu então, no livro *El Hacedor* (1960), o "Poema de los dones", em que fala da "magnífica ironia de Deus" que lhe dá, ao mesmo tempo, "os livros e a noite":

>Nadie rebaje a lágrima o reproche
>Esta declaración de la maestría
>De Diós, que con magnífica ironía
>Me dió a la vez los libros y la noche.
>(...)
>Yo, que me figuraba el Paraíso
>Bajo la especie de una biblioteca.

https://www.youtube.com/watch?v=FahAz0uRQjI
(Link para o áudio sincronizado com partitura[6])

>Gracias quiero dar al divino
>Laberinto de los efectos y de las causas
>Por la diversidad de las criaturas

---

5 in *El otro, el mismo*, 1964.
6 Agradeço ao aluno e amigo Eduardo "Panda" Costa Ribeiro, pelo paciente trabalho de sincronização.

Que forman este singular universo,
Por la razón, que no cesará de soñar
Con un plano del laberinto,
Por el rostro de Elena y la perseverancia de Ulises,
Por el amor, que nos deja ver a los otros
Como los ve la divinidad,
Por el firme diamante y el agua suelta,
Por el álgebra, palacio de precisos cristales,
Por las mística monedas de Ángel Silesio,
Por Schopenhauer,
Que acaso decifró el universo,
Por el fulgor del fuego
Que ningún ser humano puede mirar sin un assombro antiguo,
Por la caoba, el cedro y el sándalo,
Por el pan y la sal,
Por el misterio de la rosa
Que prodiga color y que no lo ve,
Por ciertas vísperas y días de 1955,
Por los duros troperos que en la llanura
Arrean los animales y el alba,
Por la mañana en Montevideo,
Por el arte de la amistad,
Por el último día de Sócrates,
Por las palabras que en un crepúsculo se dijeron
De una cruz a otra cruz,
Por aquel sueño del Islam que abarcó
Mil noches y una noche,
Por aquel otro sueño del infierno,
De la torre del fuego que purifica
Y de las esferas gloriosas,
Por Swedenborg,
Que conversaba con los ángeles en las calles de Londres,
Por los ríos secretos e inmemoriales
Que convergen en mí,
Por el idioma que, hace siglos, hablé en Nortumbria,

Por la espada y el arpa de los sajones,
Por el mar, que es un desierto resplandeciente
Y una cifra de cosas que no sabemos,
Por la música verbal de Inglaterra,
Por la música verbal de Alemania,
Por el oro que relumbra en los versos,
Por el épico invierno,
Por el nombre de un libro que no he leído: *Gesta Dei per Francos*,
Por Verlaine, inocente como los pájaros,
Por el prisma de cristal y la pieza de bronce,
Por las rayas del tigre,
Por las altas torres de San Francisco y de la isla de Manhattan,
Por la mañana en Texas,
Por aquel sevillano que redactó la Epístola Moral
Y cujo nombre como él hubiera preferido, ignoramos,
Por Séneca y Lucano de Córdoba,
Que antes del español escribieron
Toda la literatura española,
Por el geométrico y bizarro ajedrez,
Por la tortuga de Zenón y el mapa de Royce,
Por el olor medicinal de los eucaliptos,
Por el linguaje, que puede simular la sabiduría,
Por el olvido, que anula o modifica el pasado,
Por la costumbre,
Que nos repite y nos confirma como un espejo,
Por la mañana, que nos depara la ilusíon de un principio,
Por la noche, su tiniebla y su astronomía,
Por el valor y la felicidad de los otros,
Por la patria, sentida en los jazmines
O en una vieja espada,
Por Whitmann y Francisco de Asís, que ya escribieron el poema,
Por el hecho de que el poema es inagotable
Y se confunde con la suma de las criaturas
Y no llegará jamás al último verso
Y varía según los hombres,

Por Frances Haslam, que pidío perdón a sus hijos
Por morir tan despacio,
Por los minutos que preceden al sueño,
Por el sueño y la muerte,
Esos dos tesoros ocultos,
Por los íntimos dones que no enumero,
Por la música, misteriosa forma del tiempo.

Comentário poiético

Esta composição é dividida em seções que fazem diferentes usos do tempo musical com a intenção de obter o melhor resultado prosódico e, com isso, melhor inteligibilidade do texto.

A introdução melismática sobre a palavra "Gracias" (compassos 1-5) será repetida no final, sobre o verso "Por la música, misteriosa forma del tempo" (compassos 217-223). Segue-se o emprego sistemático de alteração da fórmula do compasso, respeitando as sílabas tônicas do texto (compassos 14-73).

Uma passagem imitativa ocorre entre os compassos 74 e 80, sobre o verso "Por ciertas vísperas e dias de 1955". No compasso 81, há a inserção de quiálteras de três contra um compasso de cinco tempos ("Por los duros tropeiros...").

Entre os compassos 87 e 117, há uma retomada da alternância de fórmulas de compasso, agora com solos de naipe alternados que adotam um andamento mais lento entre 118-140. A partir do compasso 141, retoma-se a alternância de fórmulas de compasso, no andamento rápido inicial (colcheia = 250), até o compasso 162.

A partir do compasso 171, corrigi o andamento de semínima igual a 100 para semínima igual a 72, diminuindo o efeito stravinskyano de acentos irregulares (como em *Danse des adolescentes*, de *Le sacre*), que se ouve na gravação, fiel à partitura, e procurar alcançar um efeito semelhante à técnica do *louré*, nas cordas. Até o compasso 199, as vozes são conduzidas estritamente em homofonia, em blocos de acordes. A partir do compasso 200, comecei a

movimentar as vozes em contraponto livre, uma de cada vez, sempre dobradas pelo metal correspondente a cada tessitura: sopranos/trompete I; contraltos/trompete II; tenores/trombone I e baixos/trombone II (*basso*). Porém nos compassos 214-216, todas as vozes se movimentam independentes sobre o verso "Por los íntimos dones que no enumero", fazendo a transição para o final melismático, como no início, sobre o verso "Por la música, misteriosa forma del tempo".

Os pensamentos harmônico e melódico seguem os procedimentos por mim desenvolvidos ao longo de anos de prática composicional e estão bem explicados em Castro, 2015 (ver referências). Resumidamente, sempre busquei o *cluster* como ponto de repouso, alcançado diatonicamente. O recurso do cromatismo é usado com parcimônia para evitar o caráter lúgubre tão presente no romantismo alemão. As dinâmicas obedecem a intenção expressiva, exceto a partir do compasso 171, em que estabeleço um padrão de crescendo cíclicos seguidos de piano súbito, padrão este que vai até o compasso 217, quando a peça termina com o coro melismático inicial, dobrado pelos metais.

Algumas citações musicais em Borges

Relação, <u>não exaustiva</u>, publicada no folheto do evento, das várias alusões que Borges faz sobre a Música, com as devidas referências nos rodapés:

Por la música, misteriosa forma del tiempo[7]

*

Declives de la música, la más dócil de las formas del tiempo[8]

*

CAJA DE MÚSICA[9]
Música del Japón. Avaramente
De la clepsidra se desprenden gotas
De lenta miel o de invisible oro

---

7 Otro poema de los dones, in *El Otro, el mismo,* 1964.
8 Mateus, XXV, 30 – *ibidem*
9 Caja de Música – *Historia de la noche,* 1977

Que en el tiempo repiten una trama
Eterna y frágil, misteriosa y clara.
Temo que cada una sea la última.
Son un ayer que vuelve. ¿De qué templo,
De qué jardín en la montaña,
De qué vigílias ante a un mar que ignoro,
De qué pudor de la melancolía,
De qué perdida y rescatada tarde,
Llegan a mí, su porvenir remoto?
No lo sabré. No importa. En esa música
Yo soy. Yo quiero ser. Yo me desangro.

*

A JOHANNES BRAHMS[10]
Yo que soy un intruso en los jardines
Que has prodigado a la plural memoria
Del porvenir, quise cantar la gloria
Que hacia el azul erigen tus violines.
He desistido ahora. Para honrarte
No basta esa miseria que la gente
Suele apodar con vacuidad el arte.
Quien te honrare ha de ser claro y valiente.
Soy un cobarde. Soy un triste. Nada
Podrá justificar esta osadía
De cantar la magnífica alegría
Fuego y cristal – de tu alma enamorada,
Mi servidumbre es la palabra impura,
Vástago de un concepto y de un sonido;
Ni símbolo, ni espejo, ni gemido,
Tuyo es el río que huye y que perdura.

*

si una mujer desdeña mi amor
haré de mi tristeza una música,

---
10 A Johannes Brahms – *La moneda de hierro*, 1976

un alto río que siga resonando en el tiempo[11]

*

El espejo ilusorio de la música[12]

*

Convertir el ultraje de los años
En una música, un rumor y un símbolo[13]

*

Deseo y posesión y el don del verso,
Que transforma las penas verdaderas
En una música, un rumor y un símbolo[14]

*

Una cosa invisible está pereciendo del mundo
un amor no más ancho que una música[15]

*

Pero hay ternuras que por ninguna muerte son menos:
las íntimas, indescifrables noticias que nos cuenta la música[16]

*

Cuando la sombra no entorpece los pasos
y la venida de la noche se advierte
como una música esperada y antigua.[17]

*

Compartir el ahora
como se comparte la música
el sabor de una fruta[18]

*

El que agradece que en la tierra haya música[19](...)

---

11 Browning resuelve ser poeta – *La rosa profunda, 1975*
12 Del infierno y del cielo – *El Otro, el Mismo*
13 Arte poética – *El hacedor*, 1960
14 Elvira de Alvear – *ibidem*
15 Barrio Norte – *Cuaderno San Martín*, 1929
16 A Francisco López Merino – *ibidem*
17 Calle desconocida – Fervor de Buenos Aires, 1923
18 Nostalgia del presente – *La Cifra*, 1981
19 Los Justos – *ibidem*

Esas personas, que se ignoran, están salvando el mundo.
*

Callan las cuerdas
La música sabía
lo que yo siento[20]
*

Ha soñado la música, que puede prescindir del espacio[21]
*

La sal, el agua y la música pueden purificarnos[22]
*

Como dijo Schopenhauer, la música no es algo que se agrega al mundo; la música ya es un mundo[23]
*

O que un músico siente que el extraño mundo de los sonidos — el mundo más extraño del arte — está siempre buscándolo, que hay melodías y disonancias que lo buscan[24]
*

El arte de la palabra, aún más inexplicable que el de la música, porque incluye la música[25]
*

(...) Como la música, las matemáticas pueden prescindir del universo, cuyo ámbito compreende (...) y cuyas ocultas leyes explóran (...)[26].
*

Referências

20 Diecisiete Haiku – *ibidem*
21 Alguién sueña – *Los Conjurados,* 1985
22 El forastero – *La Cifra, 1981*
23 El tiempo – *Borges oral,* 1980
24 La ceguera – *Siete Noches,* 1980
25 Alguién sueña – *Los Conjurados*
26 *Biblioteca personal* — Madri, Alianza Tres, 1988.

BORGES, Jorge Luís. **Biblioteca Personal**. Madrid: Alianza Editorial S. A., 1988.

_____. **Borges Oral.** Buenos Aires: Editorial Bruguera S. A., 1985.

_____. **La Cifra.** Madrid: Alianza Editorial, 1986 (2ªreimpressão).

_____. **Los Conjurados.** Madrid: Alianza Editorial, 1985.

_____. **Prosa Completa.** Barcelona: Editorial Bruguera, 1985, vols. I, II, III e IV.

_____. **Obra Poética**, *1923-1977*. Buenos Aires: Emecé Editores, 1977.

CASTRO, Marcos Câmara de. **Os Lugares e as Cores do Tempo: Música, Sociedade e Educação.** São Paulo: Editora Pharos, 2015.

Transcrição das Perguntas e Respostas formuladas

Ana Clara Silva Moreira
Anderson Flavio Cordeiro

O Borges teve alguma formação musical? Ele chegou a tocar alguma coisa? Tem alguma informação disso, já que ele fala tanto de música?

Marcos Câmara de Castro: Nas obras que consultei eu encontrei de 30 a 85 citações musicais. Ele nunca mencionou ter estudado música, pelo contrário, ele se considerava um amador, ele era nadador e no "Poema del cuarto elemento", ele conta a história da água – poema super erudito, onde ele fala: *"El Dios a quien un hombre de la estirpe de Atreo apresó en una playa que el bochorno lacera"* é o leão, é o dragão, é a pantera é a água, porque a água é Proteo, daí começa uma erudição incrível, mitologias e tal. Na última estrofe ele fala: *"Água, eu te suplico, recorda-te de Borges, teu nadador, teu amigo, não faltes a meus lábios no último momento"*. Ele consegue misturar de uma maneira muito legal a erudição e as coisas íntimas e bem triviais – prosaicas. *Teu nadador, teu amigo, não faltes a meus lábios no último momento.* Que eu saiba ele não foi músico, ele fala de música, ele escreveu muita letra de milonga. Ele tem livro só sobre milongas. Ele cita*: "calam as cordas, a música sabia o que eu sentia"*. Ele está sempre atento à música. Talvez até por sua deficiência visual progressiva ele está sempre atento, a ponto de gostar de Brahms, o que não é pouca coisa para um leigo.

Marcos, você coletou alguns pedaços dos versos dele, como é que você alinhavou a forma musical dentro desses pedaços de texto?

Marcos Câmara de Castro: Aquela música era sobre o poema inteiro.

A música sim, mas você pegou outras?

Marcos Câmara de Castro: Não mexi com outras. Eu tenho um rascunho, que é o Soneto do vinho, que ele fala: *"Em que reino, em que século, em que silenciosa conjunção de astros, surgiu a valorosa e singular ideia de inventar a alegria?"* Ele começa assim, mas aí eu fiz um negócio que nem consegui digitar no *Finale*, porque ele não aceita isso, que é uma voz em cada tom. Como se você estivesse cantando desafinado, numa taberna, depois de ter tomado muito vinho. Eu não consegui escrever no Finale, só manuscrito; não consegui nem montar, nem fazer.

Eu gostaria de entender a relação que você estabeleceu entre o texto e a sua criação. Isso vai ficar bem entendido com o texto escrito? Com a partitura nós vamos ter a noção do quanto foi aproveitado do texto dele e como você expressou a mesma ideia?

Marcos Câmara de Castro: Os pensamentos harmônico e melódico seguem os procedimentos por mim desenvolvidos ao longo de anos de prática composicional e estão bem explicados em Castro, 2015[1]. Resumidamente, sempre busquei o cluster como ponto de repouso, alcançado diatonicamente. O recurso do cromatismo é usado com parcimônia para evitar o caráter lúgubre tão presente o romantismo alemão. As dinâmicas obedecem a intenção expressiva, exceto a partir do compasso 171, em que estabeleço um padrão de crescendo cíclicos seguidos de piano súbito, padrão este que vai até o compasso 217, quando a peça termina com o coro melismático inicial.

Parte dos músicos acreditava que a música era concebida tacitamente como a linguagem das linguagens.

---

[1] CASTRO, Marcos Câmara de. Os Lugares e as Cores do Tempo: Música, Sociedade e Educação. São Paulo: Editora Pharos, 2015.

Marcos Câmara de Castro: Isso ocorreu depois de 1800 com a teoria das Belas Artes. A música passa de totalmente vinculada à palavra, para a maior expressividade entre as Belas Artes, a mais evanescente, a que mais traduzia a essência das Belas Artes. Mas isso só ocorreu a partir do século XIX. Ela era mais imitação e nem tinha a vinculação com o sacro, com a religião. Novalis, Hoffmann e até Adam Smith, aquele economista e filósofo, entraram nesta onda. Smith morre em 1794, ele publica seus textos dizendo exatamente isso, que a música é a mais evanescente, é a maior representante das Belas Artes porque ela não tem nada de concreto. Então a música deixa de ser uma imitação e não está vinculada com o sagrado. Ela adquire um pedestal entre as Belas Artes. As vanguardas herdam isso do romantismo. Eu entendo e me situo aí, numa musicologia pós-moderna que faz uma crítica a isso, porque como diz o Lawrence Kramer, que é um filósofo da música também, a música é inevitavelmente mundana, ela é feita por homens e mulheres, por que essa vertente filiada ao sublime, uma coisa etérea? O Bourdieu estuda muito isso na obra "A Distinção", ele fala dessa propriedade da música e que acabou criando alguns problemas. Essa noção é problemática e segue por um curto período. Está vinculada à autonomização da obra de arte, está vinculada à ideologia do gênio e da criatividade, está vinculada à autonomia da obra de arte e sua ligação direta com o belo musical do Hanslick, que na verdade era um amigo de Brahms e defendia a sua música, dizendo que ela não precisa ter palavra, não precisamos ter uma ópera, para classificarmos uma música boa. A música também pode ter uma lógica interna. Essa ideia surge e amadurece no século XIX. Quem descreve esse percurso todo é a Lydia Goehr naquele livro "Museu imaginário de obras musicais" (The imaginary museum of musical works). É um livro interessantíssimo, onde ela faz uma abordagem filosófica na primeira parte e uma abordagem histórica na segunda, situando exatamente essa mudança de perspectiva musical. Como diz Borges: *"A música não precisa do mundo, a música prescinde do espaço"*. Isso está acontecendo no século XIX, antes não era assim.

Professor, você tocou em um ponto que eu acho muito interessante, que foi um brinde que veio com o Romantismo – o do compositor genial intocável. Existe uma linha que começa a contestar isso – essa coisa do gênio intocável. Tem um musicólogo – Chiantore –, que está na Espanha agora, que vem contestando muito isso nas interpretações de Beethoven. Ele vem contestando essa questão do gênio intocável. Isso seria um brinde do Romantismo?

Marcos Câmara de Castro: A Tia DeNora, uma socióloga inglesa, faz um trabalho que chama *Beethoven – The social construction of genius*, "A construção social do gênio". Para nós é um livro interessante, temos ainda o livro do Paulo Renato Guérios que faz uma análise parecida sobre Villa-Lobos. Tanto Beethoven quanto Villa-Lobos, eles têm estratégias de inserção, de legitimação dos seus trabalhos, em uma Viena – no caso de Beethoven, que estava totalmente voltada para outros compositores, Czerny, Hummel. A música de Beethoven era barulhenta e criticada por isso. Então, o texto agrega-se à música no sentido de justificar: – Não, você não está entendendo, é que ela tem uma lógica interna, você tem que ouvir mais vezes. A ideia do Beethoven colou e pegou, e praticamente toda a musicologia que a gente conhece antes do pós-modernismo é uma "Beethoven based musicology", baseada no Beethoven. O Beethoven passou a ser o modelo a partir do qual todo mundo julga este ou aquele. Me fala um contemporâneo do Beethoven? Ninguém lembra, ninguém sabe, é como se só tivéssemos ele na época. Viena estava cheia de compositores.

O Borges inspirou muitos compositores e compositoras que eu toco. E eu também conhecia esse lado do Borges mais imaginativo, mais fora da realidade. Você trouxe hoje um lado dele falando de coisas mais terrenas, da avó, da morte, do medo da morte e como ele valorizava as pequenas coisas da vida. Como você vê esses dois lados do Borges e qual é mais musical?

Marcos Câmara de Castro: Sou um apaixonado pela obra de Borges, justamente por essas coisas estarem juntas. Essa coisa prosaica e íntima e essa erudição toda. Esse contraste eu adorei, a simplicidade sofisticada. O Borges tem isso, é um simples sofisticado. Eu acho que são os dois, eu não separaria. Não que seja uma coisa mais ou menos musical, a música está ali junta, no contexto dele, como as outras coisas que também estão. Ele é nadador, ele é admirador de Brahms e outras coisas. Ele fala muito em espelhos, nas *rayas del tigre*, ele era fascinado pelo tigre e pelos espelhos: *Nossa, o espelho, que coisa louca, você se ver do outro lado*. Espadas também. Tem alguns temas em que ele sempre volta. A música é um deles, nem é, talvez, a mais importante, mas ela está sempre presente. Aqui ou ali, de repente ele fala como se fosse uma coisa do dia a dia dele. Ele não dá uma importância, mas você percebe que a maneira como ele cita, é como se fizesse parte do seu dia a dia. Até por ser deficiente visual, eu acredito que ele ouvia música o dia inteiro.

Poemas sonoros para flauta solo: Narrativa sobre o processo criativo composicional de um flautista

Raul Costa d'Avila
Centro de Artes da UFPEL

Narrar ou escrever sobre minhas composições para flauta solo – ou poemas sonoros, como eu prefiro denominá-las – é uma novidade no meu percurso como músico, flautista e professor.

Como pode ser observado em meu *lattes*, não há qualquer menção relacionada à formação em composição. Minha trajetória desde 1973, quando iniciei meus estudos de música e flauta com meu pai em Ubá, Minas, sempre foi voltada à flauta transversal. Cursei Conservatório Estadual e mais tarde Bacharelado, Mestrado e Doutorado em flauta transversal. Ao longo dos anos também fiz vários cursos de aperfeiçoamento, seminários e festivais, sempre tendo a flauta como objeto no desenvolvimento de minhas habilidades e competências.

Desde 1989 sou professor de flauta transversal na Universidade Federal de Pelotas, lotado atualmente no Centro de Artes. Até antes da pandemia minha produção musical centrava-se no ensino, *performance*, pesquisa e composições de choros, valsas, uma canção sem palavras, algumas improvisações

guiadas e pequenos temas dedicados aos alunos/as com funções pedagógicas, especialmente quando fui monitor/bolsista no Centro de Musicalização Infantil (CMI) da UFMG (1988-1989). Não tendo formação em composição e inserido na academia, onde inclusive temos o curso de composição, me sentia tolhido em expor publicamente outras produções, se não aquelas mencionadas acima.

Entusiasta da flauta solo (ou flauta desacompanhada, como muitas vezes prefiro denominar ou ainda, flauta *a cappella*) e movido pela paixão pelo instrumento, sempre procurei – e ainda procuro – fazer recitais solo, tanto na UFPel como em outros locais de Pelotas, além dos recitais nos Encontros Estaduais de Flautistas que realizamos aqui no RS (Porto Alegre, Santa Maria e Pelotas) e também nos Festivais Internacionais da ABRAF realizados no país. A literatura solo para a flauta transversal é imensa, contemplando repertório que abrange praticamente todos os períodos da história da música, contextualizando nestes o repertório brasileiro, latino-americano entre outros igualmente importantes não contextualizados no repertório europeu. Ainda que o repertório para a flauta moderna, ou flauta sistema Boehm (1847), tenha sido desenvolvido a partir do final da primeira metade do século XIX, a literatura que antecede a flauta moderna é imensa, sobretudo, no período barroco em que o *traverso* é nosso representante.

O que poderia explicar esta imensa produção? Seu som tem poderes mágicos? Ter sido criada pelos deuses Osíris, Pan, Krishna? O fato é que a flauta está presente na humanidade desde os mais remotos tempos nas atividades religiosas, militares e profanas nos mais diversos períodos da história e culturas, afinal, a flauta é provavelmente o instrumento mais antigo. Conforme Raymond Meylan, em seu livro *La Flûte* (1974, p.6), "o verdadeiro sentido da palavra flauta é simplesmente o do sopro: a exalação humana ainda desprovida de canto, tão pálida como uma gota de água é insípida e inodora[1]". Assim, o envolvimento, os interesses e o fascínio dos músicos pelo instrumento podem ser justificados, o que, consequentemente, refletiu e ainda reflete na farta produção musical dedicada ao instrumento.

---

1 *Le vrai sens du mot flûte est simplement celui de souffle: exhalaison humaine encore dépourvue de chant, aussi pâle que la goutte d'eau est insipide et inodore.*

A flautista e professora holandesa Mirjam Nastasi tem uma publicação maravilhosa e muito importante chamada *Die Soloflöte*, com cinco volumes contemplando composições até os anos 2000, publicadas pela Edição Peters. Para os amantes do instrumento, não só vale a pena tomar conhecimento como também adquirir. Não menos importante também são as 96 peças para flauta solo de Charles Koechlin (1867-1950), *Les Chants de Nectaire*[2] (Opus 198, 199 e 200). Talvez um repertório menos conhecido do grande público, mas uma preciosa coleção para flauta da arte monódica de Koechlin concebidas em um curto espaço de tempo, publicadas pela *Gérard Billaudot* Editora.

Naturalmente não posso deixar de mencionar aqui algumas obras pilares da literatura internacional, tais como *Syrinx*, de Claude Debussy (1862-1918), *Density* 21.5, de Edgar Varése (1883-1965), *Sequenza* I, de Luciano Berio (1925), a emblemática *Partita* em Lá menor (BWV 1013), de J.S. Bach (1685-1750), a monumental Sonata em Lá menor, de C.P.E. Bach (1714-1788) os Caprichos e Fantasias de J.J. Quantz (1697-1773) e as Fantasias para Flauta solo, de G. P. Telemann (1681-1767). Do repertório brasileiro também menciono algumas obras relevantes tais como as Melopéias I, II e III, de Guerra-Peixe (1914-1992), a *Toccata Breve*, de Edino Krieger (1928), Trítonos, de Mário Ficarelli (1935-2014), Três Improvisações, de Camargo Guarnieri (1907-1993), Improviso, de Osvaldo Lacerda (1927-2011), Contrastes, de Raul do Valle (1936), Aboio, de Paulo Costa Lima (1954), Nênia, de Flávio Oliveira (1944), entre outras igualmente importantes e significativas tanto da literatura internacional quanto da literatura específica da flauta no Brasil[3].

---

2   Conforme Pierre-Yves Artaud, responsável pela versão integral, os 96 *Chants de Nectaire* para flauta (Op.198, 199 e 200) de Koechlin foram escritos entre abril e agosto de 1944. A primeira série de 32 foi inspirada em *La Révolte des Anges*, de Anatole France (1914), na qual vários anjos, cansados do céu, decidem viver como simples mortais em Paris, onde suas aventuras oferecem oportunidades para uma sátira social apurada. A segunda coleção de 32 Chants de Nectaire (Op. 199) Koechlin a denominou de *Dans la forêt antique*, utilizando temas favoritos como faunas e naïads, além de extratos de *Eclogues e Georgics*, de Virgílio. A terceira coleção (Op. 200) continua na mesma linha (sem citações de Virgílio) e tem o subtítulo *Prières, cortèges et danses pour les Dieux familiers*. Artaud ainda menciona que, em geral, as peças fundem virtuosismo com reflexão serena, vitalidade transparente com cromatismo sinuoso e liberdade rítmica com inflexões modais.

3   Para maiores informações, sugiro consultar o Capítulo XVIII do Método Ilustrado de Flauta, de Celso Woltzenlogel, onde há uma imensa relação da Música Brasileira para Flauta.

Em 2020, a partir de conversas com um ex-aluno que estudou composição formalmente, vive na Bélgica há alguns anos e regularmente me envia áudios e vídeos de suas composições, me encorajei e resolvi compartilhar com ele um vídeo de umas miniaturas que concebi para flauta solo em janeiro de 2019, mas que até aquele momento não havia divulgado. Estimulado pela recepção dele e sob o impacto dos primeiros momentos da pandemia, resolvi postar no *Facebook* tendo um novo estímulo vindo das curtidas e comentários.

Diante dos fatos ocorridos, resolvi registrar em vídeo uma fantasia seresteira concebida dez anos antes (abril de 2009), que estava registrada em meus manuscritos. Novos estímulos surgiram e com ele mais encorajamento. Assim, resolvi editar as duas composições através de outro ex-aluno que trabalha com editoração e compartilhá-las com colegas e amigos flautistas para que pudessem experimentá-las e, quem sabe, obter novos comentários. De repente, por intermédio de duas amigas flautistas e sem que eu ficasse sabendo, uma das composições editadas e compartilhadas (a de 2019) foi encaminhada à organização de um concurso promovido pela Associação Colombiana de Flautistas que aconteceria em agosto de 2020 e foi escolhida para integrar a lista das peças exigidas naquele concurso.

Posteriormente a organização do concurso fez contato comigo solicitando minha autorização para que a composição fosse peça de confronto da primeira rodada para a categoria infantil do concurso. O fato não só me alegrou muito, mas, sobretudo, me deixou orgulhoso pela peça ter sido selecionada para ser tocada por crianças de até 12 anos, de outros países, culturas (Colômbia, Chile, Venezuela, Peru e México), interpretando algo que fui responsável pela criação. Enfim, algo que jamais imaginei na vida e que surpreendentemente aconteceu.

Ao mesmo tempo, uma antiga ex-aluna do CMI/UFMG, hoje flautista da Orquestra Sinfônica de Minas Gerais, me consultou para saber se poderia gravar um vídeo da peça mencionada acima para participar de um evento e uma outra amiga flautista, professora na Universidade de Nebraska em Omaha (EUA), incluiu esta mesma peça em seu recital de *piccolo* no "*Puerto Rico Flute Symposium*", em 2020. Embora não tenha sido concebida para o *piccolo*, a peça soou muito bem. Na sequência dos dias, um velho amigo, professor em Fortaleza, me perguntou se ele poderia incluir uma das duas

composições compartilhadas (desta vez a de 2009) no seu recital para o "Iº Encontro Cearense Flautista", realizado em agosto de 2020 e, com satisfação, disse que sim.

Ainda que estas duas composições tenham estilos contrastantes, elas têm algo em comum: uma relação com a música popular e um perfume da música de concerto, afinal ao longo dos anos minhas experiências musicais se deram tanto na música popular – serenatas, rodas de choro, festivais da canção, bandas, entre outras – quanto na música de concerto – música de câmara, recitais de flauta solo, solista com orquestra, ciclos de música contemporânea, grupo de música contemporânea, entre outros -, o que inevitavelmente refletiu em meu processo criativo.

Portanto, respaldado pela aprovação dos dois poemas sonoros que compartilhei inicialmente, eu venho me permitindo desenvolver novos temas e viver este novo momento em meu percurso. Nesta movimentação, um novo poema sonoro, finalizado em junho de 2020, é incluído em um recital solo realizado por uma amiga no Rio de Janeiro, na Série Concertos SESC Partituras. Não posso negar que o processo tem sido uma experiência gratificante e, ao mesmo tempo, inquietante. Se nestes momentos da pandemia fomos obrigados a sermos reclusos e mais reflexivos, chegando aos 60 anos a linha do tempo tem outra perspectiva, o que de certa maneira vem me instigando a integrar minhas experiências de anos de prática com o instrumento a partir de um processo de criação que vai sendo construído.

Assim, quase sempre com a flauta em mãos e o auxílio de um gravador, o processo se dá ora em um fluxo contínuo, onde a criação é concebida de uma só vez (ou quase) e ora desenvolvido a partir de uma improvisação. No primeiro processo, menos frequente, depois de registrado em áudio eu o ouço e se achar que vale a pena faço o registro a lápis no papel. Feito isto, vou tocando, fazendo minhas apreciações, experimentações e, conforme a necessidade, podem ocorrer ajustes ou alterações rítmicas, melódicas, de andamento, dinâmica, fraseado, regiões da flauta, entre outros. A articulação também é um elemento importante que procuro sempre cuidar e que mais adiante comentarei.

Quando o processo é desenvolvido a partir de uma improvisação, ouço posteriormente o áudio que foi gravado, selecionando o que considerei ins-

pirador; registro no papel e sigo tocando desenvolvendo as ideias sem uma forma pré-estabelecida, sempre experimentando, ponderando sobre a tonalidade, procurando um colorido tonal que me atrai, se vou fazer uso do tradicional compasso no início e até mesmo da armadura de clave. Sempre escrevo no papel, usando a borracha várias vezes e fazendo novas versões manuscritas durante o processo, experimentando e gravando. A inserção de algumas técnicas expandidas e as denominações do caráter também podem integrar esse processo, e assim vou dando vazão aos sentimentos, inspirações que, moldados pelo sopro, recebem contornos gerando as articulações, não apenas as musicais, mas também as psíquicas e humanas. Às vezes surgem dúvidas na maneira de grafar a técnica expandida utilizada e quando isto acontece, consulto uma amiga especialista que gentilmente me esclarece.

Exemplo de transformação desenvolvida a partir de uma improvisação

Ex 1 – Vozes de um Rio – ideia básica, sem compasso e apenas indicação metronômica

Ex. 2 – Vozes de um Rio – ideia desenvolvida com compasso e mais estruturada

Neste contexto, seja o processo desenvolvido em um fluxo contínuo ou a partir de uma improvisação, procuro incorporar componentes, tais como a razão, intuição, espontaneidade e a emoção de forma equilibrada ao meu processo de flautista-compositor, na tentativa de integrar o compositor ao flautista, algo que eu não me permitia antes por não ter formação específica em composição, ainda que o conceito de compositor não esteja vinculado à formação. Por ser subjetivo, talvez o leitor queira saber o que é, ou em que se baseia este "equilíbrio" que venho procurando entre os componentes mencionados, que considero básicos. O que posso afirmar é que de fato é muito subjetivo e que, além da minha experiência como flautista e professor, o equilíbrio tem a experimentação como grande juíza e assim, tomando o poema "Verdade", de C. Drummond de Andrade, posso dizer que o meu capricho, a minha ilusão e minha miopia também são aliados no processo pela busca do desejado equilíbrio.

Especificamente, no que diz respeito a articulação, para mim ela é sinônimo de movimento, de atuação, de gesto, de uma maneira de formar ideias, de expressão, de emoção e vida – o que com certeza não abrange somente a música, mas a própria vida nas suas diversas formas de comunicação e expressão. Pelo fato da flauta – e os instrumentos de sopro em geral – ter uma relação mais próxima com a linguagem falada, de um modo geral exploro bastante a articulação em todos os meus poemas sonoros, visando, além de instigar o possível intérprete em explorá-la, tentar tornar a narrativa mais eficaz ou, quem sabe, mais presente, mais viva. Ainda neste contexto, cabe ressaltar que a flauta transversal é especialmente favorecida por outro aspecto que a coloca ainda mais em proximidade com a linguagem falada e, de modo particular, a linguagem cantada. Esta aproximação se dá pelo fato de o sopro entrar em vibração sem intermediário algum, em um contato direto e contínuo entre o ar, lábios e o tubo da flauta[4], promovendo uma relação que se aproxima, até determinado ponto, daquela encontrada tanto no canto como também na fala.

Deste modo, neste desenvolver meu novo momento que teve seu *start* pelo encorajamento vindo de outras pessoas, tenho lido entrevistas de compositores, alguns textos e publicações, além de conversar com amigos compositores. Assim, me sentindo um "compositor prático" optei em denominar minhas composições de "poemas sonoros", afinando melhor com o que penso. Acredito que para um poema ou uma poesia serem mais bem assimilados, sentidos, é necessário que seja falado, narrado em voz alta com suas inflexões e manejo adequado da voz para que, no processo, o narrador, envolvido pela emoção que o jogo das palavras evoca, possibilite dar vida ao texto, e assim, aquele ou aqueles que estão ouvindo possam, quem sabe, desfrutar da gênese com maior envolvimento, encantamento. Este manejo, por sua vez, está mais relacionado com a maneira como as palavras são articuladas, flexionadas, do que propriamente com a qualidade da voz em si, embora esta também possa colaborar para que a narrativa surja de maneira procedente e emotiva. Deste modo, justifico também o que apresentei no parágrafo acima a respeito da minha maneira de explorar a articulação dos poemas sonoros, afinal a relação entre as duas linguagens, como foi dito, tem muitas afinidades, ambas merecendo muitas atenções por parte de quem interpreta. Conforme Sergio

---

4   Fato que caracteriza a flauta como instrumento de embocadura livre.

Magnani nos diz em seu livro *Expressão e Comunicação na Linguagem da Música* (1989), interpretar é "uma atividade de intuição e técnica, baseada no reconhecimento dos símbolos e dos caminhos misteriosos da sua gênese, a fim de se chegar à tradução dos símbolos em eventos ou fenômenos, em nosso caso, sonoros". Portanto, primar por narrativas musicais em que o manejo do sopro, da articulação, promova um discurso cheio de vida e graça, aliado a um som presente e comunicativo, quase pronunciado, tem sido uma constante busca no meu processo de flautista e agora, flautista-compositor.

No que diz respeito às leituras de publicações de compositores, lendo *AKISUM*, de Anton Walter Smetak (1913-1984), com o prefácio de Paulo Costa Lima, Smetak nos apresenta uma narrativa genial como respostas a três perguntas básicas:

- Como componho?
- Por que componho?
- Para quem componho?

Considerando ser muito oportuno – não só pela identificação, mas, sobretudo, pela sua franqueza, simplicidade e genialidade – apresento aqui trechos das respostas de duas de suas perguntas: "como componho?" e "para quem componho?"

> [...] O processo pode ser feito escrevendo os símbolos no papel. Prefiro, porém, a improvisação, eventualmente gravada para depois retransformá-la na escrita. Prefiro a improvisação para enfrentar o imprevisto e analisar, durante a 'tocada', tanto os elementos musicais, como a ecologia psíquica que os mesmos atraem. Prefiro este processo vivo de composição, onde sempre deve haver um contínuo temático que não pode parar, à composição escrita, para manter a musicalidade espontânea. (s/p, UFBA, 2001)

> Por prazer da própria experiência – se ela for feita em grupos ou individualmente –, para ensinar. Para criar mil pontos de interrogações e ganhar uma participação grande, se por eventualidade tiver público. Aprendi que a discordância causa mais resultados para evocar diálogos, do que a concordância, procedimento acadêmico que estabelece o processo do pensador contínuo. (s/p, UFBA, 2001)

Assim, agora um pouco mais à vontade, na sequência, apresentarei meus poemas sonoros os quais – parafraseando Smetak – suscitaram muitos imprevistos e que foram sendo desenvolvidos conforme a ecologia psíquica que cada um deles atraía. É importante mencionar ainda que pensando na possibilidade de ser útil ao possível intérprete que deseja ter algumas informações sobre cada poema, optei em apresentar na página final de cada partitura um pequeno texto onde escrevi algumas informações, ideias, curiosidades, enfim, algo que possa de alguma forma deixar o intérprete mais ciente daquilo que imaginei. Ainda que isto não signifique garantia à qualidade interpretativa, de alguma maneira poderá, quem sabe, contribuir para o reconhecimento dos símbolos e dos caminhos misteriosos da gênese, a fim de se chegar à tradução dos símbolos em som, conforme nos apontou Magnani. Além disso, creio que pode ser ainda uma forma de aproximação com o intérprete, quem sabe o deixando mais "confortável" no seu processo de apresentação da narrativa.

Finalizando esta narrativa, ponderações me fizeram perceber quais seriam algumas das razões pelas quais eu componho. Ainda que não tenha uma hierarquia, elas apontam para: a necessidade pessoal de experimentar novas possibilidades de atuação musical; ter acumulado experiências ao longo dos anos com a prática do instrumento, seja na *performance*, seja no ensino; por acreditar que tenho possibilidade de criar algo que seja idiomático à flauta e, ao mesmo tempo, possa contemplar a cultura brasileira; pela paixão pelo instrumento, pela forma como seu som é produzido, podendo ser articulado de maneira quase pronunciada como a linguagem falada, integrando os gestos musicais aos corporais; para instigar meu processo criativo; por ter tido um *feedback* motivador; por prazer e coragem de enfrentar, como diz Smetak, as "ecologias psíquicas" que envolvem cada criação e, por fim, por ousadia.

Despedindo-me, agradeço à direção do "Saber Musical" pela oportunidade em apresentar um recital palestra e a narrativa sobre o meu processo composicional, agora registrado integralmente, esperando que de alguma forma possa ser útil aos interessados. Desejo vida longa às propostas do "Saber Musical" e que suas ações, virtuais ou presenciais, possam estar sempre contemplando novos projetos, atividades, ideias e artistas de todas as idades.

Abraços e tudo de melhor!

Sobre os poemas sonoros

Após a exposição da narrativa sobre o meu processo criativo composicional, apresento agora as mencionadas informações contextualizadas no final de cada partitura, as quatro partituras dos poemas apresentados no recital palestra dos "Diálogos Interdisciplinares em Música", promovido pelo "Saber Musical", e os *links* de minhas interpretações disponibilizadas no *YouTube*.

Como já mencionado, primar por narrativas musicais em que o manejo do sopro, da articulação, promova um discurso cheio de vida e graça, aliado a um som presente e comunicativo, quase pronunciado, tem sido uma constante busca no meu processo de flautista e agora, flautista-compositor. Se eu consegui não posso afirmar, mas posso garantir que a busca tem sido uma prática constante, prática inclusive que tenho desenvolvido como princípio pedagógico aos meus alunos.

Vozes de um Rio

Dedicada a meu professor, Expedito Vianna (1928-2012), "Vozes de um Rio" foi inspirada num trecho do escritor Guimarães Rosa (1908-1967) escrevendo sobre si mesmo: "[...] porque amo os grandes rios, pois são profundos como a alma de um homem [...]".

A ideia foi homenagear esse querido professor, procurando explorar a sonoridade da flauta como Expedito gostava muito de fazer com competência e profunda dedicação em suas aulas.

Fã do tenor italiano Benamino Gigli (1890-1957), Expedito ficava impressionado com os harmônicos que surgiam da voz de Gigli quando este mudava as vogais. Neste contexto, naturalmente tentei explorar a sonoridade da flauta e seus matizes, procurando explorar ainda o uso do vibrato de forma mais controlada, criando para isto um sinal que foi inspirado nos exercícios cotidianos que Expedito me pedia para fazer em suas aulas, conforme anotações que ainda guardo.

"Vozes de um Rio" é um mergulho nos mistérios e encantamentos do som da flauta, em suas profundezas – e quem sabe ainda em nossas profunde-

zas também?! É uma proposta que beira ao improviso, procurando contextualizar poesia (sonoridade da flauta e palavras de G. Rosa), onde ousei equilibrar intuição, espontaneidade com racionalidade e emoção.

Link:

https://www.youtube.com/watch?v=TVo4wih5eDY&ab_channel=RaulCostad%27Avila

Singelezas – Seis miniaturas para flauta solo

Singelezas é uma composição dedicada à querida amiga e professora Marie Thérèse Odette Ernest Dias (franco-brasileira), cuja pedagogia foi objeto de minha tese, defendida no Programa de Pós-Graduação em Música da Universidade Federal da Bahia, em 2009.

Concebida em um fluxo contínuo, na "Gruta do Salitre" (Diamantina, Minas Gerais, Brasil), cada miniatura representa uma estrofe, como em uma poesia, ou, se preferir, uma pintura, uma paisagem, ou até mesmo um momento da luz de um amanhecer.

Na sequência as miniaturas simbolizam um poema sonoro ou um painel com os seis quadros expostos sequencialmente ou ainda, quem sabe, uma série de pequenas Cantigas de Roda com seus gestos e articulações bem definidos.

A ideia principal para *Singelezas* é a leveza. Elas representam afeto, agradecimento e esperança. O caráter *moderato* que imaginei é algo suave, talvez como o fluxo de uma poesia terna, com suas naturais inflexões.

Link: https://www.youtube.com/watch?v=1CL1t5KCWQE&ab_channel=RaulCostad%27Avila

Singelezas
Seis miniaturas para flauta solo
À Odette Ernest Dias

Raul Costa d'Avila
Diamantina - MG, 13.01.19
Gruta do Salitre
UFPel

Moderato (♩ ≈ 104)

*Suave... como o fluxo de uma
poesia com suas naturais inflexões*

Rall   a tempo

Edição - Mateus Messias, 2020

DIÁLOGOS INTERDISCIPLINARES EM MÚSICA

Edição - Mateus Messias, 2020

211

Jardim de Nuvens – Poema Seresteiro para flauta solo

Concebido a partir de um improviso, tendo o céu de Pelotas e seus nevoeiros ocasionais como inspiração, "Jardim de Nuvens" é minha segunda composição com motivos seresteiros.

Título inspirado nas ousadas e maravilhosas combinações de palavras que Manoel de Barros faz e transforma primorosamente em poesia, ele surgiu a partir do privilégio que tenho em observar os constantes flanares das nuvens, formando quase sempre um majestoso jardim, que posso contemplar da sala onde ensino.

O improviso inicial foi desenvolvido e transformando em tema; posteriormente foi expandido em quatro pequenas sequências que, ao final da última, retorna ao tema seguido da reapresentação da primeira seção expandida e da metade da segunda sequência que, conectando-se à *coda,* conclui o poema.

Tendo convivido, e ainda convivendo com muitos seresteiros e chorões em Pelotas, "Jardim de Nuvens" é minha homenagem à cidade, aos amigos seresteiros e chorões que aqui convivi, convivo e admiro.

Link:

https://www.youtube.com/watch?v=RUi0jQCjKvY&t=65s&ab_channel=RaulCostad%27Avila

Jardim de Nuvens
Poema Seresteiro para flauta solo

Ao céu de Pelotas e aos amigos chorões e seresteiros que aqui convivo

Raul costa d'Avila
Pelotas, Agosto de 2021

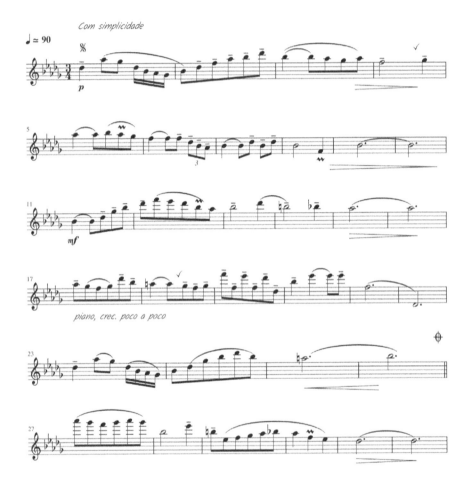

Três Meninas

Inspirada nas Nereidas, divindades marinhas que acudiam os marinheiros, filhas de Nereu e Dóris, a composição remete a três das cinquenta Nereidas, denominadas aqui carinhosamente por meninas: Thoe, Eudora e Thalia.

A proposta das peças é instigar a prática da flauta solo ou piccolo, desde iniciantes até avançados, enfim, para aqueles que desejarem curtir as peças e dar asas à imaginação.

A diversidade de articulações aliada às questões relacionadas ao fraseado, andamento, sonoridade, métrica e expressão em geral poderão ser alguns dos desafios, variando estes naturalmente conforme o nível daquele/a que se propõe a tocá-las.

O Tempo I, Thoe, representa a Nereida da viagem "rápida" ou das ondas em movimento. A ideia do binário composto (6/4) foi promover o vai e vem dos movimentos ascendentes e descendentes, jogando ora para cima, ora para baixo como pequenas ondas mesmo ou ainda como se fossem sutis e delicados movimentos de uma dança.

O Tempo II, Eudora, optei em chamá-lo Dora. Representa a Nereida dos "presentes delicados" ou do mar. Ainda que não tenha qualquer relação musical com "Dora", de Dorival Caymmi, pensar nela de alguma forma é sempre muito inspirador e sugestivo, afinal Caymmi presenteou o mar com suas adoráveis e maravilhosas canções. O Andante que imaginei para Dora tem relação com o acalanto, portanto algo terno e muito afetuoso para oferecer às pessoas.

O Tempo III, Thalia, do grego Θάλεια "a alegria, a abundância", representa a Nereida do mar florescente, próspero, abundante. Ainda de acordo com a mitologia grega, Thalia é o nome de uma das nove musas canônicas. Ela era a musa da comédia e da poesia idílica, e por este motivo seu nome é associado à boa disposição, ao bom humor e à simpatia, passando a significar "festa" e, naturalmente, "alegria", característica do Tempo III.

Embora todas estas informações possam servir como possibilidades de conhecer um pouco sobre as Nereidas e, consequentemente, sobre a mitologia grega, a liberdade de cada um para imaginar e tocar será fundamental.

Por fim, uma coisa eu sugiro: procure encontrar alegria e espontaneidade no coração para tocá-la, seja na flauta, no *piccolo* ou outro instrumento, se alguém assim desejar.

Link:

https://www.youtube.com/watch?v=YHUzqGKNE9I&ab_channel=Raul-Costad%27Avila

II. Dora

Raul Costa d'Avila
Janeiro 2021
Pelotas - RS

Andante (♩ = 76)
Com espírito de acalanto

Allargando (2ª vez)

Edição - Mateus Messias, 2021

III. Thalia

Raul Costa d'Avila
Janeiro 2021
Pelotas - RS

Vivace ($\sqrt{} = 138$ ou $\sqrt{} = 46$)
Alegre, com graciosidade

Thalia

Transcrição das Perguntas e Respostas formuladas

Ana Clara Silva Moreira
Anderson Flavio Cordeiro de Souza

No começo da sua exposição você comentou que não se via como compositor, porque não tinha nenhuma formação em composição. Como foi esse trabalho, que acabou permitindo que você fosse na direção da composição? Ver como você dá as instruções para os intérpretes me chamou muito a atenção.

Raul d'Avila: Esse encorajamento de assumir um pouco de compositor e de flautista/compositor neste momento da minha vida – que avivou com a pandemia e com a chegada dos meus 60 anos – surgiu, como eu disse, de maneiras diferentes. Começou pelas manifestações de pessoas curtindo e comentando no Facebook e depois foi acontecendo conforme mencionei. Uma espécie de "aprovação", uma acolhida que foi sinalizando alguma coisa que me deu coragem. Eu tenho noção que são composições simples, mas que podem possibilitar um resultado motivador para aquele que está experimentando, tocando e assim cumprir uma função, seja ela de natureza artística e/ou pedagógica, social, técnica, enfim. Por outro lado, pelo fato de estar inserido na academia onde inclusive há o curso de composição na instituição em que eu sou professor de flauta, fico receoso de me mostrar como compositor, embora o ofício não esteja condicionado a quem tem formação específica. Pode ser pudor da minha parte, mas me sinto mais à vontade na condição de um criador de poemas sonoros, me deixando menos receoso.

Sobre aquilo que chamou muito sua atenção por achar que são instruções para os intérpretes, ressalto que de forma alguma são instruções, mas sim comentários e que não tem o propósito de uma bula. A ideia foi deixar algumas informações, curiosidades, enfim, passar algo daquilo que imaginei no meu processo criativo. Saliento que além de não ter a função de bula, também não tem o propósito de garantir uma interpretação mais bem sucedida. Os comentários podem ajudar, mas não garantir! O que cada um vai fazer está além dos símbolos, da codificação musical, das informações do texto. Está no poder de leitura, compreensão, imaginação e criação. Uma coisa que posso afirmar ao inserir as informações na partitura, foi a possibilidade de tentar estabelecer uma maior aproximação com o possível intérprete.

Melhor ainda, professor, porque isso dá uma abertura para que a pessoa pegue essa informação e faça a sua leitura. Eu acho que o melhor resultado é este feedback das pessoas. Eu tenho lido e assistido pessoas falando que existe muito essa busca, essa fuga daquela tirania do absoluto saber do compositor e que não cabe nenhum espaço para o intérprete fazer a menor interpretação da peça do compositor, ela tem que ser executada daquela forma rígida. Existe uma movimentação para fugir desse formato e, talvez, essa reação das pessoas às suas composições, além delas serem belíssimas, trazem essa coisa, tem esse espaço. Talvez esse seja um caminho que a composição possa trilhar no futuro. Não é pensar para se fazer do jeito que deve ser feito, mas haver um espaço para que o intérprete possa interpretar.

Raul d'Avila: Creio que essa liberdade permite ao intérprete que ele seja uma espécie de coautor da obra. Eu já vivi situações em que eu tinha que tocar estritamente aquilo que o compositor queria. Nós somos humanos e às vezes precisamos respirar aqui ou ali, ter certa liberdade rítmica ou outra qualquer, enfim. É claro, há um limite para tudo e devemos ter consciência, procurar respeitar e não abusar. Mas enquanto intérprete penso que você se torna um coautor, afinal a música só vai ganhar expressividade, vida, com a interação entre o que foi concebido, codificado na partitura, com o potencial técnico musical e criativo do intérprete.

No momento de suas inspirações composicionais, fica aparente que você se inspira em sentimentos, cenários e memórias específicas. Na hora de performar suas com-

posições, você procura evocar os cenários e sentimentos que inspiram a obra original ou você deixa se levar pelas emoções do momento, do ambiente e se permite criar uma nova versão da sua composição?

Raul d'Avila: Legal a sua pergunta e também difícil de responder. É a minha inspiração, "regida" pela emoção do momento. Você está ali tocando, daí vem alguma coisa à mente, ao pensamento, e você conecta uma coisa com a outra e se deixa transportar, levar pelo seu sentimento. Enfim, é um jogo complexo onde tento integrar espontaneidade, equilíbrio e a razão, aliado à experiência com o instrumento, com aquilo que pode soar melhor, seja mais difícil ou mais fácil, em uma determinada região... como eu disse, não é fácil responder sua pergunta porque tem muita coisa envolvida, em jogo. Eu diria – tomando emprestado de Smetak – que a ecologia psíquica envolvida é muito poderosa; aliás, a resposta mais acertada que eu poderia te dar para o momento da performance envolve, para mim, esta "ecologia psíquica", pois como te disse, tem muita coisa em jogo, envolvida, muito difícil de ser preciso, mas...

O texto tem a ideia de passar um pouco da atmosfera e do sentimento de quando o senhor compõe a música, que pode influenciar no modo da pessoa tocar quando for interpretá-la?

Raul d'Avila: Como eu disse antes, o que deixo nas partituras são algumas informações, curiosidades, enfim, algo do que imaginei no meu processo criativo. Vou ilustrar sua pergunta lendo três pequenos parágrafos que inseri na página final de Omolu, um prelúdio que levou o título do Orixá da cura. A música surgiu diante deste momento difícil e trágico que a pandemia vem causando à humanidade. Assim eu escrevi: "Mesclando crenças que configuram o sincretismo religioso, Omolu é um prelúdio com espírito de prece devotado ao Orixá da cura. Expressões do catolicismo como "com clamor de intercessão", "fervorosamente" e "piedosamente" compõe a narrativa sacra, que se faz necessária ser conduzida com compaixão, lucidez e espontaneidade, aliadas à fé e esperança pelo fim da trágica pandemia que assola a humanidade. Os silêncios, representados pelas pausas e sinais de suspensão de som, aliados às articulações e recursos das técnicas expandidas, reforçam a expressão

de lamentação e a intercessão da divindade pela mediação, pedida com insistência e humildade ao longo do prelúdio".

Foi isso que eu imaginei em deixar escrito para quem for tocar a música. Eu realmente não sei se vai influenciar aquele que ler e for tocar; escrevi o que senti diante do processo criativo e também ao tocar. De forma alguma estou escrevendo uma bula; são ideias que eu pensei e quis deixar registradas também. Se servir como possibilidade para inspirar o tocar, maravilha; caso contrário, não tem problema algum. O importante é que cada um toque fazendo sua conexão com aquilo que sente. No caso de *Adúpé* as ideias foram outras, um tema que remete à Seresta, resgatando minhas origens de seresteiro, de "fazedor" de serenatas, de tocar choro, valsas, sambas-canções. Cada música tem seu contexto e história, sempre procurando apresentar informações, curiosidades; enfim, como já disse, alguma coisa que possa deixar o intérprete mais ciente daquilo que imaginei.

Eu fico pensando sempre nessas obras que são escritas idiomaticamente, os instrumentos às vezes têm características que são bastante complicadas para quem não toca. Acho que a obra que você está escrevendo é uma contribuição dessa obra idiomática instrumental. De vez em quando eu escrevo alguma coisa também e eu imagino que não seria nada fácil para mim escrever uma peça para uma flauta solo à capela. Quem tem que fazer isso é o flautista mesmo. Não sei como você vê isso, professor, mas é uma contribuição importantíssima quando um instrumentista, um intérprete experiente começa a compor para o seu próprio instrumento.

Raul d'Avila: Em primeiro lugar agradeço muito sua consideração por dizer que o que eu escrevo é uma contribuição importante. Eu faço isso de uma maneira espontânea, porque eu toco flauta desde os 11 anos. Como eu disse, sempre toquei muito repertório solo para flauta, estreando obras, música brasileira, repertório estrangeiro. Chega uma hora que você quer tocar alguma coisa sua, deixar uma identidade sua, e como desde criança estou envolvido com a flauta, talvez tenha chegado a hora mesmo de botar para fora. Acho legal a maneira como você colocou, uma contribuição; creio mesmo que isto está condicionado à relação com o instrumento que, por sua vez, essa questão do idiomático tornar-se mais natural, fluente, se é que pode se dizer assim,

e aí a coisa vai acontecendo. Sinceramente não pensei que pudesse ser uma contribuição importante, muito menos importantíssima, muito obrigado.

Eu não vejo muita simplicidade na sua composição, mas queria que você explicasse ou discorresse o porquê você fala que as suas composições são simples?

Raul d'Avila: Eu considero elas simples porque têm essa relação da minha maneira de pensar. Eu considero que não penso com a complexidade que pode estar envolvida nos estudos de composição, de contraponto ou de qualquer outra natureza. Enfim, posso estar totalmente equivocado, mas o que eu posso dizer é que desenvolvo as músicas de forma intuitiva, ou talvez até ingênua mesmo, guiado pela experiência, pela prática. Então é isso que eu chamo de simplicidade. É nesse sentido – humano, de vivência. Eu acho importante integrar, possibilitar, experimentar, estar aberto às críticas, não assumindo uma posição diferente daquela que você é, que você pensa e pode fazer.

A partir de um determinado século nós fomos acostumados a pensar que intérprete é intérprete, compositor é compositor, ouvinte é ouvinte e ninguém pode entrar na área do compositor, o intérprete não pode entrar na área do compositor, o compositor não pode entrar na área do intérprete, e nós esquecemos que na Antiguidade, no Barroco, no Classicismo, os compositores executavam as suas peças, os intérpretes sabiam escrever composições. Nós, como pedagogos, temos sempre a noção do nosso instrumento muito particular, e quando lecionamos, sabemos exatamente o que aquele aluno precisa, temos a ideia de que tipo de composição você pode determinar para aquele aluno. No decorrer da sua função, você vai tendo ideias composicionais muito relacionadas ao seu instrumento. Então eu vejo a sua atitude como uma atitude perfeitamente salutar e deveria ser adequada para todos os instrumentistas. Você compondo, aviva várias coisas que estavam escondidas, que você não utiliza ao ser intérprete e integrando as duas coisas, você tem muito o que desenvolver. Eu acho essa sua ideia maravilhosa e particularmente gostei muito desse recital palestra. Não que compositor não tenha mais conhecimento ou menos conhecimento, é a especialidade dele. Mas isso não envolve que ele não possa interpretar e que nós não possamos fazer música dentro da nossa especialidade, dentro do nosso instrumento.

Raul d'Avila: Muito obrigado pelas suas considerações. O que você diz me impulsiona a pensar em Morin. A transdisciplinaridade é realmente muito importante. Nós estamos no século XXI, então temos que pensar nisso. Morin fez 100 anos agora, deixou uma mensagem importantíssima, cada vez mais reforçando sua proposta de transdisciplinaridade – juntar as gavetas dos conhecimentos. Como eu disse, estou vivendo um novo momento da minha carreira como músico, experimentando, me possibilitando fazer algo que não me permitia, de externar coisas que estavam escondidas, como você mesmo disse. São novos aprendizados, tentando integrar, conectar minha bagagem de conhecimentos, experiências acumuladas ao longo dos anos. Enfim, estou ousando, me divertindo e criando, nem que seja somente para mim.

APRESENTAÇÕES MUSICAIS E TEXTOS DOS INSTRUMENTISTAS E CANTORES

Recital de Trompete

Allan Marques

02 de agosto de 2021

- I° movimento do Concerto para trompete de Henri Tomasi, 1.Fantasque (a piacere), Vif, com Cadenza
- https://youtu.be/rJgeqjhxXgY

Dificuldades técnicas e a análise do 1º movimento do concerto para trompete e orquestra de Henri Tomasi

Allan Marques

Henri Tomasi nasceu em Marselha, Paris, em 17 de agosto de 1901. Foi diretor e compositor clássico francês. Filho de pais corsos, estudou no Conservatório de Marselha e desde 1916 no Conservatório de Paris. Aluno

de P. Vidal, G. Caussade e V. d'Indy, em 1927 obteve o Prix de Rome com a *Cantata Coriolan*. No mesmo ano, já como aluno de Ph. Gaubert, ganhou o primeiro prêmio de direção de orquestra, iniciando esta carreira tanto em seu país como no exterior.

Entre suas obras, destacam-se o Concerto para Saxofone Alto e Orquestra, o Concerto para clarinete, o Concerto para trombone, a Ópera *Miguel de Mañara*, baseada em um texto do poeta O. V. de L. Milosc, a Ópera *L'Atlantide*, a Ópera Cômica *Le Testament di Pere Gauche*, a *Ópera Sampiero Corso*.

Na manhã de 13 de janeiro de 1971, em Montmartre, Tomasi morre repentinamente em seu apartamento, sendo enterrado sob o céu do Mediterrâneo em Avignon, conforme desejo expresso. A cerimônia foi bem simples, sem flores, ou qualquer ato religioso e civil, com a presença da família e de Jean Molinetti.

O seu Concerto para trompete e orquestra foi escrito em 1948, a pedido do Conservatório Nacional Superior de Música de Paris e, inicialmente, foi declarado *impossível de ser executado,* entretanto, em 1948, sob a regência de Albert Van Raalte, o trompetista holandês Jason Doets executou a obra pela primeira vez. Em 1949 a obra foi novamente executada sob a regência do próprio compositor a frente da Orchester National, tendo como trompetista Ludovic Vaillant e, na cidade de Vichy, tendo como trompetista Raymond Tournesac.

Em 1963, o renomado trompetista Maurice André, integrou-o em seu repertório, junto à Orquestra da Rádio-Luxemburgo, dirigida por Louis de Froment. No mesmo ano, este instrumentista interpretou-o novamente em uma versão para balé coreografado por Joseph Lazzini, na Ópera de Marselha.

O caráter caloroso, brincalhão e alegre dessa obra, reflete um dos períodos mais felizes e favoráveis da vida de Tomasi – um período pós-guerra, quando sua carreira se tornou amplamente reconhecida na Europa.

Em 1949, ao ser entrevistado por um crítico da época, H. Tomasi assim se pronunciou:" Se o estilo do concerto para trompete é clássico por seus três movimentos, o conteúdo não é. Não há assunto nem tema central. É música pura. Tentei fazer uma síntese de todas as possibilidades expressivas e técnicas do trompete, de Bach até o presente, incluindo o Jazz"(JOURNAL DE

VICHY, 1949). Em continuidade ao depoimento, Tomassi relata: "Não pretendo ser um precursor, encontro-me no meio de um período em que se exige mais dos chamados *elementos menores* da orquestra e espero ter contribuído de maneira útil para essa cativante pesquisa" (IBID, 1949).

Até então, o trompete era considerado um instrumento secundário; não havia interesse por parte dos trompetistas em pontuar todos os seus recursos expressivos, o que se concretizou somente com os compositores modernos.

O primeiro movimento do concerto (Allegro e cadência) começa com um solo de trompete; uma breve introdução do 1º tema e um segundo solo suave e melancólico. O desenvolvimento desses dois temas termina em uma longa cadência escrita com acompanhamento de uma caixa Clara (instrumento de percussão rudimentar, sem altura definida). O segundo movimento (Nocturne) desenvolve uma extensa melodia com progressões cromáticas e oferece ao solista, variações brilhantes em torno do tema principal. O Final, construído sobre o 2º tema, assume a forma de um rondo muito animado que traz todos os instrumentos da orquestra. Esse artigo ira se concentrar apenas na análise musical do Iº movimento desta obra.

O Concerto de H.Tomasi para trompete, tornou-se um clássico internacional do século XX e foi interpretado por outros excelentes trompetistas, destacamos: Pierre Thibaud, André Bernard, Guy Touvron, Eric Aubier, Wynton Marsalis, Sergei Nakariakov, Geoffrey Payne, Haruto Yoshida, William Forman, John Holt, George Vosburhg, Gabriele Cassone, Mark Inouyé, David Bilger, Ole Edvard Antonsen, Giuliano Sommerhalder, Andrea Lucchi, Wolfgang Bauer, Marc Bauer, Alison Balsom, Lyn Schoch, Tibor Kerekes, Sergiu Carstea, Clément Saulnier, David Guerrier, Romain Leleu , Alexandre Baty e Hakan Hardenberge.

O concerto requer, da parte do intérprete, uma análise antecipada de alguns dos aspectos estilísticos empregados pelo compositor, tanto do ponto de vista harmônico quanto rítmico. Ressalto a importância, durante o processo de desenvolvimento da peça, que o trompetista busque o suporte técnico de um professor com conhecimento prévio da obra, o que o auxiliará ainda mais nos aspectos técnicos, musicais e estilísticos. Cabe também uma pesquisa sobre quais influências H. Tomasi recebeu na época em que compôs esta obra,

principalmente com relação às texturas que os compositores do século XX passaram a adotar.

I Movimento. VIF Fantastique (A Piacere)

Tomasi utilizou uma escrita de acordo com a tradição francesa adotada pelos alunos do Conservatório de Paris. A obra foi escrita para o Trompete em C – instrumento mais utilizado nas orquestras durante esse período, tendo em vista que sua afinação é mais propícia para acompanhar os instrumentos de madeira e cordas da orquestra e oferece um timbre com cores diferentes em relação ao trompete in Bb.

A escolha do equipamento a ser utilizado durante a preparação até o momento da performance, requer do trompetista, uma observação cuidadosa, pois há indicações na partitura que em alguns casos podem parecer ambíguas, como, por exemplo, o uso correto das surdinas. Não há o certo ou o errado, mais sim o que pode se oferecer de mais adequado ao trecho em questão, tanto do ponto de vista timbrístico como estilístico. Em alguns excertos o autor coloca exatamente o tipo do equipamento que ele gostaria que fosse empregado. Partindo desse princípio, deixamos aqui, alguns dos modelos e suas características sonoras, para que se possa produzir uma sonoridade mais próxima do esperado pelo compositor.

Cup Mute, uma surdina bastante utilizada na música Jazzista no início do século XX, pelo fato de ter um som mais escuro e denso, o que reduz dras-

ticamente o volume e o brilho característico do trompete. Para esse modelo de surdina o trompetista poderá regular a saída de som, deixando o *cup* mais próximo ou mais longe da campana, de acordo com sua sutileza e necessidade de acordo com o trecho.

A Surdina *Straigth* de Metal possibilita a produção de uma sonoridade mais brilhante em relação a outras surdinas, devido seu formato ser muito similar a campana do trompete e ter um achatamento na ponta.

A Surdina *Straight Soft* de fibra de vidro proporciona ao intérprete um controle maior quando ele necessita executar trechos mais suaves com dinâmicas em *p* ou *mp*, sem perder a clareza da articulação, mantendo a afinação estável.

No primeiro tema temos uma fanfarra em Bb maior, com predominância dos intervalos de 4ª e 5ª justas caminhando para a Dominante Fá maior, com 5ª Aumentada, resolvendo em Bb7. Esse motivo rítmico e melódico está

muito presente no decorrer de toda a obra, principalmente no movimento em destaque.

Nesse fragmento, embora não haja uma harmonia simultânea ao tema, vemos o padrão rítmico que será empregado no decorrer da música, como ponte para uma passagem mais lírica logo no segundo e terceiro compasso onde a harmonia se mostra presente.

No fragmento ao lado, Tomasi apresenta a primeira variação rítmica baseada no primeiro compasso em Bb maior, dessa vez não há o apoio harmônico do piano, somente o da voz solista.

Na sequência ele realiza uma descida com intervalos de 5ª e 4ª descendentes, com a harmonia baseada no arpejo de Eb com o D no baixo, sobrepondo a melodia que está em Bb maior.

No próximo exemplo teremos um jogo harmônico bem elaborado, onde a orquestra (versão reduzida para piano) toca uma harmonia de Ab com 7b e baixo em Eb; na sequência, A7 com baixo em E. Nesse mesmo compasso, a voz solista traz um material temático novo do ponto de vista harmônico; apresenta um arpejo de D maior, começando com a terça e um arpejo de Cm7b que resolve em C# (3ª de A maior), utilizado como função de dominante de D maior.

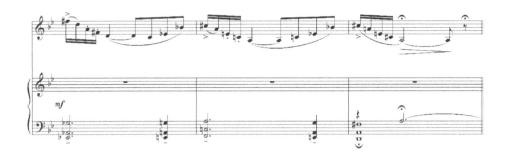

É interessante observar que a melodia caminha entre D e A maior e termina com arpejo de A maior e a base harmônica está com a tonalidade de

D maior, ou seja, uma sobreposição da tônica e dominante nesse primeiro período da música.

Podemos notar que o compositor teve a preocupação de apresentar, em poucos compassos, uma nova textura harmônica, sobretudo para um instrumento como o trompete que, até pouco tempo, era visto apenas como um instrumento de acompanhamento. Há a transição de tonalidades como Bb e Eb, D e A maior, sempre sendo sobreposta, buscando uma nova cor timbrística.

A primeira secção lenta é apresentada com um caráter mais melancólico, com uma textura intimista, que lembra as obras de Ravel e Debussy. Temos nesses primeiros compassos a presença de *trítonos* entre F e C#, e C# e G, o que pode demonstrar que a predominância dos acordes com 4ª e 5ª justas estarão presentes por toda a obra.

Aqui é marcada a utilização de uma surdina *Bol* (do termo francês tigela ou copo). Por esse motivo utilizaremos a surdina *Cup Mute* que proporciona um timbre mais escuro, com um controle de dinâmica maior, o que possibilita uma articulação mais suave. No ápice da frase, na região aguda onde se marca uma oitava acima, podemos encontrar toda a expressividade detalhada pelo compositor, ele realça com *tenuto* a execução de cada nota, além da ligadura de frase que conduz a leveza até a próxima secção. É possível também executar a *Ossia* (parte facilitada) escrita pelo próprio compositor. Esse recorte não compromete a boa execução da música, mais possibilita que o instrumentista toque dentro de uma extensão mais confortável. Como sugestão, aconselho

praticar a *Ossia* por um tempo, focando a boa qualidade sonora, a afinação e o estilo proposto. No decorrer do processo a pratica da melodia na escrita original irá produzir mais confiança ao musico para executar a frase na oitava demarcada no fragmento.

No final do *Lent* temos novamente uma sobreposição de acordes em 4ª e 5ª justas e o trítono, finalizando com um acorde de F7 com baixo em C, sendo sobreposto por um Eb7 com Bb no baixo.

Podemos observar no final dessa secção alguns padrões de escalas tonais e modais com uma assimetria bem presente. O uso marcante do trítono mostra-nos essa assimetria, principalmente nas conclusões de frases e períodos. Alguns padrões rítmicos apresentados até o momento serão reapresentados inúmeras vezes em outros tons

Temos aqui uma breve reexposição do primeiro material temático, exatamente como foi escrito da primeira vez.

Nesse trecho temos uma escala de G *menor*, resolvendo na nota A (segundo grau da escala) o que possibilita ao instrumentista, uma nova cor de som, dentro da tonalidade.

A resolução de escala de G menor com a nota A, basicamente leva para um compasso em que a nota A se torna a fundamental do próximo motivo melódico que se segue.

Também é apresentada uma variação rítmica da proposta anterior, agora sobreposta: 1ª voz baseado no arpejo de A7; 2ª voz – cromatismo a partir da nota D; 3ª voz- cromatismo a partir na nota Bb.

Nesse fragmento é apresentado o arpejo começando na 5ªjusta descendente, baseada na escala de Eb menor com 6ª (dó natural).

Na voz do piano temos um exemplo em que Tomasi sobrepõe os acordes em 4ª, considerando o primeiro acorde de Eb e Ab, e Gb e C (voz do Trompete)

Aqui, podemos notar o segundo padrão de inversões que Tomasi utiliza, dessa vez começando com a 9ª se considerarmos o acorde de F#. Entretanto ele finaliza a frase com o próprio G#. O baixo dessa vez está organizado com acordes dissonantes entre eles: – F e Eb, e A e G# (voz solista)

Desse ponto até a próxima mudança de padrões rítmicos, o compositor retoma os elementos rítmicos já apresentados anteriormente, como as sobreposições de cromatismo de uma outra tonalidade, inversões de arpejos

e a utilização dos intervalos de 4ª e 5ª justas, assim como os acordes e arpejos diminutos e aumentados.

O trecho abaixo exemplifica a exploração da técnica expandida pelo trompetista, com a presença da articulação do duplo *staccato* nas escalas e arpejos, também na exploração de contrastes de dinâmicas, crescendo e descrendo marcados na própria partitura. Temos aqui a presença de fragmentos baseados na assimetria das escalas de tons inteiros.

Esse fragmento mostra um dos padrões rítmicos já exposto, com o arpejo de F#7 – uma passagem difícil de ser executada no trompete, tendo em vista que a tonalidade e a digitação no instrumento não possibilitam muitas opções de posições alternativas, o que deixa a execução mais difícil tecnicamente.

O exemplo a seguir mostra como Tomasi trabalhou as inversões, articulações, tonalidades e o cromatismo na música. Aqui ele agrupa, em poucos compassos, as inversões dos arpejos atrelados a mistura de articulações e acentos. Também há a marcação da utilização da surdina.

Como sugestão, utilizo para essa passagem a surdina *Soft*, que possibilita um controle maior da dinâmica e um timbre mais suave para o trecho, apesar da dinâmica marcada ser forte. O que prevalece nesse caso é a mescla do discurso musical entre o trompete e o a acompanhamento.

Há algumas passagens extremamente difíceis na obra que necessitam uma atenção especial do músico, tanto do ponto de vista estilístico quanto da técnica a ser utilizada.

Esse próximo fragmento destaca-se como um dos mais complexos dentro da obra, por suas características harmônicas e dificuldades técnicas. A presença da escala de F#m acompanhada do duplo staccato.

Do ponto de vista harmônico, há a presença assimétrica da escala de tons inteiros e de intervalos de 7ª. Do ponto de vista técnico temos a exploração da dupla articulação praticamente em toda extensão do instrumento, sendo explorada nos extremos em relação as dinâmicas e tessitura. Mais uma vez Tomasi explora o timbre com a marcação de surdina. Nesse caso sugiro a surdina *Straigth* de Metal, que traz uma articulação mais clara em toda a extensão.

243

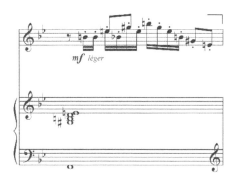

Aqui é apresentado uma variação do tema principal, dessa vez na tonalidade de B maior, uma tonalidade difícil para os instrumentos, que necessita de habilidade técnica elevada da parte do instrumentista, além da articulação dupla por decorrência do andamento. Como opção de execução, o trompetista pode optar entre tocar o trecho facilitado (com as colcheias no segundo tempo) ou trocar o trecho mais difícil (semicolcheias no segundo tempo). Lembrando que a opção facilitada não compromete de forma alguma a música, pois está baseada na harmonia que segue.

Aqui segue o exemplo bem claro de uma variação do tema. Dessa vez ele foi aumentado, porem segue a mesma sequência de intervalos.

Cadenza

Tomasi, preocupado em explorar cada vez mais os timbres produzidos no trompete, resolve utilizar novamente uma surdina, dessa vez na *cadenza* escrita por ele mesmo, no meio do movimento, o que não era normal na escrita de obras solo com orquestras. Normalmente as cadencias eram feitas no final

de um movimento, desse modo Tomasi conecta, de maneira expressiva, os motivos melódicos e conduz o primeiro movimento para a coda final.

Novamente podemos notar o tema principal, dessa vez quase que desconstruído no que diz respeito a sua primeira tonalidade. O uso do cromatismo é apresentado novamente em duas oitavas, do agudo para o grave.

Na sequência temos a busca por contrastes de cor e dinâmicas, com um caráter mais dramático, como uma sátira ou uma conversa paralela, além dos padrões rítmicos que são apresentados, finalizando com uma Fanfarra.

Aqui é apresentado um novo elemento – um tempo de *Blues*, algo inovador até então, para a música erudita. A mescla de estilos na mesma obra passa a ser algo necessário a partir dessa inserção. Nesse trecho vemos as inversões e enarmonias de algumas notas além da presença do cromatismo.

O trecho abaixo, em especial, mostra o caminho harmônico e estilístico que o compositor adotou, suas inversões, dinâmicas, articulações e estilo.

Por fim, mas não menos importante, ele apresenta novamente o tema, dessa vez de uma maneira mais livre, com uma dinâmica bem delicada, quase como um recitativo, afirmando esse motivo melódico a cada frase.

Já caminhando para o final do movimento, Tomasi utiliza mais uma vez a sobreposição de acordes, como vemos abaixo.

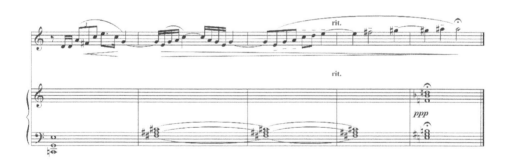

O baixo em F# maior que resolve em um E maior com Bb maior no último acorde, traz uma nova textura harmônica para a voz solista, com uma melodia simples escrita com a base de tons inteiros, mostrando uma assimetria e uma ausência de hierarquia tonal. O último compasso apresenta uma dinâmica *ppp, o que* traz para o intérprete algo muito íntimo e delicado – um lamento profundo, quase morrendo. Do ponto de vista técnico, aparentemente isso parece simples, entretanto o trompetista precisa se atentar aos detalhes relacionados a dinâmica e a afinação, pois a medida que a escala

segue na ascendente, sua dinâmica caminha no sentido contrário, o que pode provocar uma dificuldade maior para afinar o último acorde. Por isso, como sugestão, podemos utilizar a posição alternativa para o ultimo A#, empregando a 5ª posição (pistos 2 e 3). Dessa maneira a articulação será suavizada e pode proporcionar mais precisão na afinação do acorde que já está presente. Vale ressaltar que alguns trompetes podem apresentar timbres diferentes nessa troca, entretanto, a sugestão será válida com o acompanhamento de um professor especialista.

Essa análise preliminar de alguns dos excertos aqui apresentados, mostrou-se muito útil, desde a preparação até o momento da performance da obra. Sob o ponto de vista técnico ela cria um panorama das necessidades técnicas que serão exigidas, permitindo uma execução musical dentro dos preceitos artísticos esperados.

Com relação aos conceitos estilísticos, harmônicos e melódicos, esse artigo procurou demostrar algumas maneiras de analisar essa obra, partindo de pressupostos harmônicos tradicionais, buscando a clareza dos elementos apontados pelo compositor, além de atribuir a esta composição pensamentos estilísticos extramusicais, contando de forma sucinta a história de vida do autor e contextualizando em parte, o período em que a obra foi escrita e os principais intérpretes que a executaram.

De certa forma espero que esse artigo possa auxiliar jovens trompetistas na preparação e execução desta obra e que os elementos aqui expostos possam contribuir para o seu processo de amadurecimento.

Esta análise foi elaborada enquanto fui aluno da Academia de Música da OSESP, durante o seminário da disciplina de Harmonia e no recital realizado no primeiro semestre de 2021. Essa análise preliminar não exclui de maneira alguma novas pesquisas sobre esse repertório, mas pretende contribuir na produção de textos que estejam relacionados a performance musical do trompetista, com uma atenção especial aos repertórios dos séculos XX.

Referencias

https://www.henri-tomasi.fr/?lang=en#

https://pt.wikipedia.org/wiki/Henri_Tomasi

https://www.henri-tomasi.fr/concerto-de-trompette-en-anglais/?lang=en

VIDEO

https://www.henri-tomasi.fr/trumpet-concerto-by-andrea-lucchi/?lang=en

https://www.youtube.com/watch?v=G5PSBpn3TZg

IMAGENS:

Acessado em: 22 de setembro de 2021 às 21:59

https://www.google.com/search?q=surdina+straight+denis+wick&rlz=-1C1GCEA_enBR957BR958&sxsrf=AOaemvJ6L7YY9jwqiWFb_WTOgBToXJqtlQ:1632358084177&source=lnms&tbm=isch&sa=X&ved=2ahUKEwi8lIPe75PzAhWnIrkGHeCPDBkQ_AUoAnoECAEQBA&biw=1366&bih=657&dpr=1

Acessado em: 22 de setembro de 2021 às 22:05

https://www.google.com/search?q=surdinas+para+trompete&rlz=1C1GCEA_enBR957BR958&sxsrf=AOaemvI-3VMBElqFC36OJqueDUQiy_dKZQ:1632264985247&source=lnms&tbm=isch&sa=X&ved=2ahUKEwjtsP_0lJHzAhWVq5UCHfAyCJQQ_AUoAnoECAEQBA&biw=1366&bih=600&dpr=1#imgrc=uXILkOM5F3RHrM

Recital de Violão

Marcio Guedes Correa

03 de agosto de 2021

- Conflitos (Marcio Guedes)
- Trocando em miúdos (Chico Buarque e Francis Hime, arranjo: Marcio Guedes)
- Luiza (Tom Jobim, arranjo: Marco Pereira)
- Beatriz (Chico Buarque e Edu Lobo, arranjo: Marco Pereira)
- Canção para tempos estranhos (Marcio Guedes)
- https://1drv.ms/v/s!Ap5tS7DdPCfhg99wjih-_rNXAVvvng

Uma análise das composições "Conflitos" e "Canção para tempos estranhos" para violão solo

Marcio Guedes Correa

Por ocasião da primeira edição do encontro *Diálogos Interdisciplinares* promovido pela equipe idealizadora e organizadora do site *Saber Musical*, apresentei um recital de abertura no dia 03 de agosto de 2021. Como o evento ocorreu no ambiente digital, alocado na plataforma *Google Meet*, decidiu-se que seria melhor que o recital fosse gravado antecipadamente, em vez de performado ao vivo, a fim de evitar possíveis problemas de conexão e instabilidades do servidor de internet, o que prejudicaria o bom andamento da apresentação. Para a realização da gravação foram utilizados um violão construído pelo luthier Jefferson Barros, uma câmera USB *Full HD* e um microfone condensador USB da marca Blue, modelo Snowball Ice. A câmera e o microfone foram conectados a um computador do tipo *Laptop* e o programa utilizado para a gravação foi o Filmora9. A gravação foi realizada em minha residência, em ambiente que favorece uma certa qualidade acústica e menos exposto a ruídos externos. O recital durou cerca de 15 minutos e o repertório escolhido contemplou as seguintes peças: 1) *Se ela perguntar*, composição instrumental de Dilermando Reis com arranjo escrito por mim, 2) *Beatriz*, canção de Chico Buarque e Edu Lobo, com arranjo para violão

elaborado por Marco Pereira, 3) *Conflitos*, peça para violão solo composta por mim e 4) *Canção para tempos estranhos*, peça para violão solo também composta por mim.

Neste texto que se segue apresentarei a análise das duas peças de minha autoria[1], delineando os contextos que estimularam sua criação.

1. Conflitos

A peça intitulada *Conflitos* foi composta para o curta metragem *opus 1*[2], de Rubens Curi, filme dirigido pelo próprio autor, produzido pela *Intra7 Filmes* e publicado em fevereiro de 2018. Diversamente do que costuma ocorrer, a peça me foi encomendada antes da gravação do filme. A única diretriz que me foi dada pelo diretor foi o pensamento do filósofo indiano Jiddu Krishnamurti a respeito da origem da violência. De modo sintético, Krishnamurti avalia que toda violência manifestada tem sua origem em conflitos internos, ou seja, um ato violento cometido por um indivíduo foi anteriormente gestado e estimulado por conflitos e embates presentes em sua própria *psique*. Essa seria então a origem de todo conflito, desde pequenos desentendimentos até grandes guerras.

De posse dessas informações, procurei compor uma peça para violão solo que apresentasse, de alguma maneira, conflitos internos. Sendo assim, não houve escolha prévia de forma ou de gênero da composição. Ela ocorreu livremente, buscando estabelecer uma narrativa que pudesse, de alguma maneira, transmitir o pensamento expresso por Jiddu Krishnamurti. Então, trata-se de uma música programática. O filme foi roteirizado a partir dessa peça. Após o termino das gravações, compus mais três músicas para quarteto de cordas, todas inspiradas na peça original de violão, a fim de preencher toda a trilha musical de *Opus 1*.

---

1 Ambas peças estão disponíveis para escuta em todas as plataformas digitais, tais como Spotify, YouTube Music, Deezer, ITunes e outras, em um EP intitulado "Marcio Guedes".
2 Filme disponível no canal do YouTube da Intra7 Filmes, no link https://www.youtube.com/watch?v=9J9FjHlO8nk&t=877s

1.2 Análise de conflitos

O início da peça tem a nota dó como sua fundamental, no entanto, a presença das notas mi bemol, mi natural, fá sustenido, fá natural, sol bemol, si bemol e si natural impedem que a primeira frase musical se estabilize em dó maior ou dó menor.

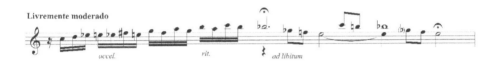

Figura 1: primeira frase musical. Partitura confeccionada pelo autor

A indecisão tonal da primeira frase, embora seja iniciada na nota dó e tenha como ponto culminante o dó da oitava acima, foi imaginada para delinear o primeiro conflito: a busca por uma estabilidade inatingida. A ausência de fórmula de compasso e a indicação "livremente moderato", além da prescrição "*ad libitum*", colaboram para a construção de uma sensação harmônica errática, de uma narrativa musical indecisa.

A segunda frase musical está construída sobre um arpejo não triádico, portanto não tonal, composto pelas notas fá sustenido, dó, mi bemol, sol, do grave para o agudo, que resolve na nota fá sustenido, oitava acima da nota inicial. Em seguida, na voz mais grave, a nota fá sustenido desce para o fá natural. O desencontro entre a primeira resolução na nota fá sustenido logo diluída no grave pela fuga do fá sustenido para o fá natural representa o segundo conflito. Após a repetição da primeira semifrase, uma constante fuga de resolução provocada por movimentos descendentes de semitom finalizam a segunda frase, gerando o terceiro conflito.

Figura 2: segunda frase musical. Partitura confeccionada pelo autor

A terceira frase está construída sobre uma tétrade com nona maior e uma tríade com nona maior arpejadas, a saber, um Dó maior com sétima maior, nona maior e baixo em sol, seguido de um si maior com nona maior e baixo em fá sustenido, apresentados duas vezes. O referido acorde de dó maior está colocado no início dessa frase como recapitulação da nota fundamental dó que inicia a peça. O acorde de si maior desempenha dupla função nesse fragmento; sua fundamental é a sétima maior do acorde de dó, o que gera uma nota comum entre eles, resultando em uma sensação de estabilidade. A nota si está na voz mais aguda tanto do acorde de dó maior quanto do acorde de si maior gerando uma espécie de melodia de uma nota só, fato que torna o enlace entre os dois acordes ainda mais audível. Por outro lado, *si* é a sensível de *dó*, o que dispõe os acordes de dó maior e si maior em uma relação conflituosa. Em seguida, o fragmento é repetido um tom abaixo, carregando essas mesmas relações entre acordes arpejados de si bemol maior e lá maior, com as mesmas dissonâncias, inversões, aproximações e afastamentos. Apesar desses acordes não serem oriundos de um mesmo campo harmônico, as estruturas das tríades e das tétrades estão imbuídas de reminiscências da música tonal, proporcionando um ponto referencial mais seguro aos ouvintes. Essa terceira frase representa a possibilidade ou a esperança de conciliação, de apaziguação, de arrefecimento dos embates humanos, sejam eles internos ou externos. No entanto, a harmonia errante desse fragmento faz menção à fragilidade de qualquer possibilidade de conciliação da humanidade. Essa frágil possibilidade é diluída ao final da frase, com a inclusão de dissonâncias e a resolução na nota fá sustenido, justamente o trítono da nota dó que inicia a peça e que é fundamental do primeiro acorde da terceira frase.

Figura 3: terceira frase musical. Partitura confeccionada pelo autor

A diluição da esperança proposta pela terceira frase desemboca em uma sensação de melancolia expressa na quarta frase. A música vai para a tonalidade de mi menor, com melodia lânguida e baixo que descende cromaticamente da nota mi até a nota dó sustenido. A sensação melancólica é potencializada pela indicação "muito lento e expressivo".

Figura 4: quarta frase musical. Partitura confeccionada pelo autor

Em seguida, há uma repetição da terceira frase, que faz alusão à esperança de alcançar a fraternidade humana, com a mesma diluição tonal que desemboca na nota fá sustenido. A música é concluída com dois intervalos de segunda menor harmônica, duas dissonâncias que fazem alusão à impossibilidade de união, assistida tantas vezes na história da humanidade.

Figura 5: finalização da peça. Partitura confeccionada pelo autor

2. Canção para tempos estranhos

Essa peça foi composta recentemente, neste ano de 2021, portanto, durante a pandemia provocada pela covid 19. As incertezas e angústias provocadas pela crise sanitária e pela necessidade de isolamento social serviram de mote para a composição dessa "canção sem palavras".

2.1 Análise de canção para tempos estranhos

De modo geral, acordes – tríades e tétrades – foram empregados nessa música, porém procurando evitar as relações e as funções harmônicas da música tonal. A peça é lenta e se desenvolve a partir do seguinte motivo:

Figura 6: motivo de "Canção para tempos estranhos". Figura elaborada pelo autor

O primeiro acorde da música é um sol maior com sétima maior, sucedido por um lá bemol maior. A repetição da nota mais aguda do motivo, nota ré, é o pivô para a troca de acordes. A melodia se inicia na nota fá sustenido, sétima maior do acorde de sol maior, portanto, uma dissonância. No segundo compasso há um acorde de lá bemol maior sobre a nota ré da melodia que por sua vez gera um intervalo de décima primeira aumentada em relação ao lá bemol, portanto, novamente uma dissonância no tempo forte do compasso, que em seguida resolve na terça maior do acorde.

Figura 7: motivo harmonizado. Imagem elaborada pelo autor

Nos próximos dois compassos da peça, compassos 3 e 4, é preservado o mesmo motivo rítmico, porém a melodia é alterada.

Figura 8: motivo dos compassos 3 e 4. Imagem elaborada pelo autor.

O procedimento harmônico adotado nesses compassos é similar ao dos primeiros compassos. O acorde do compasso 3 é um ré bemol com sétima maior e no compasso 4 há um dó maior com sétima menor. Novamente, a nota mais aguda que se repete, neste caso o fá, é o pivô para a troca de acordes. Do mesmo modo que ocorreu nos compassos 1 e 2, a primeira nota da segunda melodia, um dó, é a sétima maior do acorde e a nota fá do compasso 4 é a décima primeira justa do acorde de dó maior com sétima menor que em seguida resolve na nota mi, terça maior do acorde.

Figura 9: compasso 3 e 4 harmonizados. Imagem elaborada pelo autor

Tal procedimento é adotado por toda a música: uma troca de acordes é estabelecida a cada nota melódica repetida em um ponto culminante. No entanto, esses acordes não pertencem ao mesmo campo harmônico, o que confere uma harmonia errante para a peça. Apesar da existência de um centro tonal, a saber, sol maior, a peça é construída sobre um esquema harmônico livre, quase nunca guiado por funções harmônicas tonais. É uma peça que transita entre a tonalidade e a atonalidade. Os acordes foram escolhidos muito mais por combinações de arquétipos sonoros, pela condução de vozes entre acordes não familiarizados pelo campo harmônico, do que por relações tonais, que vez ou outra também ocorrem.

A música tem forma livre. Nenhuma forma preestabelecida foi escolhida como plataforma da criação musical, sua organização foi ocorrendo livremente durante o processo de composição. Também não houve escolha prévia sobre o gênero que seria empregado, o que também evidencia o caráter livre dessa peça já que, historicamente, gêneros musicais foram importantes estruturas utilizadas por um número indefinido de vezes para fomentar a construção de diversos repertórios (CORREA, 2019). A peça foi construída quase inteiramente por livre combinação de sonoridades fronteiriças entre a tonalidade e a atonalidade.

A seguir, apresento o esquema harmônico da peça utilizando a cifra alfa numérica da harmonia popular (CORREA, 2016):

G7M / Ab7M / Db7M/ C7

Bm7 / G7 / F#dim7 /E7 9-

Am7 / Bb7 / Eb7M / Db7M/ Caum7M

C7 13- / F7M / Eb7 / D7

G7M /C7 / G7M / Eb7 / G7M

A partir do esquema harmônico demonstrado, pode-se perceber que a composição respeitou o centro tonal de Sol maior, mas o permeou livremente de diversos acordes que não pertencem a essa tonalidade. Há algumas breves alusões a modulações com movimentos de "dominante – tônica", como por exemplo entre os acordes **E7 9- /Am7** e **C7 13- / F7M**, no entanto, nenhuma dessas tonalidades se estabiliza. Próximo ao final da peça, outro movimento "dominante – tônica" ocorre entre os acordes **D7 / G7M**, seguidos pelos acordes **C7** e **Eb7**, ambos distintos do campo harmônico de sol maior. Por conseguinte, essas ocorrências de sucessão de acorde de característica dominante para outro acorde potencialmente de tônica são apenas reminiscências de uma estruturação tonal.

Considerações finais

O ato de se compor música em pleno século XXI carrega em si angústias e desafios. Diante da imensa produção musical existente, o que é possível compor? O que escrevemos, por que escrevemos, para quem e para que escrevemos? É possível considerar que uma nova produção musical não precisa apresentar nenhuma inovação e não tem necessidade de produzir nenhum novo sistema de composição. Neste caso, temos obras que não produzem novas perspectivas de elaboração musical, mas reproduzem as antigas com constantes renovações estéticas em outros âmbitos, que não o da estruturação musical. Considero que essa seja uma forma legítima e culturalmente bastante

arraigada de se fazer música. Quando criamos obras reproduzindo algum modelo preexistente estamos fazendo música coletivamente, já que mesmo uma obra individual está se referindo a abundantes coleções de peças que convencionamos chamar de repertório. Ao compor dessa maneira, estamos, direta ou indiretamente, dialogando com outras pessoas que compuseram música, sejam elas do passado ou de nosso tempo, contribuindo para a ampliação de repertório de um determinado gênero, estilo ou escola estética. No entanto, por vezes, escrevemos música para uma cena ou para aludir a ocorrências de um momento histórico/social, buscando expressões mais ou menos independentes das convenções. Penso que as duas músicas aqui apresentadas estão nessas duas últimas categorias. Neste caso, a atitude básica da música programática do século XIX ainda tem muito valor para composições atonais ou pós tonais. Vejo nos estímulos extramusicais uma fonte inesgotável de inspiração para a composição de novas músicas e novas formas de estruturar músicas. Por fim, não acredito ter proposto nenhuma inovação em minhas composições, porém, narrativas extramusicais tornaram possível um compor desprendido de gênero, forma e estilo, fato que garante um elevado grau de liberdade na criação musical.

Referências

CORREA, Marcio Guedes. O conceito de gênero musical no repertório e nas áreas de antropologia, comunicação, etnomusicologia e musicologia. **ARJ – Art Research Journal** / Revista de Pesquisa em Artes, v. 5, n. 2, 5 jun. 2019

CORREA, Marcio Guedes. A polifonia tonal na cifra alfanumérica da música popular: uma proposta analítica fundamentada em três estudos de caso. **Revista da FUNDARTE,** ano 16, n. 32. Montenegro: Ed. da Fundarte, 2016.

HINDEMITH, Paul. **Curso condensado de harmonia tradicional: com predomínio de exercícios e um mínimo de regras.** São Paulo: Irmão Vitale, 1998.

KOELLREUTTER, Hans J. **Harmonia Funcional: introdução à teoria das funções harmônicas.** São Paulo: editora Ricordi, 1986.

LIMA, Marisa Ramires Rosa de. **Harmonia: uma abordagem prática.** São Paulo: Independente, 2008.

MENEZES FILHO, Florivaldo. **Apoteose em Schoenberg.** São Paulo: Ateliê Editorial, 2002.

SHOENBERG, Arnold. **Harmonia: Introdução, tradução e notas de Marden Maluf.** São Paulo: Editora Unesp, 2001.

SHOENBERG, Arnold. **Fundamentos da Composição Musical.** Tradução de Eduardo Seincman. São Paulo: Editora da Universidade de São Paulo, 1996.

SHOENBERG, Arnold. **Exercícios Preliminares em Contraponto.** Tradução de Eduardo Seincman. São Paulo: Via Lettera Editora e Livraria Ltda., 2001.

Recital do Duo Ouvir Estrelas

Clarissa Cabral - mezzo soprano
Eliana Monteiro da Silva - pianista

01 de setembro de 2021

Foto do Duo

- Clara Schumann (1819-1896)
- Lorelei
- Beim Abschied
- Volkslied
- Geheimes Flüstern hier und dort – Op. 23 n.3
- O Lust, o Lust – Op. 23 n.6

Recital de Piano

Eliana Monteiro da Silva

02 de setembro de 2021

- Cacilda Borges Barbosa (1914-2010), *Estudo Brasileiro n 1.*
- Eunice Katunda (1915-1990), *Sonatina,* 1º movimento.
- Valeria Bonafe (1984). *Do livro dos seres imaginários, Kami, Odradék, Shang Yang* e *Haokah.*

Duo ouvir estrelas (2011-2021): 10 anos de pesquisa e divulgação de composições feitas por mulheres na música erudita

Clarissa da Costa Cabral
Eliana Monteiro da Silva

Em novembro de 2011 a música romântica da compositora alemã Clara Schumann (1819-1896) provocou um encontro que se mostraria extremamente frutífero. Uniu no palco do Auditório Olivier Toni da Escola de Comunicações e Artes da USP, duas musicistas e pesquisadoras interessadas na obra desta compositora, que, pelo menos no Brasil, era pouco divulgada como tal, mesmo tendo sido ela uma grande virtuosa do piano em seu tempo.

O tema das composições de Clara Wieck – tornada Schumann após o casamento com Robert Schumann (1810-1856) – aproximou Clarissa e Eliana e possibilitou a formação de uma parceria de canto e piano para o recital de defesa de Mestrado de Clarissa Cabral, cuja pesquisa se centrava nos *Lieder* (canções com acompanhamento de piano) de Clara Schumann. A sintonia se mostrou tão afinada que as duas decidiram não somente apresentar outras vezes o repertório em recitais, como gravar o CD *Clara Schumann Lieder e Piano Solo*, lançado com recital na Livraria Cultura de São Paulo, em 2012[1].

---

1   O CD recebeu críticas elogiosas como a da Revista Concerto em sua Retrospectiva 2012, n. 191, Jan./Fev. 2013, p. 70. Disponível em: https://www.concerto.com.br/sites/default/files/janfev-2013_site.pdf. Acesso em 19/8/2021.

O nome para o duo viria em um segundo momento, quando as musicistas ampliaram a pesquisa de repertório para obras de outras mulheres, como Fanny Mendelssohn (1805-1847), Alma Mahler (1879-1964), entre outras. Como Eliana ingressara no Doutorado pesquisando a música latino-americana gravada pela pianista argentino-brasileira Beatriz Balzi (1936-2001), de quem havia sido aluna, o Duo abriu espaço para a pesquisa de obras de compositoras latino-americanas, apresentando este repertório em recitais nos anos seguintes.

Alguns destes concertos foram realizados no *SESC Carmo* (Recital "Mulheres na Pauta", 2013, e "Serie Eu Tu Elas", 2017), *XXI Bienal de Música Brasileira Contemporânea* (Recital "Música Viva", 2015), *SESC Vila Mariana* ("Serie Humor Horror", 2015, e "Serie Concertos", 2017), entre outros. Muitas das partituras utilizadas foram fornecidas pela pesquisadora e compositora brasileira Nilceia Baroncelli, autora da canção *Ouvir Estrelas*.

Para dar a ouvir as estrelas, ou, as compositoras

O nome *Duo Ouvir Estrelas* surgiu quando a dupla interpretou a canção homônima de Nilcéia Baroncelli (1945), com versos do poeta brasileiro Olavo Bilac (1865-1918). Nilcéia é autora de uma publicação que é referência para quem se interessa pela pesquisa de gênero na música, *Mulheres Compositoras: elenco e repertório* (1987). Além de compositora e pesquisadora, Nilcéia é jornalista e escreve sobre esta temática desde 1976, quando publicou o artigo *Mulheres Compositoras* no *Jornal Brasil Mulher*[2]. É também uma grande incentivadora das pessoas que se dedicam a estudar o assunto, fornecendo partituras, biografias e artigos a quem tem interesse em mergulhar neste universo.

Assim que o duo interpretou, entre outras obras, a canção *Ouvir Estrelas,* de Nilceia Baroncelli, composta em 2007, o título desta obra ecoou na mente das duas musicistas, empenhadas em fazer ouvir cada vez mais, as estrelas que são as mulheres compositoras. Mostrar seu brilho e sua luz natural

---

[2] Sobre este artigo de Nilceia Baroncelli, vide: http://mulheres-compositoras.blogspot.com/2016/.

passou a ser o objetivo do duo, que em 2021 completa dez anos pesquisando e divulgando esse repertório.

A pandemia de Covid-19 que surpreendeu o mundo nos dois últimos anos, impedindo a realização de eventos presenciais e de festividades com o público, fez com que os 10 anos do *Duo Ouvir Estrelas* tivessem que ser comemorados à distância, de forma virtual. Coincidentemente, o último recital público em que as musicistas se apresentaram foi no dia 8 de março de 2020, Dia Internacional da Mulher, promovido pelo Museu Brasileiro de Escultura – MuBE.

O programa apresentado lembrou a estreia do duo e a gravação de seu CD, composto por obras para canto e piano e piano solo de Clara Schumann. O concerto também homenageou a compositora Nilceia Baroncelli, com a interpretação de algumas de suas obras e, logicamente, a canção *Ouvir Estrelas*.

Neste ano de 2021, a possibilidade de festejar os 10 anos com este artigo organizado pela pianista e pesquisadora Sonia Albano de Lima – professora de Clarissa na *Escola Municipal de Música* e de Eliana na *Faculdade de Música Carlos Gomes* – foi um verdadeiro presente de aniversário.

A busca pelo repertório composto por mulheres

A ausência de composições feitas por mulheres nos eventos de música erudita – seja em concertos, gravações, comerciais ou outras formas de divulgação – tem sido mais discutida no século XXI do que em períodos anteriores, embora resultados práticos como a inserção desse repertório em meio ao composto por compositores homens seja ainda pouco perceptível.

Prova disso é que em 2016, aos 70 anos dos *Internationale Ferienkurse für Neue Musik, Darmstadt* – também conhecidos no Brasil como Cursos de Verão de Darmstadt – a pesquisadora Ashley Fure conduziu, a pedido do *Instituto Goethe*, uma investigação que revelou a ínfima participação de 7,032% de mulheres, desde a criação desses festivais, na Alemanha, em 1946[3].

---

3 Para mais informação sobre a pesquisa "GRID – *Gender Research In Darmstadt: a 2016 historage Project funded by the Goethe Institute*", vide: https://griddarmstadt.files.wordpress.com/2016/08/grid_gender_research_in_darmstadt.pdf.

Outros eventos e festivais realizados regularmente por anos, ou até mesmo por décadas, mostraram resultados semelhantes. A exemplo, os *Cursos Latinoamericanos de Música Contemporánea* (CLAMC), criados em 1971, no Uruguai e mantidos anualmente – salvo algumas exceções – até 1989. Embora os CLAMC tenham contado com número igual de estudantes do sexo feminino e masculino em sua primeira edição e mantido esta proporção com pouca variação até seu encerramento, o número de mulheres em posições mais relevantes no meio acadêmico e musical – como professoras, compositoras, regentes e/ou intérpretes – foi muito menor do que o de homens em todos os anos de cursos[4].

Constatações como essa têm fornecido material para discussão sobre os possíveis motivos da quase total invisibilidade das mulheres no campo da composição, bem como na regência e em outras áreas da música a que chamamos erudita. Festivais e Simpósios como o *Seminário Internacional Fazendo Gênero, Jornadas Nacionais de História de las Mujeres, Seminário Permanente de Música y Género,* entre outros, surgem e reúnem diversos corações e mentes em busca de respostas que expliquem tal exclusão e, principalmente, soluções para equilibrar o panorama.

Livros como *The story of women in their relation to music* (1948), de Sophie Drinker, *Mujeres compositoras* (1950), de Zulema Rosés Lacoigne, *Nós, as mulheres: notícia sobre as compositoras brasileiras* (1986), de Eli Maria Rocha, *International Encyclopedia of Women Composers* (1987), de Aaron I. Cohen, *Historical anthology of music by women* (1987), de James Briscoe, *Music by women for study and analysis* (1993), de Joseph N. Straus, *The Norton/Grove Dictionary of Women Composers* (1995), de Julie Anne Sadie e Rhian Samuel, *Gender and the Musical Canon* (2000), de Marcia Citron, *Feminismo y música: Introducción crítica* (2003), de Pilar Ramos López, *Analytical essays on music by women composers: concert music, 1960-2000,* de Laurel Parsons (2017), entre outros, demonstram o aumento do interesse pelo tema e por lançar luz a tantas obras esquecidas pela literatura musical.

O grande problema segue sendo a ausência de inserção deste material nos livros, artigos, concertos e gravações dedicados à música erudita como um

---

4   Cf.: MONTEIRO DA SILVA; ZANI, 2020, p. 112.

todo, bem como a falta de reconhecimento e citações de compositoras em publicações como as que abordam, por exemplo, "mestres da música", "história da música ocidental", entre outros.

Por esta razão o *Duo Ouvir Estrelas* abraçou esta causa por meio da pesquisa acadêmica e, paralelamente, através da performance artística. Fazer ouvir as estrelas é primordial para que cada vez mais pessoas conheçam, apreciem, critiquem e coloquem o repertório composto por mulheres na ordem do dia, tirando-o dos guetos reservados às próprias mulheres, em grande parte, militantes dos movimentos feministas na música.

Mulheres compositoras e sua luta contra a invisibilidade

A luta das mulheres pelo acesso aos espaços de saber e, consequentemente, aos espaços de poder, aparece, no campo da música erudita, durante a Idade Média. Devido a premissas religiosas – como algumas atribuídas ao apóstolo Paulo – de que as mulheres deveriam ficar em silêncio nas Igrejas por representarem ameaça à vida espiritual – visto que eram associadas a práticas corporais, principalmente libidinosas –, a voz feminina foi considerada portadora de tentações, como o canto das lendárias sereias que atraíam marinheiros para as águas revoltas e para a morte.[5]

Não obstante, Michelle Perrot (2007, p. 83) atesta que o isolamento imposto pelos conventos a algumas mulheres – principalmente aquelas pertencentes a classes economicamente mais elevadas – não lhes foi de todo prejudicial no que tange às artes, à música e a outras atividades intelectuais, já que elas desfrutavam de mais tempo e tranquilidade para estudar do que teriam no convívio familiar de origem e/ou com seus maridos. Este foi o caso da alemã Hildegard von Bingen (1098-1179), no século XII, e posteriormente no século XVII, com a mexicana Juana Inés de la Cruz (1648-1695), cujas obras literárias e musicais já são conhecidas atualmente. Estas compositoras ti-

---

5   Para mais informação sobre o silenciamento das mulheres na Idade Média, vide Drechsler (*apud* SPERBER, 1996, p. 10). Uma das peças do repertório do *Duo Ouvir Estrelas* é a canção *Lorelei* (a sereia) composta por Clara Schumann, gravada no CD *Clara Schumann Lieder e Piano Solo* (2012).

veram a seus encargos seus próprios conventos, onde possibilitaram, entre outros, o desenvolvimento artístico e intelectual de muitas jovens de seu tempo.

A contribuição das compositoras aos diversos estilos da música erudita

Entre a austeridade do patriarcado e a opressão religiosa das várias igrejas, de acordo com o contexto histórico e geográfico, mulheres de todos os tempos deixaram suas impressões sobre a sociedade em que viveram, nas partituras de suas cantatas, sonatas, óperas e outros gêneros musicais.

Dos madrigais renascentistas da italiana Maddalena Casulana (c. 1540-c. 1590) às cantatas de sua conterrânea Barbara Strozzi (1619-1677); de mulheres da realeza como a alemã Sophie-Elisabeth von Mecklenburg-Güstrow (1613-1676), às filhas de músicos e/ou fabricantes de instrumentos, como a francesa Elisabeth-Claude Jacquet de la Guerre (c.1666-1729), várias mulheres lograram transpassar os obstáculos impostos ao gênero feminino na composição e contribuir com a formação de importantes estilos musicais. No caso das citadas Sophie-Elisabeth von Mecklenburg-Güstrow e Elisabeth-Claude Jacquet de la Guerre, ambas deram valiosas contribuições ao estilo Barroco, tendo a segunda escrito o primeiro álbum de peças para cravo na França.

Além disso, embora as chancelas fossem alteradas de tempos em tempos de modo a impedir que as mulheres competissem com os homens no campo profissional – como ocorreu no século XVIII com as teorias diferencialistas de Jean-Jacques Rousseau (1712-78), segundo a qual "a natureza da mulher a obrigava a uma atitude de complementação ao homem, único a encarnar a essência da intelectualidade" (ROUDINESCO; MANASSEIN *apud* MONTEIRO DA SILVA, 2010, p. 568) –, no Classicismo também encontramos exemplos de compositoras, como a austríaca Marianne Martinez (1744-1812) e a polonesa Maria Agata Szymanowska (1789 – 1831), autora de obras clássicas e românticas.

A superação de teorias místicas e/ou ditas cientificistas se deve a posturas combativas como a de Olympe de Gouges, que respondeu à exclusão das mulheres da *Declaração de Direitos do Homem e do Cidadão* promulgada em

1789 – quando da Revolução Francesa – com a *Declaração dos Direitos das Mulheres e das Cidadãs,* em 1791. Olympe também contestou as ideias de Jean Jacques Rousseau acerca do casamento civil, dizendo que o contrato deveria garantir igualdade de condições entre os parceiros[6]. Vale dizer que Olympe de Gouges foi levada à guilhotina por atuar politica e contrariamente aos padrões exigidos à época.

Apenas a partir do século XIX, compositoras como as alemãs Clara Schumann (1819-1896) e Fanny Mendelssohn (1805-1847), bem como as francesas Louise Farrenc (1804-1875) e Pauline Viardot-García (1821-1910), as estadunidenses Amy Beach (1867-1944) e Florence Beatrice Price (1887-1953), entre outras, tiveram mais liberdade para compor, publicar e apresentar suas obras românticas em concertos públicos, ainda que nem sempre tivessem suficiente segurança emocional para defender suas próprias criações[7]. Como escreveu Clara Schumann em carta a Robert, em 1840:

> Eu não posso compor. Isso me deixa, às vezes, infeliz, mas isso é realmente impossível. Eu não tenho talento para isso. Não pense que é por preguiça. Um *Lied,* você diz – não, eu simplesmente não posso. Para escrever um *Lied,* compreender o texto em seu sentido pleno – é preciso inteligência (PARSON, 2004, *apud* CABRAL, 2011, p. 22).

O século XX e a música das mulheres

O passar do tempo testemunhou o crescimento quantitativo e qualitativo de mulheres (no sentido de uma formação mais completa) e de suas obras

---

6   Naquele tempo estava em vigência o Código Civil Napoleônico, que legava à mulher a condição de menoridade perpétua e dependência do marido para administrar os próprios bens, só podendo trabalhar com seu consentimento.

7   Diversas obras de Clara Schumann e de Fanny Mendelssohn foram publicadas conjuntamente e sob o nome de Robert Schumann, no caso de Clara, e de Félix Mendelssohn, no caso de sua irmã Fanny. Estas composições tiveram a autoria corrigida por pesquisadoras e pesquisadores dos séculos XX e XXI, após verificação documental em diários, notas de concertos e demais materiais de época. Por algum tempo levantou-se a suspeita de que os *Lieder* de Clara Schumann foram compostos por seu pai, já que ele escrevia por ela em seu diário, porém, pesquisas já atestaram que isso não é verdadeiro, pois "os trabalhos composicionais de Wieck não têm o mesmo encanto ou a habilidade que os de sua filha" (CABRAL, 2011, p. 14.).

no campo da música erudita. No entanto, o registro desse aumento não é proporcional ao número de autoras e de composições existentes.

Mesmo pesquisadoras(es) que se dedicam a fazer tal resgate, encontram dificuldades para acessar partituras e documentos que atestam as trajetórias musicais de muitas compositoras. Isso se deve ao próprio critério utilizado para definir, ainda hoje, o que significa ser uma autora relevante profissionalmente, ou de que maneira agir para merecer, por assim dizer, um registro nas páginas da história da música ocidental.

Algumas das condições apresentadas para que uma autora seja vista como compositora profissional são, por exemplo, ter estudado com mestres reconhecidos(as) pelo cânone musical, ter frequentado instituições consideradas importantes e respeitadas, ter participado de concursos obtendo prêmios, ter tido obras interpretadas por importantes intérpretes, *ensembles,* orquestras, etc., ter tido partituras editadas, entre outros logros muitas vezes inatingíveis para as mulheres (DEZILLIO, 2020, *passim*).

Sabendo que instituições como o *Conservatório de Paris* só admitiram mulheres em cursos de composição no ano de 1861, e que, mesmo após essa conquista, muitos pais e parentes continuaram não permitindo que as filhas frequentassem tais estabelecimentos de ensino por considerar que não eram ambientes para moças de boa família (muitas compositoras tiveram que contratar professores destes estabelecimentos de forma privada para aprender seu ofício), os critérios citados devem ser considerados mais obstáculos do que garantias para que se conheçam novas obras de compositoras. Pois, se essas mulheres não podiam frequentar as instituições formais de ensino, como obter os diplomas e certificados? Mais ainda, sem conviver com colegas e frequentar locais onde a arte respira e se renova, como participar de concursos e conquistar prêmios?

Ainda assim compositoras o fizeram, como a estadunidense Ruth Crawford Seeger (1901-1953), a polonesa Grazyna Bacewicz (1909-1969), a australiana Peggy Glanville-Hicks (1912-1990), a canadense Violet Archer (1913-2000), a grega Rena Kyriakou (1917-1994), a filipina Lucrecia Roces Kasilag (1918 – 2008), para citar algumas nascidas nas primeiras décadas do século XX.

Entre as compositoras negras, que enfrentaram e ainda enfrentam mais obstáculos do que a simples barreira de gênero devido à ausência de políticas públicas antirracistas na maioria dos países, podemos citar as estadunidenses Undine Smith Moore (1904-1989), compositora e educadora musical nascida na Virgínia, Margareth Bonds (1913-1972), nascida em Chicago, e Julia Amanda Perry (1924-1979), de Kentucky, entre outras. Atualmente, livros e eventos dedicados à música composta por mulheres negras também estão se tornando mais frequentes, embora enfrentem a mesma questão da pouca inserção em programas que não enfocam esse repertório específico. *Black Women Composers: A Century of Piano Music (1893-1990)* e *Black Women Composers: 20th Century Music for Piano and Strings,* de Helen Walker-Hill (ed.), *Art Songs and Spirituals by African-American Women Composers,* de Vivian Taylor (ed.), são alguns exemplos de livros sobre a música composta por mulheres negras, entre outros.

Compositoras latino-americanas e o problema da dupla exclusão

Se em países da Europa onde surgiu a música que conhecemos como erudita, a situação das mulheres encontrou e ainda encontra dificuldades para obter reconhecimento e valorização, nos países considerados emergentes as coisas são ainda mais difíceis. De acordo com Anastácio e Assis (2019, p. 1) e Graciela Paraskevaídis (1986, p. 54), as compositoras nascidas e formadas no continente latino-americano sofrem uma dupla exclusão, qual seja, a barreira do preconceito centro-periferia em relação à musica europeia, somado ao machismo resultante dos tempos coloniais. Talvez por isso mesmo, algumas das compositoras cujos registros têm sido estudados e divulgados são imigrantes e/ou descendentes de imigrantes de países europeus onde floresceu a música erudita, como ocorre com as compositoras chilenas Isidora Zegers (1803-1869), oriunda da Espanha, e Leni Alexander (1924-2005), imigrante da Polônia.

Entre as nascidas na América Latina, a musicóloga Carmen Cecília Piñero Gil (*apud* HERNANDEZ-CANDELAS, 2015, p. 16) cita como referência mais antiga Teodora Ginés (ca. 1530-1598), afro-americana liberta,

nascida na República Dominicana. Seguem-na, entre outras, a já citada Soror Juana Inés de la Cruz (México, 1651-1695) e sua conterrânea María Guadalupe Mayner (fim de 1700' – início de 1800'), a quem se credita algumas composições presentes em seu *Cuaderno Mayner* [8], embora não existam provas.

A partir dos anos 1800, principalmente em sua segunda metade, os nomes são mais numerosos, assim como as nacionalidades. Ángela Peralta (México, 1845-1883), Chiquinha Gonzaga (Brasil, 1847-1935), Teresa Carreño (Venezuela, 1853-1917), Cecilia Arizti (Cuba, 1856-1930), Maria Galli (Uruguai, 1872-1960) e Celia Torrá (Argentina, 1884-1962), entre outras, exemplificam o panorama.

Chegamos ao século XX com uma profusão de compositoras latino-americanas, cujas obras ainda são raramente ouvidas no meio acadêmico e musical. Somente no Brasil poderíamos citar várias, tais como Helza Cameu (1903-1995), Lycia di Biase Bidart (1910-1991), Cacilda Borges Barbosa (1914-2010), Eunice Katunda (1915-1990), Lina Pires de Campos (1916-2003), Esther Scliar (1926-1978), Adelaide Pereira da Silva (1928-2021), Kilza Setti (1932), Maria Helena Rosas Fernandes (1933), Jocy de Oliveira (1936), Marisa Rezende (1944), Vania Dantas Leite (1945), Nilceia Baroncelli (1945), Ilza Nogueira (1948), Denise Garcia (1955), Roseane Yampolschi. (1956), Silvia Berg (1958), Silvia de Lucca (1960), Valeria Bonafe (1984), Patricia de Carli (1987), Lucia Nogueira Esteves (1991), entre outras.

O caso Clara Schumann e a importância de lembra-la aos 200 anos de seu nascimento

A pouco mais de 200 anos do nascimento de Clara Schumann e pelo fato do repertório musical composto por mulheres ainda não ter sido incorpo-

---

8   Neste caderno, conservado pela *Biblioteca Sebastián Lerdo de Tejada* da *Secretaría de Hacienda y Crédito Público* da capital mexicana, estão registradas obras de autores identificados e outras anônimas, muitas sendo arranjos e/ou transcrições para cravo e/ou piano de fragmentos de ópera, obras para dança, suítes, entre outros gêneros musicais. Como nem todas são assinadas, algumas destas partituras poderiam ser de autoria de María Guadalupe Mayner, já que a prática de improvisar e compor não era dissociada do estudo de qualquer instrumento.

rado na maior parte dos programas de estudo em conservatórios, escolas livres e faculdades de música, valorizar esse repertório torna-se um ato importante de resiliência. Clara, que além de compositora foi criança-prodígio, virtuosa do piano e celebridade em seu tempo, demonstra como a história é capaz de apagar personalidades e obras após o desaparecimento físico dessas pessoas e a falta de quem se ocupe de seu acervo.

Essa compositora do romantismo musical colocou suas composições em segundo plano após a morte do marido Robert Schumann, de cujas partituras se ocupou para que fossem editadas e divulgadas com o maior cuidado possível. Suas próprias músicas, ao contrário, tiveram que esperar aproximadamente até o ano de 1996, no centenário de seu falecimento, para ganhar edições, gravações, análises em livros biográficos e apresentações em concertos.

Clara Josephine Wieck nasceu em Leipzig, em 13 de setembro de 1819. Filha de um renomado professor de piano, Friedrich Wieck e de uma cantora que havia sido sua aluna, Marianne Tromlitz, Clara era a mais velha de quatro filhos do casal (uma morreu antes de seu nascimento) e a quem o pai preparou para ser uma grande pianista e propaganda viva de seu método de ensino. Tal projeto tomou proporções gigantescas após o abandono do lar por Marianne, que se divorciou de Wieck para se casar com seu colega quando a filha tinha cinco anos de idade. Impedida pelas leis da época de levar os filhos maiores, Marianne teve acesso apenas à guarda do bebê de três meses, ficando os demais aos cuidados do pai e professor. Clara, que recém começara a falar, com pouco mais de quatro anos, logo mostrou seu talento musical. Aos 11 anos deu seu primeiro concerto solo na Gewandhaus de Leipzig, partindo em turnê para Paris com seu pai no ano seguinte.

Aos 15 anos o nome Clara Wieck já atraia público e oportunidades para se apresentar ao lado de grandes músicos. Tratada como celebridade, viu ser criada em Viena uma sobremesa chamada torta à la Wieck que reunia fãs da artista em uma confeitaria. Somente a chegada de Robert Schumann, por quem Clara se apaixonou, pode abalar a satisfação de Friedrich Wieck. Apesar de ter levantado todas as barreiras para impedir a união dos dois namorados, Clara e Robert celebraram o matrimônio em 1840.

A vida da esposa de Schumann, assim como a da maioria das compositoras que se casaram e tiveram filhos, fez com que a atividade composicional de Clara diminuísse sensivelmente. A artista teve nada menos que oito filhos do compositor, mantendo uma agenda de concertos e turnês pela necessidade de dividir (e em muitos momentos, assumir) as despesas da casa. Clara não se queixava do trabalho e das viagens de recitais, ao contrário de Robert, que detestava deixar o lar, participar de eventos e jantares em honra da artista, privando-se do tempo e tranquilidade para compor. Somou-se a tudo isso a deterioração de sua saúde mental, que o levou a ser internado em 1854 em uma clínica no município independente Endenich, na ocasião município independente de Bonn, na Alemanha.

Robert faleceu dois anos depois da internação, deixando Clara viúva com 37 anos e sete filhos para cuidar e sustentar. A amizade com o compositor Johannes Brahms, – foi crucial para que a compositora conseguisse manter as turnês, dar aulas de piano e cuidar da família. Muito já foi escrito e pouco comprovado do relacionamento amoroso de Clara por Brahms, seja em cartas ou diários. O fato é que Clara e Brahms editaram toda a obra de Schumann que a artista divulgou com excelência até seu último recital público, em 1891. Certamente sua brilhante interpretação, aliada a uma sensível percepção de quando e onde estrear cada obra do marido compositor, contribuiu para a boa recepção deste repertório e por sua inserção nas páginas dos mais exigentes livros de história da música ocidental.

Considerações Finais

A figura de Clara Schumann segue empolgando o *Duo Ouvir Estrelas* e incentivando suas integrantes a interpretar esta obra, juntamente com as obras de outras compositoras. Em 2019, aos 200 anos de seu nascimento, Clarissa e Eliana realizaram diversos recitais comemorativos, relatando parte de sua vida e sua produção musical, sempre surpreendendo o público pela qualidade na elaboração dessas composições, bem como pela trágica vida de sua autora.

A importância de falar de Clara Schumann, de Chiquinha Gonzaga, Teresa Carreño, Tania León e outras tantas desbravadoras do campo musical ocupado, basicamente, por homens (em sua maioria brancos), é um ato

de resistência quanto a falta de visibilidade das mulheres compositores no cenário musical e com relação aos preconceitos que também atingem outras minorias representativas de nossa sociedade. Resgatar o repertório composto por mulheres significa reconhecer que a atividade musical tem sido, há muito tempo, privada de grande parte da produção existente e, nem por isso, menos merecedora de crédito e respeito. A sociedade merece conhecer o pensamento, a expressão e a música das mulheres. É nisso que o *Duo Ouvir Estrelas* acredita e que se dedica.

Referências

ANASTÁCIO, Luiza Gaspar; ASSIS, Ana Claudia. Entre sons, silêncios e utopias: considerações sobre Graciela Paraskevaídis e sua obra Suono Sogno. *In:* **XXIX Congresso da Associação Nacional de Pesquisa e Pós-Graduação em Música** – Pelotas, 2019. Disponível em: http://anppom.com.br/congressos/index.php/29anppom/29congranppom/paper/viewfile/5756/2210.

BARONCELLI, Nilceia Cleide. **Mulheres Compositoras: elenco e repertório.** São Paulo: Instituto Nacional do Livro, 1987.

_____. **Mulheres Compositoras** (2017). Disponível em: http://mulherescompositoras.blogspot.com/.

BRISCOE, James. R. **Historical anthology of music by women**. Bloomington and Indianapolis: Indiana University Press, 1987.

CABRAL, Clarissa da Costa. *Os Lieder de Clara Schumann.* **Dissertação** (Mestrado em Música). São Paulo: Universidade de São Paulo, 2011. Disponível em: https://teses.usp.br/teses/disponiveis/27/27158/tde-12032013-165036/publico/CLARISSADACOSTACABRAL.pdf.

CABRAL, Clarissa; MONTEIRO DA SILVA, Eliana. **Clara Schumann Lieder e Piano Solo**. (1 CD). São Paulo: Audições Especiais, 2012.

CITRON, Marcia. **Gender and the musical canon.** Champaign: University of Illinois Press. New Edition, 2000.

COHEN, Aaron I. **International Encyclopedia of Women Composers.** Michigan: Books and Music USA, 1987.

DEZILLIO, Romina. Primeras compositoras profesionales de música académica en Argentina. Logros, conquistas y desafíos de una profesión masculina. Clase dictada en el marco del **Seminario Historia Social de la Música Latinoamericana** *II*. Dra. Silvina Mansilla, UNCU, mayo de 2020.

DRINKER, Sophie. **The story of women in their relation to music**. New York: Coward McCann, 1948.

FURE, Ashley. *GRID* – **Gender Research In Darmstadt: a 2016 historage Project funded by the Goethe** *Institute*. Disponível em: https://griddarmstadt.files.wordpress.com/2016/08/grid_gender_research_in_darmstadt.pdf.

HERNANDEZ-CANDELAS, Ana María. **Flute music by Latin American women composers: a performance guide of the works of Awilda Villarini, Adina Izarra, Gabriela Ortiz and Angelica Negron**. Thesis (Doctorate in Music) Kansas City: University of Kansas, 2015.

LACOIGNE, Zulema Roses. **Mujeres compositoras.** Buenos Aires: Dordoni, 1950.

LÓPEZ, Pilar Ramos. **Feminismo y música: introducción crítica**. Madrid: Fundación Invesnes, 2003.

MONTEIRO DA SILVA, Eliana. **Clara Schumann: compositora x mulher de compositor**. São Paulo: Ficções Editora, 2011.

_____ . **Compositoras Latino-americanas: vida – obra – análise de peças para piano.** São Paulo: Ficções Editora, 2018. Disponível em: http://ficcoes.com.br/livros/compositoras_la.html.

_____. Música erudita e cognição social: assim se cria um repertório universal. *In:* **Anais do VI Simpósio de Cognição e Artes Musicais**, 2010. Disponível em: http://antigo.anppom.com.br/anais/simcamVI.pdf.

MONTEIRO DA SILVA, Eliana; ZANI, Amilcar. Música e memória: A atuação das mulheres nos Cursos Latinoamericanos de Música Contemporánea (1971-1989). *In:* **MusiMid** vol. 1, no. 2, 2020. Disponível em: http://musimid.mus.br/revistamusimid/index.php/musimid/article/view/33/26.

PARASKEVAÍDIS, Graciela. Acerca de las mujeres que, además de ser mujeres, componen. In: **Pauta: cuadernos de teoría y crítica musical, n.** 17. México D. F.: Instituto Nacional de Bellas Artes y Literatura, 1986.

PARSONS Laurel. **Analytical essays on music by women composers: concert music,** *1960-2000.* New York: Oxford University Press, 2017.

PERROT, Michelle. **Minha história das mulheres.** Tradução Angela M. S. Côrrea. São Paulo: Contexto, 2007.

Revista Concerto n. 191. **CDs e DVDs: Clara Schumann Lieder e piano solo.** São Paulo: Clássicos Editorial LTDA, 2013. Disponível em: https://www.concerto.com.br/sites/default/files/janfev-2013_site.pdf.

ROCHA, Eli Maria. **Nós, as Mulheres** (notícia sobre as compositoras brasileiras). Rio de Janeiro: Editora Rabaço, *1986.*

SADIE, Julie Anne; SAMUEL, Rhian (Ed). **The Norton/Grove Dictionary of Women Composers.** New York, London: The Macmillan Press Limited, 1995.

SPERBER, Roswitha. (Org.) **Women composers in Germany.** Translation Timothy Nevill. Bonn: Inter Nationes, 1996.

STRAUS, Joseph N. **Music by Women for Study and Analysis.** Englewod Cliffs, New Jersey: Prentice Hall, 1993.

TAYLOR, Vivian. (Ed.). **Art Songs and Spirituals by African-American Women Composers.** Disponível em: http://store.hildegard.com/index.php?main_page=product_info&products_id=180.

WALKER-HILL, Helen. (Ed.). **Black women composers: a century of piano music** *(1893-1990).* Worcester: Hildegard Publishing Company, 1992.

_____. **Black Women Composers: 20th Century Music for Piano and Strings.** Disponível em: https://www.hildegard.com/catalog.php?s=Black+-Women+Composers%3A+A+Century+of+Piano+Music+.

1ª edição: fevereiro de 2022
Impressão: Gráfica Forma Certa
Papel de miolo: offset 90g
Papel de capa: cartão 250g
Tipografia: Adobe Garamond e Helvetica Neue